特長と使い方

『漢字マイスター　頻出漢字熟語3000』は、大学入試で出題される漢字熟語を、根拠のあるデータで頻度順に整理した参考書です。

▼十年間の大学入試で出題された漢字熟語十七万語（二万二千用例）をデータベース化し、書き取りと読みの出題を合計した総合順位三〇〇〇位までの漢字熟語を取り上げました。大学入試で出題される漢字熟語は固定化されているため、それらを覚えることに重点を置いた編集をしています。

▼本編は、漢字熟語を出題頻度によってランクA〜Eの五つのパートに分け、さらに各パートを「**書き取りと読みの両方の比重が高い語**」「**書き取りの比重が高い語**（読み出題率20％未満）」「**書き取りのみ出題される語**」「**読みの比重が高い語**（読み出題率50％以上）」の四つに区分けしました。出題傾向ごとに配列することで、漢字力を効率的に身につけられるようにしました。

▼大学入試で問われやすい総合的な語彙力を養成するための資料として「**語彙資料編**」を用意し、「**同音異義語**」「**異字同訓**」「**四字熟語**」「**慣用表現**」「**ことわざ**」「**故事成語**」を収録しました。

▼コラム「**入試漢字の出題パターン**」を五箇所に配して出題形式の分析を行い、漢字出題の実際についても解説しています。

▼付属の**チェックシート**で確認学習ができるように色分けしています。

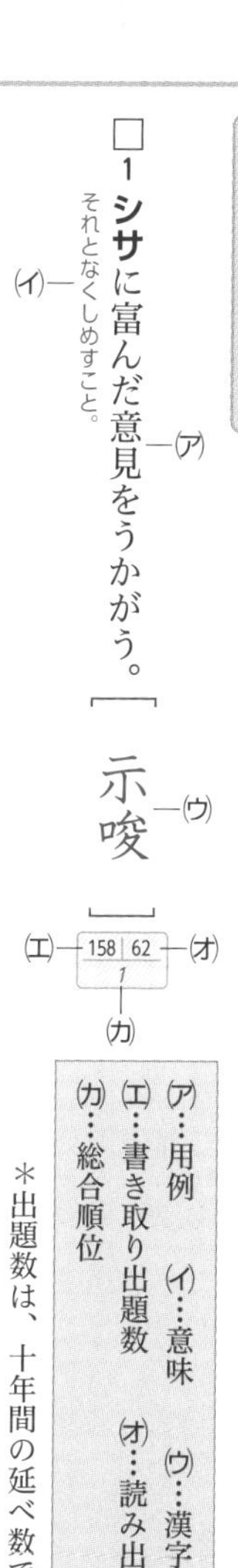

目次

ランク A

最重要語 400

ランクAの総出題延べ数 32,437 回、3000 語の総出題延べ数 106,469 回
[平均出題延べ数　1 語につき 81 回]

最重要語に位置づけた「ランクA」400 語の総出題延べ数は、3000 語の総出題延べ数の約 31%を占めます。

「ランクA」を覚えれば、大学入試でよく出題される漢字熟語の約 3 分の 1 がカバーできると言えます。

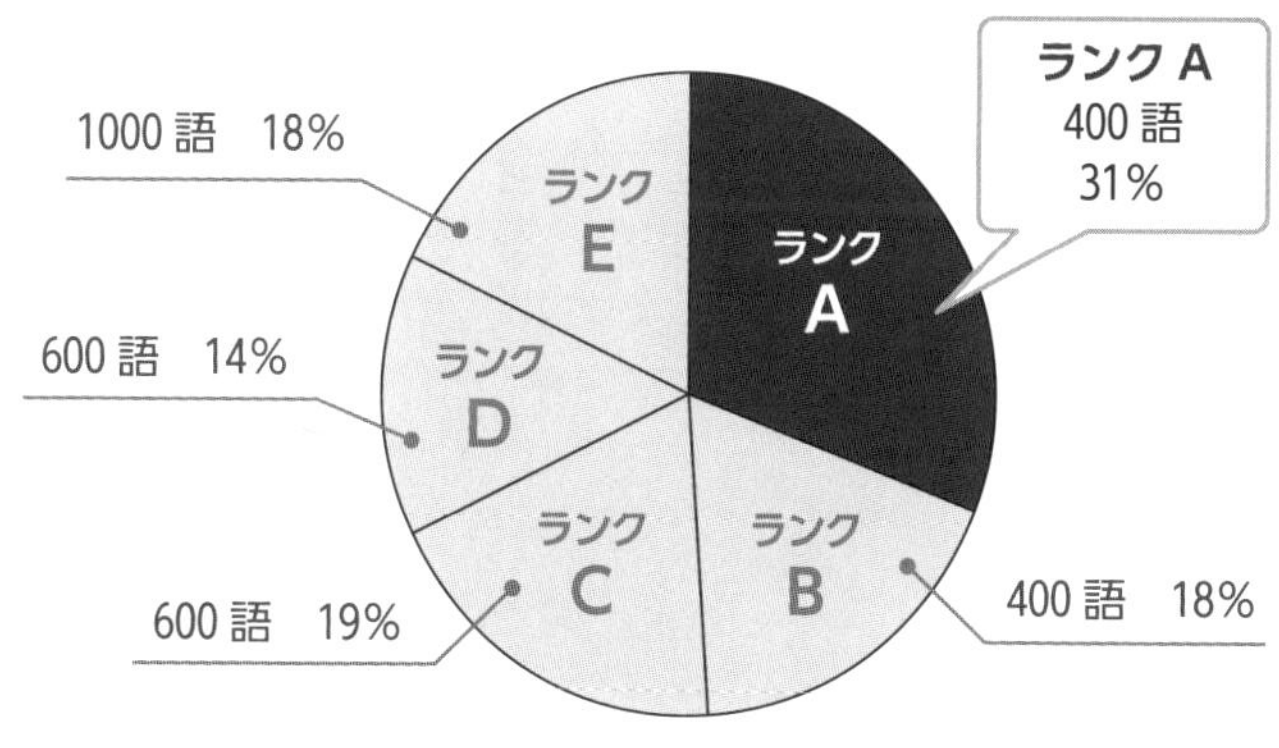

番号	問題	意味	解答	データ
1	**シサ**に富んだ意見をうかがう。	それとなくしめすこと。	示唆	158 | 62 / 1
2	科学の恩恵を**キョウジュ**する。	うけ入れて、味わい楽しむこと。	享受	136 | 37 / 3
3	**ヒンパン**に自動車が往来する。	ひっきりなしであること。	頻繁	126 | 44 / 4
4	無事に任務を**スイコウ**する。	最後までやりとおすこと。	遂行	102 | 39 / 10
5	**ボウダイ**な資料を保存する。	非常に多いさま。	膨大	96 | 32 / 22
6	金融機関が経営**ハタン**する。	うまくいかなくなること。	破綻	70 | 58 / 22
7	外務大臣が**コウテツ**される。	ある地位の人を入れ替えること。	更迭	81 | 36 / 34
8	資本家が利益を**サクシュ**する。	しぼりとること。	搾取	84 | 21 / 59
9	まんまと敵の術中に**オチイ**る。	はまり込む。	陥る	58 | 44 / 65
10	長年の悲願が**ジョウジュ**する。	なし遂げること。	成就	60 | 38 / 77
11	悪貨は良貨を**クチク**する。	追い払うこと。	駆逐	76 | 20 / 84
12	面倒事を**キヒ**する姿勢。	嫌ってさけること。	忌避	69 | 27 / 84
13	非科学的な迷信が**ルフ**する。	世間に広まること。	流布	48 | 44 / 102
14	おばの家で**ヤッカイ**になる。	面倒や世話を受けること。	厄介	71 | 19 / 108
15	専門知識は**カイム**に等しい。	一つもないさま。	皆無	66 | 19 / 123
16	目を**オオ**うばかりの惨状。	上に物をかぶせる。	覆う	52 | 32 / 127
17	**アイマイ**な態度を批判する。	はっきりしないさま。	曖昧	46 | 37 / 135
18	侵入された**コンセキ**はない。	過去にあったことを示すあと。	痕跡	60 | 20 / 152
19	説明に**ナットク**できない。	理解して受け入れること。	納得	63 | 16 / 157
20	外国製品を**ハイセキ**する。	退けること。	排斥	60 | 19 / 157

第2回

□21 他人の作品を**モホウ**する。
まねること。
【模倣】 61｜15 178

□22 彼の言動には**ムジュン**がある。
つじつまが合わないこと。
【矛盾】 58｜15 199

□23 食の安全を**オビヤ**かす事態。
おどかして恐れさせる。
【脅かす】 49｜24 199

□24 国の将来が**ケネン**される。
気にかかって不安に思うこと。
【懸念】 41｜31 203

□25 雑誌に**トクメイ**で投稿する。
自分のなまえを隠すこと。
【匿名】 54｜17 208

□26 不審船に**イカク**射撃を行う。
脅かすこと。
【威嚇】 52｜19 208

□27 内容をよく**ギンミ**して決める。
物事をよく調べること。
【吟味】 42｜29 208

□28 運動に必要な**ヘイコウ**感覚。
釣り合いがとれて安定を保っていること。
【平衡】 55｜15 223

□29 よい雰囲気を**ジョウセイ**する。
ある気運・状態を徐々につくり出すこと。
【醸成】 54｜16 223

□30 会議で**ダイタイ**案を提示する。
他のものでかえること。
【代替】 52｜18 223

□31 試合の勝敗に**コウデイ**する。
こだわること。
【拘泥】 51｜19 223

□32 華やかで**ソウゴン**な式典。
おごそかで重々しいさま。
【荘厳】 54｜15 236

□33 重要な判断を上司に**ユダ**ねる。
人に任せる。
【委ねる】 38｜31 236

□34 お金に**シュウチャク**する。
心がとらわれて離れないこと。
【執着】 53｜15 245

□35 発言の**ガンイ**を読み取る。
ある意味をふくみもつこと。
【含意】 47｜21 245

□36 無作為に**チュウシュツ**する。
抜きだすこと。
【抽出】 51｜15 262

□37 現金**スイトウ**簿に記入する。
金品のだしいれ。
【出納】 40｜26 262

□38 親子の**カットウ**を描いた小説。
人と人が互いに争い憎み合うこと。
【葛藤】 44｜21 275

□39 五重塔を**コンリュウ**する。
寺院、堂塔などを造りたてること。
【建立】 35｜30 275

□40 事件の裏に**ヒソ**む陰謀に迫る。
内部に隠れる。
【潜む】 33｜32 275

番号	問題	意味	解答	データ
41	**センボウ**のまなざしを向ける。	うらやましく思うこと。	羨望	44 | 20 / 290
42	貸し借りを**ソウサイ**する。	互いに差し引きされてゼロになること。	相殺	38 | 26 / 290
43	**ハンザツ**な手続きを代行する。	込み入っていてわずらわしいこと。	煩雑	49 | 14 / 309
44	早く帰宅するよう**ウナガ**す。	そうするように仕向ける。	促す	35 | 27 / 320
45	心情を**ギョウシュク**した一言。	一つに固まってちぢまること。	凝縮	47 | 13 / 347
46	自己**ケンオ**にさいなまれる。	ひどくきらうこと。	嫌悪	39 | 21 / 347
47	**クドク**を積むための修行。	現在や未来に幸福をもたらすよい行い。	功徳	46 | 13 / 364
48	試験に出る**ヒンド**が高い熟語。	物事が繰り返し行われるどあい。	頻度	45 | 14 / 364
49	悪い印象を**フッショク**する。	すっかりぬぐい去ること。	払拭	41 | 18 / 364
50	大自然に**イケイ**の念を抱く。	おそれうやまうこと。	畏敬	46 | 12 / 379
51	和洋の様式を**セッチュウ**する。	長所をとって一つにすること。	折衷	40 | 17 / 395
52	仏道に**キエ**して修行する。	神や仏を信じ、それらにすがること。	帰依	36 | 21 / 395
53	本来の目的から**イツダツ**する。	決められた枠から外れること。	逸脱	44 | 12 / 409
54	洪水で**ジンダイ**な被害が出る。	はなはだしくおおきいさま。	甚大	40 | 16 / 409
55	運命に**ホンロウ**される主人公。	思うままにもてあそぶこと。	翻弄	35 | 21 / 409
56	優雅な**ショサ**に見とれる。	身のこなし。	所作	34 | 22 / 409
57	華麗なる**ヘンボウ**を遂げる。	姿や様子がかわること。	変貌	40 | 15 / 422
58	鬼のような**ギョウソウ**で怒る。	恐ろしい顔つき。	形相	41 | 13 / 444
59	脳卒中は三大**シッペイ**の一つ。	やまい。	疾病	28 | 26 / 444
60	味つけのこつを**エトク**する。	理解し自分のものにすること。	会得	27 | 26 / 468

第4回

□61 薬の効能が**ケンチョ**に現れる。
際立って目につくさま。
〔顕著〕 157|21 2

□62 聞き手に注意を**カンキ**する。
呼びおこすこと。
〔喚起〕 159|9 5

□63 初優勝に守備で**コウケン**する。
尽力して役に立つこと。
〔貢献〕 155|13 5

□64 監督の意識が**シントウ**する。
次第に広く行き渡ること。
〔浸透〕 151|10 7

□65 病気を**ケイキ**に酒をやめる。
きっかけ。
〔契機〕 151|5 8

□66 試合で実力を**ハッキ**する。
力を十分に表し出すこと。
〔発揮〕 141|9 9

□67 被害の状況を**ハアク**する。
完全に理解すること。
〔把握〕 127|9 11

□68 要点を**タンテキ**にまとめる。
てっとりばやく要点をつくさま。
〔端的〕 132|3 12

□69 核兵器の**キョウイ**が高まる。
強い力でおびやかすこと。
〔脅威〕 128|6 13

□70 事件現場に**ソウグウ**する。
思いがけず出あうこと。
〔遭遇〕 122|12 13

□71 最新の音響技術を**クシ**する。
つかいこなすこと。
〔駆使〕 120|14 13

□72 一対一の**キンコウ**が破れる。
釣り合いが取れていること。
〔均衡〕 113|20 16

□73 **ケンキョ**な態度で依頼する。
控えめであるさま。
〔謙虚〕 123|9 17

□74 時には自分を**ギセイ**にする。
目的のために大切なものをささげること。
〔犠牲〕 126|5 18

□75 彼は自意識**カジョウ**で困る。
適当な分量を超えていること。
〔過剰〕 122|9 18

□76 **リンカク**がぼやけた写真。
外形を形づくっている線。
〔輪郭〕 118|12 20

□77 疲労が身体に**チクセキ**する。
たくさんためること。
〔蓄積〕 116|14 20

□78 多額の賞金を**カクトク**する。
手に入れること。
〔獲得〕 124|4 22

□79 子供に**カンショウ**しすぎる。
他者に立ち入って従わせようとすること。
〔干渉〕 123|5 22

□80 蚊が**バイカイ**する感染症。
間に立って橋渡しすること。
〔媒介〕 105|23 22

□81 利益を消費者に**カンゲン**する。
もとに戻すこと。
還元
119 6 27

□82 丹念に事件の**ケイイ**をたどる。
いきさつ。
経緯
118 4 29

□83 万全な財政**ソチ**を講ずる。
うまく取り計らって処理すること。
措置
110 11 30

□84 心身の健康の**イジ**に努める。
そのまま保ち続けること。
維持
114 6 31

□85 血液が体内を**ジュンカン**する。
ひとまわりすること。
循環
115 4 32

□86 人権**ヨウゴ**団体に所属する。
かばい守ること。
擁護
104 14 33

□87 **フヘン**的な考え方に基づく。
すべてに共通すること。
普遍
111 6 34

□88 戸締まりを**テッテイ**する。
中途半端ではないこと。
徹底
114 2 36

□89 店の経営が**キドウ**に乗る。
計画されたみちすじ。
軌道
113 3 36

□90 化石燃料が**コカツ**しつつある。
尽きてなくなること。
枯渇
98 18 36

□91 **バクゼン**とした不安がある。
はっきりしないさま。
漠然
95 21 36

□92 そのへんで**ダキョウ**しよう。
互いに譲歩して事をまとめること。
妥協
107 8 40

□93 苦手科目を**コクフク**する。
困難にうちかつこと。
克服
106 9 40

□94 目の**サッカク**を利用した絵。
間違ってかんじとること。
錯覚
106 9 40

□95 著作権を**ケイショウ**した親族。
地位や財産などを受けつぐこと。
継承
108 6 43

□96 敵の身柄を**コウソク**する。
自由を制限すること。
拘束
102 11 44

□97 武家社会が**ホウカイ**する。
こわれてしまうこと。
崩壊
99 14 44

□98 先例に**イキョ**して判断する。
よりどころとすること。
依拠
103 9 46

□99 外国に指導者を**ハケン**する。
他の地に行かせること。
派遣
108 2 48

□100 ハトは平和の**ショウチョウ**だ。
シンボル。
象徴
103 7 48

400
100

第6回

- □ 101 資源の回収を**ショウレイ**する。（人に勧めること。）　奨励　103｜7　48
- □ 102 **ヨクヨウ**をつけた話し方。（調子を上げ下げすること。）　抑揚　102｜8　48
- □ 103 書類の間違いを**シテキ**する。（取り上げて示すこと。）　指摘　107｜2　52
- □ 104 慈悲と**カンヨウ**の精神を持つ。（他人をよく受け入れること。）　寛容　105｜3　53
- □ 105 水質を**ショウサイ**に調査する。（くわしくこまかなこと。）　詳細　102｜6　53
- □ 106 新車の値引き**コウショウ**。（取り引きの相手と話し合うこと。）　交渉　106｜1　55
- □ 107 **タイダ**な生活を悔い改める。（だらけるさま。）　怠惰　90｜17　55
- □ 108 **ジョウキ**を逸した振る舞い。（普通のやり方。）　常軌　104｜2　57
- □ 109 旧来の伝統を**トウシュウ**する。（そのまま受け継ぐこと。）　踏襲　100｜6　57
- □ 110 邪魔者を強引に**ハイジョ**する。（取りのぞくこと。）　排除　102｜3　59
- □ 111 計画を**シンチョウ**に進める。（注意深いさま。）　慎重　99｜6　59
- □ 112 感情が複雑に**コウサク**する。（入りまじること。）　交錯　92｜13　59
- □ 113 損害**バイショウ**を求める。（他人に与えた損害をつぐなうこと。）　賠償　102｜2　63
- □ 114 政権の**ショウアク**を図る。（自分の意のままにすること。）　掌握　93｜10　64
- □ 115 失敗して自信を**ソウシツ**する。（うしなうこと。）　喪失　85｜17　65
- □ 116 車の流れを**シャダン**する。（さえぎること。）　遮断　84｜18　65
- □ 117 **ショウコ**の品を押収する。（事実を明らかにする材料。）　証拠　96｜5　68
- □ 118 彼の言葉は**ガンチク**がある。（表現に深い意味と味わいがあること。）　含蓄　93｜8　68
- □ 119 友人の裏切りに**フンガイ**する。（いきどおること。）　憤慨　92｜8　70
- □ 120 優秀な人材を**カツボウ**する。（切実にのぞむこと。）　渇望　91｜9　70

第7回

- □ 121 利用者の**ベンギ**を図る。 場に応じた処置。 [便宜] 83|17 70
- □ 122 恩師の訃報に**ドウヨウ**する。 心がゆれうごくこと。 [動揺] 95|4 74
- □ 123 いつも**テイサイ**を気にする。 外から見たときの様子。 [体裁] 89|10 74
- □ 124 年齢のわりに**チセツ**な文章。 子供のようにつたないさま。 [稚拙] 84|15 74
- □ 125 会議を**エンカツ**に進める。 なめらかで滞りのないさま。 [円滑] 89|9 77
- □ 126 店内の混雑を**カンワ**する。 程度をやわらげること。 [緩和] 88|10 77
- □ 127 **センサイ**な筆の運びに見入る。 こまやかであること。 [繊細] 87|11 77
- □ 128 もはや**キセイ**事実化している。 すでに存在が認められていること。 [既成] 91|6 81
- □ 129 彼の受賞は**ダトウ**な結果だ。 適切であること。 [妥当] 86|11 81
- □ 130 班長が人数を**カンジョウ**する。 数量を数えること。 [勘定] 80|17 81

- □ 131 負の**レンサ**を断ち切りたい。 つながっていること。 [連鎖] 92|4 84
- □ 132 **イゼン**として高水準にある。 もとのままであるさま。 [依然] 91|5 84
- □ 133 携帯電話の**フキュウ**率が高い。 広く行き渡ること。 [普及] 89|7 84
- □ 134 遺産の相続を**ホウキ**する。 自分の権利や資格を捨てて行使しないこと。 [放棄] 87|9 84
- □ 135 執行**ユウヨ**付きの判決。 日時を延ばすこと。 [猶予] 85|11 84
- □ 136 平日なら席に**ヨユウ**がある。 あまりやゆとりがあること。 [余裕] 93|2 91
- □ 137 光熱費を**ケンヤク**する工夫。 無駄遣いしないよう努めること。 [倹約] 92|3 91
- □ 138 相手の心理を**ドウサツ**する。 物事を見抜くこと。 [洞察] 91|4 91
- □ 139 **ダラク**した生活を送る青年。 生活が崩れ、品行が悪くなること。 [堕落] 87|8 91
- □ 140 議論の**フンキュウ**を招く。 物事が乱れもつれること。 [紛糾] 86|9 91

400
140

第8回

No.	問題	意味	解答	データ
141	安全確認のため**ジョコウ**する。	ゆっくりと進むこと。	徐行	93 1 96
142	美術館で絵を**カンショウ**する。	芸術作品などを味わうこと。	鑑賞	92 2 96
143	格上の相手に**カカン**に挑む。	思い切って物事をするさま。	果敢	91 3 96
144	メールの返事を**サイソク**する。	早くするようにせきたてること。	催促	88 6 96
145	小論文を**テンサク**してもらう。	他人の詩文や答案を改め直すこと。	添削	86 8 96
146	人々に**ショウゲキ**を与える。	ショック。	衝撃	84 10 96
147	最後まで**タンネン**に仕上げる。	丁寧に行うさま。	丹念	91 1 102
148	多少の失敗は**カクゴ**の上だ。	あらかじめ心構えをすること。	覚悟	90 2 102
149	念願がかなって**カンガイ**深い。	しみじみとした気持ちになること。	感慨	90 2 102
150	広範な問題を**ホウカツ**する。	ひっくるめてひとまとめにすること。	包括	83 8 106
151	事態打開の道を**モサク**する。	手探りでたずね探すこと。	模索	80 11 106
152	**シュウトウ**な注意を払う。	すみずみまで行き届くさま。	周到	89 1 108
153	個人情報の流出を**ソシ**する。	邪魔をしてとどめること。	阻止	85 5 108
154	途中で準備不足が**ロテイ**する。	隠れていたものが現れ出ること。	露呈	80 10 108
155	雪月花は自然美の**テンケイ**だ。	特徴をよく表しているもの。	典型	88 1 113
156	親の**ソクバク**から逃れたい。	行動に制限を加えること。	束縛	86 3 113
157	雑誌に小説を**ケイサイ**する。	新聞や雑誌にのせること。	掲載	84 5 113
158	選挙への出馬を**ヨウセイ**する。	願い出て求めること。	要請	86 2 116
159	改革には**ヘイガイ**が伴う。	他に悪い影響を与える物事。	弊害	73 15 116
160	振り込め**サギ**に警戒する。	他人をだまし、損をさせること。	詐欺	83 4 119

400

160

□161 **ショウドウ**買いを控えたい。 発作的に行おうとする心のうごき。 衝動 82|5 119

□162 大臣の収賄を**ダンガイ**する。 罪を調べ、責任を追及すること。 弾劾 76|10 121

□163 **コンキョ**のないうわさを流す。 もとになる理由。 根拠 80|5 123

□164 栄養を効果的に**セッシュ**する。 とり入れること。 摂取 77|8 123

□165 都会の**キハク**な人間関係。 うすいさま。 希薄 73|12 123

□166 無駄な経費を**サクゲン**する。 けずってへらすこと。 削減 82|2 127

□167 哲学の道で**シサク**にふける。 深く考えを進めること。 思索 78|6 127

□168 九十歳で**ショウガイ**を閉じる。 いきている間。 生涯 78|6 127

□169 集団で**ソショウ**を起こす。 法律的判断を裁判所に求めること。 訴訟 78|6 127

□170 大自然の**オンケイ**に浴する。 めぐみ。 恩恵 77|7 127

□171 テレビで新曲を**ヒロウ**する。 広く知らせること。 披露 74|10 127

□172 **イショウ**を凝らした逸品。 趣向や工夫。 意匠 72|12 127

□173 医師が**テイショウ**する健康法。 説明して呼びかけること。 提唱 81|2 135

□174 保険の**カンユウ**の仕事に就く。 すすめさそうこと。 勧誘 80|3 135

□175 **センザイ**能力を引き出す。 内にひそんでいること。 潜在 80|3 135

□176 母は昆虫を**キョクタン**に嫌う。 非常に偏るさま。 極端 77|6 135

□177 古い資料を**ハイキ**処分する。 不用なものとして捨てること。 廃棄 76|7 135

□178 **ユイショ**ある名家の生まれ。 現在に至るまでの立派な歴史。 由緒 67|16 135

□179 初志を**カンテツ**した生き方。 つらぬきとおすこと。 貫徹 80|2 142

□180 今さら**コウカイ**しても遅い。 あとになってくやむこと。 後悔 80|2 142

400
180

第10回

No.	問題	意味	解答	参照
181	痛みを**ケンメイ**にこらえる。	力の限り努めるさま。	懸命	77 5 142
182	**カクウ**の世界での出来事。	事実ではなく想像によること。	架空	79 2 145
183	新入部員を**カンゲイ**する。	喜びむかえること。	歓迎	79 2 145
184	部下に責任を**テンカ**する。	他になすりつけること。	転嫁	72 9 145
185	**ジンソク**な対応を心がける。	すばやいさま。	迅速	70 11 145
186	弁護士に**ホウシュウ**を支払う。	謝礼の金品。	報酬	70 11 145
187	彼の**キョシュウ**が注目される。	どう身を処するかの態度。	去就	76 4 152
188	**カンキュウ**をつけて話す。	遅いことと速いこと。	緩急	75 5 152
189	睡眠不足は健康を**ソガイ**する。	妨げること。	阻害	73 7 152
190	双方の意見が**ショウトツ**する。	ぶつかり合うこと。	衝突	76 3 157
191	復興の様子を**コクメイ**に記す。	細かく念を入れること。	克明	75 4 157
192	若者の雇用を**ソクシン**する。	はかどるように力を加えること。	促進	74 5 157
193	予算が年々**ボウチョウ**する。	ふくれあがること。	膨張	71 8 157
194	労使間で**セッショウ**を行う。	相手とかけひきをすること。	折衝	68 11 157
195	**ソボク**な人柄が好まれる。	ありのままであるさま。	素朴	67 12 157
196	親友に苦しい心情を**トロ**する。	本心をすべて打ち明けること。	吐露	66 13 157
197	秋雨前線が**テイタイ**する。	同じところにとどまること。	停滞	76 2 167
198	**キョウジュン**の意を表す。	謹んで命令に従うこと。	恭順	72 6 167
199	発音に**メイリョウ**さが欠ける。	はっきりしていること。	明瞭	69 9 167
200	内容の**ケントウ**を重ねる。	よく調べて考えること。	検討	76 1 171

400

200

第11回

No.	問題	意味	解答	データ
□201	最初に自己**ショウカイ**をする。	解説して知らせること。	紹介	76 | 1 / 171
□202	社会生活の**キハン**を示す。	手本。	規範	72 | 5 / 171
□203	今回の不祥事を**イカン**に思う。	残念。	遺憾	71 | 6 / 171
□204	二国間で条約を**テイケツ**する。	条約や契約などをむすぶこと。	締結	71 | 6 / 171
□205	冬は毎日乾布**マサツ**をする。	すり合わせること。	摩擦	70 | 7 / 171
□206	地方財政が**ヒヘイ**している。	苦しくなること。	疲弊	68 | 9 / 171
□207	何事も最初が**カンジン**だ。	特に大事であるさま。	肝心	72 | 4 / 178
□208	写真の掲載を**ショウダク**する。	相手の頼みを引き受けること。	承諾	71 | 5 / 178
□209	今日は朝から**キゲン**が悪い。	気分のよしあし。	機嫌	70 | 6 / 178
□210	幕府の**ケンイ**が失墜する。	他の者を服従させる力。	権威	70 | 6 / 178
□211	中国の**ユウキュウ**の歴史。	果てしなく長く続くこと。	悠久	68 | 8 / 178
□212	超一流に**ヒッテキ**する腕前。	同程度であること。	匹敵	66 | 10 / 178
□213	展開が**ボンヨウ**でつまらない。	特にすぐれたところのないこと。	凡庸	65 | 11 / 178
□214	食物**センイ**を多く含む食品。	細い糸状の物質。	繊維	74 | 1 / 187
□215	経験を少し**コチョウ**して書く。	実際よりも大げさに表すこと。	誇張	73 | 2 / 187
□216	時代**サクゴ**も甚だしい主張。	間違うこと。	錯誤	69 | 6 / 187
□217	**フキュウ**の名作と呼ばれる。	長く後世に残ること。	不朽	68 | 7 / 187
□218	年齢**サショウ**疑惑がある。	氏名・職業・年齢などを偽って言うこと。	詐称	66 | 9 / 187
□219	土砂災害に**ケイカイ**する。	注意し用心すること。	警戒	71 | 3 / 192
□220	茶道が**リュウセイ**を極めた。	勢いがさかんなこと。	隆盛	70 | 4 / 192

400
220

第12回

□ 221 **カンマン**な動きが目立つ。
ゆるやかで遅いさま。
［緩慢］ 65 | 9 192

□ 222 **コウショウ**な趣味を持つ。
けだかくて立派なさま。
［高尚］ 64 | 10 192

□ 223 問題解決の**タンショ**となる。
物事の手がかり。
［端緒］ 63 | 11 192

□ 224 日本文学に**ケイトウ**する。
興味を持ち、夢中になること。
［傾倒］ 72 | 1 199

□ 225 自己資金が**ジュンタク**にある。
物がたくさんあるさま。
［潤沢］ 61 | 12 199

□ 226 **ドウリョウ**と食事に行く。
職場がおなじで地位もおなじ人。
［同僚］ 69 | 3 203

□ 227 製品の**ケッカン**が見つかる。
不備な点。
［欠陥］ 68 | 4 203

□ 228 重要な任務を**カンスイ**した。
不足なくなしとげること。
［完遂］ 60 | 12 203

□ 229 物語の**ホッタン**を紹介する。
物事の初め。
［発端］ 58 | 14 203

□ 230 彼の能力は他を**アットウ**する。
際立ってすぐれた力で他を抑えること。
［圧倒］ 70 | 1 208

□ 231 原稿の執筆を**イライ**する。
物事を人にたのむこと。
［依頼］ 70 | 1 208

□ 232 介護職の**タイグウ**を改善する。
雇い主の勤労者に対する取り扱い。
［待遇］ 70 | 1 208

□ 233 子孫の**ハンエイ**を祈念する。
さかえること。
［繁栄］ 70 | 1 208

□ 234 酔っ払いを**カイホウ**する。
病人やけが人の世話をすること。
［介抱］ 68 | 3 208

□ 235 国内の産業が**スイタイ**する。
おとろえ弱ること。
［衰退］ 68 | 3 208

□ 236 **チツジョ**立てて説明する。
物事の正しい筋道。
［秩序］ 65 | 6 208

□ 237 人気作家の**キセキ**をたどる。
ある人の行動のあと。
［軌跡］ 64 | 7 208

□ 238 徳川幕府の権力を**コジ**する。
得意になって見せること。
［誇示］ 63 | 8 208

□ 239 戦争で人心が**コウハイ**する。
あれすさむこと。
［荒廃］ 62 | 9 208

□ 240 工作機械を遠隔**ソウサ**する。
あやつって動かすこと。
［操作］ 62 | 9 208

400
240

□241 常識が**ケツジョ**している。（かけていること。） 【欠如】 61|10 208

□242 事態がさらに**シンコク**になる。（事態が切迫し、重大なさま。） 【深刻】 69|1 223

□243 私には**トウテイ**理解できない。（どうやってみても。） 【到底】 69|1 223

□244 **カンキョウ**問題に関心がある。（人間や生物を取り巻く外界。） 【環境】 68|2 223

□245 小麦を**シュウカク**する季節。（農作物を取り入れること。） 【収穫】 68|2 223

□246 懸命の努力が**トロウ**に終わる。（報われないこと。） 【徒労】 68|2 223

□247 景気回復の**チョウコウ**がある。（物事が起こりそうなきざし。） 【兆候】 66|4 223

□248 **ジュンスイ**に真理を求める。（混じり気がないさま。） 【純粋】 65|5 223

□249 子供にも情け**ヨウシャ**ない。（手加減すること。） 【容赦】 62|8 223

□250 医学の発展に**コウセキ**を残す。（すぐれた成果。） 【功績】 68|1 236

□251 協力関係を**コウチク**する。（組み立てきずくこと。） 【構築】 65|4 236

□252 **ショミン**的な人柄が好まれる。（一般の人々。） 【庶民】 64|5 236

□253 海への**チョウボウ**が開ける。（遠く見渡して目に入る景色。） 【眺望】 64|5 236

□254 俳優の名演技に**トウスイ**する。（うっとりするほど心を奪われること。） 【陶酔】 63|6 236

□255 独断と**ヘンケン**で決定する。（かたよった考え方。） 【偏見】 63|6 236

□256 世界記録を**コウシン**する。（あたらしく変えること。） 【更新】 66|2 245

□257 世界情勢の**スイイ**を見守る。（状態がうつり変わってゆくこと。） 【推移】 66|2 245

□258 卒業を控え人生の**キロ**に立つ。（分かれ道。） 【岐路】 65|3 245

□259 行方不明者の**ソウサク**が続く。（さがし求めること。） 【捜索】 64|4 245

□260 法律に**テイショク**する行為。（ふれること。差し障ること。） 【抵触】 64|4 245

400
260

第14回

番号	問題	意味	解答	参照
□ 261	子供を**フヨウ**する義務がある。	生活の面倒を見ること。	扶養	64 | 4 / 245
□ 262	**カイコン**の念にさいなまれる。	過ちをくやみ残念に思うこと。	悔恨	63 | 5 / 245
□ 263	チームの士気を**コブ**する。	気持ちを奮い立たせること。	鼓舞	59 | 9 / 245
□ 264	失敗し**ショウソウ**に駆られる。	いらだちあせること。	焦燥	58 | 10 / 245
□ 265	危険を未然に**カイヒ**する。	さけるようにすること。	回避	66 | 1 / 256
□ 266	騒動は全国に**ハキュウ**した。	影響のおよぶ範囲が広がってゆくこと。	波及	66 | 1 / 256
□ 267	医師不足は**カンカ**できない。	見すごすこと。	看過	64 | 3 / 256
□ 268	**カンセイ**な住宅地に住む。	ものしずかなさま。	閑静	63 | 4 / 256
□ 269	環境問題が**ケンザイ**化する。	はっきりと形に現れていること。	顕在	57 | 10 / 256
□ 270	図書館の資料を**ケンサク**する。	必要な事柄を探し出すこと。	検索	65 | 1 / 262
□ 271	**ケンビキョウ**の使い方を学ぶ。	小さい物体を拡大して観察する器械。	顕微鏡	65 | 1 / 262
□ 272	**センレン**されたデザインの家。	磨き上げてよい物にすること。	洗練	62 | 4 / 262
□ 273	単身で海外に**フニン**する。	命じられた場所におもむくこと。	赴任	62 | 4 / 262
□ 274	五分**カンカク**で運転する。	二つのもののあいだのへだたり。	間隔	61 | 5 / 262
□ 275	病気で生活に**コンキュウ**する。	貧乏で苦しむこと。	困窮	61 | 5 / 262
□ 276	長年の**ギョウセキ**をたたえる。	成し遂げた仕事。	業績	60 | 6 / 262
□ 277	友人とだんだん**ソエン**になる。	親しくないこと。	疎遠	60 | 6 / 262
□ 278	**スイショウ**品として認定する。	褒めて他人にすすめること。	推奨	57 | 9 / 262
□ 279	土地と建物を**ジョウト**する。	ゆずりわたすこと。	譲渡	63 | 2 / 275
□ 280	経済対策への**カイギ**的な見方。	うたがいを抱くこと。	懐疑	61 | 4 / 275

400

280

□ 281 何よりも忍耐が**カンヨウ**だ。
非常に大事なこと。
［肝要］ 61 | 4 275

□ 282 **ゲンミツ**に言うと多少違う。
細かいところまで隙がないさま。
［厳密］ 61 | 4 275

□ 283 他社と業務**テイケイ**をする。
共同で物事を行うこと。
［提携］ 61 | 4 275

□ 284 病人を別室に**カクリ**する。
他の物からはなすこと。
［隔離］ 59 | 6 275

□ 285 条約の**ヒジュン**書を交換する。
条約締結に対する同意の手続き。
［批准］ 59 | 6 275

□ 286 すべての項目に**ガイトウ**する。
あてはまること。
［該当］ 58 | 7 275

□ 287 大臣の汚職を**キュウダン**する。
罪を問いただしてとがめること。
［糾弾］ 58 | 7 275

□ 288 **キョウシュウ**に駆られる。
ふるさとや昔の物を懐かしむ気持ち。
［郷愁］ 57 | 8 275

□ 289 日々**タンレン**を積む。
きたえて強くすること。
［鍛練（錬）］ 55 | 10 275

□ 290 申請手続きを妻に**イニン**する。
まかせること。
［委任］ 63 | 1 290

□ 291 徳川家の**ケイフ**を研究する。
血縁などのつながりを示すもの。
［系譜］ 63 | 1 290

□ 292 定期演奏会で**シキ**をする。
演奏をまとめる行為。
［指揮］ 63 | 1 290

□ 293 小型飛行機を**ソウジュウ**する。
思うようにあやつり動かすこと。
［操縦］ 62 | 2 290

□ 294 休日に**ユカイ**な仲間が集まる。
楽しく気分のよいさま。
［愉快］ 61 | 3 290

□ 295 **シコウサクゴ**を重ねる毎日。
失敗を重ねながら目的に迫ってゆくこと。
［試行錯誤］ 60 | 4 290

□ 296 巻末に**サクイン**を付ける。
インデックス。
［索引］ 59 | 5 290

□ 297 上空を飛行機が**センカイ**する。
円を描くようにまわること。
［旋回］ 59 | 5 290

□ 298 時間の都合で**カツアイ**する。
惜しみながら省略すること。
［割愛］ 58 | 6 290

□ 299 靴が**キュウクツ**で足が痛い。
思うように身動きできないさま。
［窮屈］ 58 | 6 290

□ 300 **ゲンカク**なしつけを受ける。
不正や怠慢を許さないさま。
［厳格］ 58 | 6 290

400
300

第16回

□301 開店資金を**ユウズウ**する。
必要な金や物を都合すること。
［融通］ 58｜6 290

□302 初心者にも**ヨウイ**にできる。
簡単であるさま。
［容易］ 58｜6 290

□303 **オウヘイ**な態度で命令する。
偉そうで無礼なさま。
［横柄］ 57｜7 290

□304 歯並びを**キョウセイ**する。
欠点をただしく直すこと。
［矯正］ 55｜9 290

□305 **ハンモ**した水草を刈り取る。
草木が生いしげること。
［繁茂］ 54｜10 290

□306 静かで**フンイキ**のいい店。
その場を満たしている気分。
［雰囲気］ 53｜11 290

□307 講演に深い**カンメイ**を受けた。
深く心に刻み込まれること。
［感銘］ 59｜4 309

□308 新規事業の**キカク**を練る。
あることを行うために立てた計画。
［企画］ 59｜4 309

□309 **カンショウ**地帯を設ける。
二つの物の間の不和を和らげること。
［緩衝］ 58｜5 309

□310 新たに候補者を**ヨウリツ**する。
かばい守ってある位に就かせること。
［擁立］ 58｜5 309

□311 選手が**イッセイ**に走り出す。
多くの者が同時に行うさま。
［一斉］ 57｜6 309

□312 社会に**ケイショウ**を鳴らす。
危険を知らせるかね。
［警鐘］ 57｜6 309

□313 **ダセイ**に流された生活をする。
今までの習慣や勢い。
［惰性］ 54｜9 309

□314 偶像が**スウハイ**されている。
心から敬い、あがめること。
［崇拝］ 53｜10 309

□315 **チンプ**な発想しか浮かばない。
ありふれていてつまらないさま。
［陳腐］ 51｜12 309

□316 最新技術に**キョウタン**する。
ひどくおどろき感心すること。
［驚嘆］ 60｜2 320

□317 計画撤退を**ヨギ**なくされる。
他に取るべき方法。
［余儀］ 57｜5 320

□318 **ガンコ**おやじを説得したい。
かたくなに態度や考えを守ること。
［頑固］ 54｜8 320

□319 職場で**ソガイ**感を味わう。
のけものにすること。
［疎外］ 53｜9 320

□320 **イダイ**な足跡を残した画家。
非常に立派なさま。
［偉大］ 60｜1 327

321 新居に友人を**ショウタイ**する。(客をまねいてもてなすこと。) 招待 60|1 327
322 **ハクシン**の演技を見せる。(しんにせまっていること。) 迫真 60|1 327
323 気持ちが**ビミョウ**に変化する。(一言では表せないほど細かいさま。) 微妙 60|1 327
324 社会の**フウチョウ**に逆らう。(世間一般の傾向。) 風潮 60|1 327
325 地場産業の**シンコウ**を図る。(物事を盛んにすること。) 振興 59|2 327
326 巧みに話題を**テンカン**する。(それまでの方針を変えること。) 転換 59|2 327
327 地域の実情を**カンアン**する。(あれこれと考え合わせること。) 勘案 58|3 327
328 母校の勝利に**コウフン**する。(感情がたかぶること。) 興奮 58|3 327
329 **ジュウナン**体操を欠かさない。(やわらかくしなやかなさま。) 柔軟 58|3 327
330 父親としての**イゲン**を保つ。(堂々としておごそかなこと。) 威厳 57|4 327

331 **タクエツ**した技量の持ち主。(他より際立ってすぐれていること。) 卓越 57|4 327
332 父が**タンセイ**して育てた野菜。(心をこめてすること。) 丹精 57|4 327
333 **ケンジツ**な守備を誇る選手。(手がたく確かで危なげのないこと。) 堅実 56|5 327
334 事態の**シュウシュウ**を図る。(乱れた事態などを鎮めること。) 収拾 56|5 327
335 契約解除は時期**ショウソウ**だ。(まだその時期でないこと。) 尚早 54|7 327
336 血糖値の上昇を**ヨクセイ**する。(おさえとどめること。) 抑制 54|7 327
337 宣伝広告の**バイタイ**を選ぶ。(伝達の仲立ちとなるもの。) 媒体 50|11 327
338 大会の開催に**シショウ**が出る。(さしさわり。) 支障 59|1 347
339 費用を全員で**フタン**する。(仕事や責任などを引き受けること。) 負担 59|1 347
340 逸品を**グウゼン**に見つける。(思いがけないことが起こるさま。) 偶然 58|2 347

400
340

第18回

□341 壁面を造花で**ソウショク**する。
かざること。
装飾
58 | 2
347

□342 反戦運動に**ケンシン**する。
わが身を犠牲にして尽くすこと。
献身
57 | 3
347

□343 **ヒキン**な例を挙げて説明する。
ありふれているさま。
卑近
57 | 3
347

□344 先生が学生時代を**カイコ**する。
過去に思いを巡らすこと。
回顧
56 | 4
347

□345 町内会費を**チョウシュウ**する。
金銭などを取り立てること。
徴収
56 | 4
347

□346 人生を**キョウラク**的に生きる。
思いのままにたのしみを味わうこと。
享楽
55 | 5
347

□347 沖縄で映画を**サツエイ**する。
写真や映画をとること。
撮影
55 | 5
347

□348 **コンワク**の表情を浮かべる。
こまりとまどうこと。
困惑
54 | 6
347

□349 さまざまな**コヨウ**形態がある。
人をやとうこと。
雇用
53 | 7
347

□350 **カドウ**人口の実態を調査する。
かせぎはたらくこと。
稼働
52 | 8
347

□351 時代とともに**ヘンセン**する。
移りかわること。
変遷
49 | 11
347

□352 **キソク**正しい生活を送る。
標準となるきまり。
規則
58 | 1
364

□353 体育祭に校旗を**ケイヨウ**する。
旗などを高くかかげること。
掲揚
58 | 1
364

□354 新しい分野を**カイタク**する。
新しい領域を切りひらくこと。
開拓
57 | 2
364

□355 暑さで体力を**ショウモウ**する。
使って減らすこと。
消耗
57 | 2
364

□356 大混戦の**ヨウソウ**を呈する。
状態やありさま。
様相
56 | 3
364

□357 反対派を**カイジュウ**する。
手なずけること。
懐柔
55 | 4
364

□358 **マイキョ**にいとまがない。
一つ一つ数えること。
枚挙
54 | 5
364

□359 俗世から**カクゼツ**された場所。
他とへだてられ関係がたたれること。
隔絶
53 | 6
364

□360 事業計画を**ジッセン**に移す。
理論や理念を行動に移すこと。
実践
53 | 6
364

400
360

□361 話がヒヤクしてわからない。 とび越して進むこと。 [飛躍] 52 7 364
□362 高速道路がブンキする地点。 行く先がわかれること。 [分岐] 51 8 364
□363 敵にユウカンに立ち向かう。 恐れず積極的にすること。 [勇敢] 57 1 379
□364 実験が失敗しラクタンする。 がっかりすること。 [落胆] 57 1 379
□365 高価なダイショウを払う。 目的達成のために必要な犠牲や損害。 [代償] 56 2 379
□366 連覇のイギョウを成し遂げる。 すぐれた仕事。 [偉業] 55 3 379
□367 裏であれこれとカクサクする。 はかりごとを巡らすこと。 [画策] 55 3 379
□368 医師がヘンキョウの地へ赴く。 都から遠く離れた土地。 [辺境] 55 3 379
□369 日本経済の発展にキヨする。 力を尽くすこと。 [寄与] 54 4 379
□370 経済のコンカンを揺るがす。 物事の大もと。 [根幹] 54 4 379

□371 社員の士気がコウヨウする。 精神や気分などをたかめること。 [高揚] 53 5 379
□372 何かコンタンがありそうな顔。 ひそかに巡らす計略。 [魂胆] 52 6 379
□373 みんなの意見をソウカツする。 全体をひとまとめにすること。 [総括] 52 6 379
□374 過去の苦労をジュッカイする。 思いをのべること。 [述懐] 51 7 379
□375 史実に即してジョジュツする。 順を追って書き記すこと。 [叙述] 51 7 379
□376 ボウトウで結論を述べる。 発端の部分。 [冒頭] 51 7 379
□377 横浜は鉄道ハッショウの地だ。 物事が起こり現れること。 [発祥] 50 8 379
□378 サイゲンなく話し続ける。 かぎり。 [際限] 55 2 395
□379 多くの問題がカイザイする。 間に挟まってあること。 [介在] 54 3 395
□380 人事制度のサッシンを図る。 事態を全くあたらしくすること。 [刷新] 51 6 395

400
380

第20回

381 **ケイヤク**期間を延長する。 法的な効果がある約束。 ［契約］ 124｜0 28

382 記者が問題の**カクシン**に迫る。 本質をなしている部分。 ［核心］ 111｜0 47

383 原稿と**タイショウ**する。 てらし合わせること。 ［対照］ 100｜0 70

384 時間の**ガイネン**が誕生する。 ある事物を一般化した意味内容。 ［概念］ 90｜0 108

385 住民の激しい**テイコウ**にあう。 外からの力に逆らうこと。 ［抵抗］ 88｜0 116

386 子供の生活の**キバン**を整える。 土台。 ［基盤］ 86｜0 121

387 **コウミョウ**に仕組まれた罠(わな)。 非常にたくみなさま。 ［巧妙］ 81｜0 145

388 温室で花を**サイバイ**する。 植物を育てること。 ［栽培］ 80｜0 152

389 **シンケン**に課題に取り組む。 本気であること。 ［真剣］ 79｜0 157

390 彼の講演に**ケイハツ**された。 より高い知識を与え、教え導くこと。 ［啓発］ 78｜0 167

391 長編の**ボウケン**小説を読む。 危険を伴うことをあえてすること。 ［冒険］ 74｜0 192

392 試験の出題**ハンイ**を確認する。 限られた領域。 ［範囲］ 70｜0 223

393 僧侶が諸国を**ヘンレキ**する。 各地を巡り歩くこと。 ［遍歴］ 69｜0 236

394 高速道路が**ジュウタイ**する。 車両などがなかなか先へ進めないこと。 ［渋滞］ 67｜0 256

395 飼料原料を輸入に**イソン**する。 他の物に頼って成立すること。 ［依存］ 66｜0 262

396 突然**ダイタン**な行動に出る。 度胸があるさま。 ［大胆］ 66｜0 262

397 **カンダイ**な処置を求める。 心が広く思いやりのあるさま。 ［寛大］ 65｜0 275

398 社会**ホウシ**活動を実施する。 献身的に働くこと。 ［奉仕］ 63｜0 309

399 世相を**ハンエイ**した流行語。 影響が他の物に現れること。 ［反映］ 62｜0 320

400 英会話を**キソ**からやり直す。 物事が成立する大もと。 ［基礎］ 61｜0 327

400

入試漢字の出題パターン①

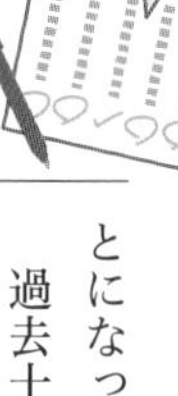

漢字問題の設定のしかた

大学入試での漢字問題の設定のしかたには、⑴評論や小説などの文章読解問題の中で、問題文中に出てくる語句について読み書きを問う場合と、⑵文章読解問題から独立して、漢字や語句だけで問題を設定する場合とがある。私立・国公立ともに、多くの大学は⑴のスタイルをとっている。

大学入試で出題される漢字―常用漢字を確実に覚える

本書で出現する漢字は延べ一六九五字あり、そのうち一六五七字が常用漢字である。常用漢字とは、「法令、公用文書、新聞、雑誌、放送など、一般の社会において、現代の国語を書き表す場合の漢字使用の目安を示すもの」として「常用漢字表」で示された漢字二一三六字をさし、中学校卒業までにすべて学習し終えることになっている。

過去十年間に出題された入試漢字を集計した結果、「ランクA」に出現する漢字はすべて常用漢字であった。大学入試の漢字問題で高得点を目ざすには、まずは確実に常用漢字を覚えることが大切である。

常用漢字表外の漢字―読みでの出題

大学入試では、常用漢字表外の漢字を出題する大学も多い。本書でも、「啓蒙」（ランクB）、「恰好」「些細」「嗜好」「欺瞞」（ランクC）、「錯綜」「執拗」「弛緩」「萌芽」「阿鼻叫喚」「乖離」「歪曲」「範疇」「脆弱」「終焉」（ランクD）と、上位二〇〇〇語までに十五字の常用漢字表外の漢字が出現している。

常用漢字表外の漢字については、私立・国公立ともに、書き取り問題として出題するよりも読みの問題として出題する大学が多い。評論文などで目にする機会が多い漢字熟語については、常用漢字表外の漢字も読めるようにしておこう。

ランク B

最頻出語 400

ランク B の総出題延べ数 19,249 回、3000 語の総出題延べ数 106,469 回
[平均出題延べ数　1 語につき 48 回]

最頻出語に位置づけた「ランク B」400 語の総出題延べ数の割合は、約 18%です。ここまでの 800 語で 3000 語の総出題延べ数の約半分がカバーできます。

「語彙力養成編」は、漢字力養成のための必修と考え、確実に覚えておきましょう！

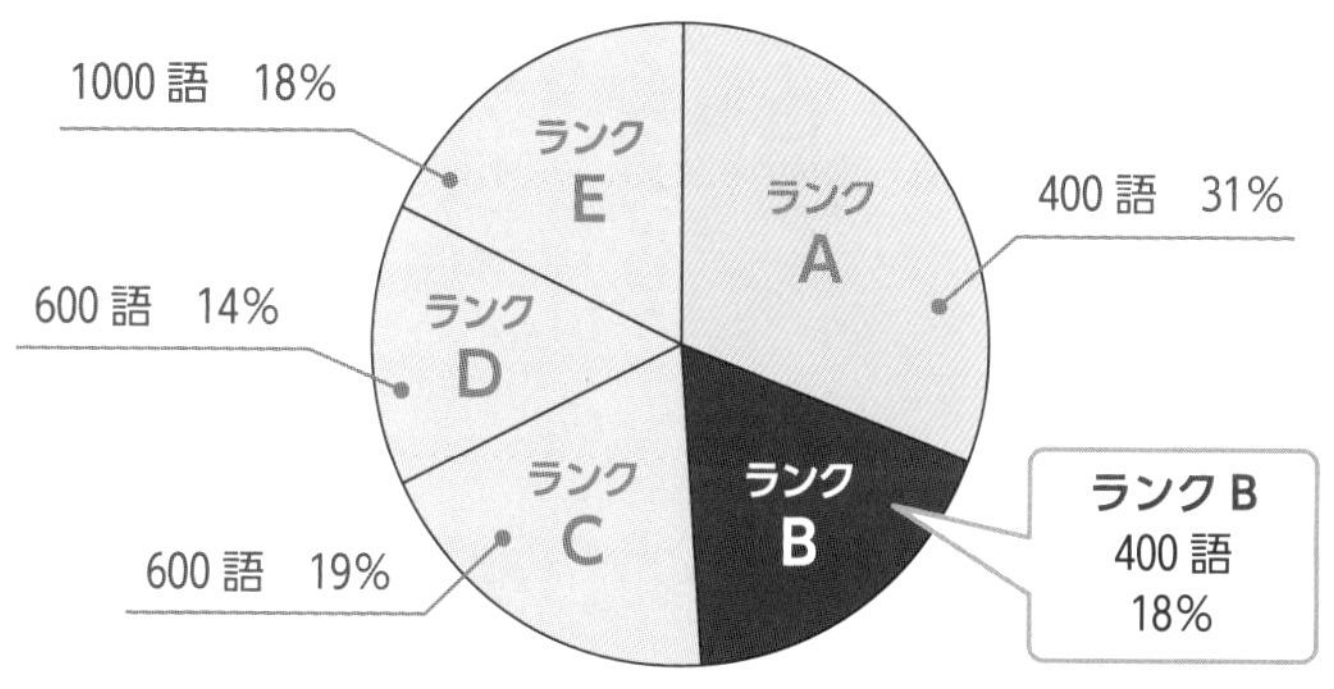

□ 401 **イセイシャ**の心得を説く。
政治を行う人。
為政者 40 | 13 468

□ 402 絶滅が**キグ**されている淡水魚。
あやぶみおそれること。
危惧 38 | 15 468

□ 403 豪雨で河川が**ハンラン**する。
あふれ出ること。
氾濫 31 | 22 468

□ 404 近代の名作を**モウラ**した全集。
残らず取り入れること。
網羅 40 | 12 490

□ 405 **カコク**な労働条件を改善する。
厳しすぎるさま。
過酷 41 | 10 505

□ 406 **ヒヨク**な三日月地帯。
土地がこえていて作物がよくできること。
肥沃 41 | 10 505

□ 407 運転を自動的に**セイギョ**する。
思いどおりになるように調整すること。
制御 39 | 12 505

□ 408 前日に**チミツ**な計画を立てる。
細かいところまで行き届いているさま。
緻密 32 | 19 505

□ 409 河口に土砂が**タイセキ**する。
つみ重ねること。
堆積 40 | 10 532

□ 410 顧客に**ザンシン**な提案をする。
発想が際立ってめあたらしいさま。
斬新 33 | 17 532

□ 411 欄間に手彫り装飾を**ホドコ**す。
飾りや補足を付け加える。
施す 28 | 22 532

□ 412 すべてを**ホウセツ**する概念。
一定の範囲の中につつみ入れること。
包摂 39 | 10 555

□ 413 線香をたいて**クヨウ**する。
冥福を祈って法要を営むこと。
供養 38 | 11 555

□ 414 不要な木を**バッサイ**する。
山林から樹木を切り出すこと。
伐採 38 | 11 555

□ 415 なんとか制作費を**クメン**した。
いろいろ思案して金銭や物を集めること。
工面 33 | 16 555

□ 416 病状が**ゼンジ**快方に向かう。
しだいに。
漸次 31 | 18 555

□ 417 収入の**タカ**は問わない。
おおいことと少ないこと。
多寡 35 | 13 576

□ 418 **キガ**に苦しむ子供を救う。
食べ物が不足して苦しむこと。
飢餓 37 | 10 591

□ 419 総理大臣の**シモン**を受ける。
有識者などに意見を求めること。
諮問 37 | 10 591

□ 420 神社の**ケイダイ**を散歩する。
神社や寺院の敷地のうちがわ。
境内 25 | 22 591

第22回

番号	問題	意味	解答	データ
421	擦過傷は数日で**チユ**した。	病気やけががなおること。	治癒	37 / 9 / 620
422	遠くの一点を**ギョウシ**する。	じっと見つめること。	凝視	36 / 10 / 620
423	**ゲンシュク**な儀式を終える。	おごそかで慎み深いこと。	厳粛	36 / 10 / 620
424	何度も**ザセツ**を経験する。	途中で駄目になること。	挫折	36 / 10 / 620
425	距離が二人の仲を**ヘダ**てる。	二つの間を離す。	隔てる	35 / 11 / 620
426	**ヘイソク**感に覆われた社会。	先行きが見えないこと。	閉塞	29 / 17 / 620
427	県から研究**イショク**を受ける。	頼んでまかせること。	委嘱	35 / 10 / 644
428	増水した川が行く手を**ハバ**む。	進もうとするのをさまたげる。	阻む	26 / 19 / 644
429	希望者に試供品を**ハンプ**する。	広く配ること。	頒布	34 / 10 / 683
430	**キョウキン**を開いて語り合う。	むねの内。	胸襟	31 / 13 / 683
431	約束の**リコウ**を強く求める。	決めたことなどを実際におこなうこと。	履行	28 / 16 / 683
432	彼とは十年来の**チキ**だ。	しりあい。	知己	25 / 19 / 683
433	今年のクラス目標を**カカ**げる。	高く上げる。	掲げる	23 / 21 / 683
434	群衆の**カンゲキ**を縫って進む。	すきま。	間隙	33 / 10 / 717
435	**ザンテイ**的な措置を講ずる。	正式に決まるまで仮にさだめておくこと。	暫定	26 / 17 / 717
436	自由**ホンポウ**に生きる青年。	思うままに行動すること。	奔放	30 / 12 / 745
437	**スウコウ**な理念の持ち主。	けだかくて尊いさま。	崇高	28 / 14 / 745
438	**テキギ**塩を加え味を調整する。	各自がよいと思うようにするさま。	適宜	33 / 8 / 777
439	日々勉学に**ショウジン**する。	一生懸命に努力すること。	精進	27 / 14 / 777
440	政治家が全国を**ユウゼイ**する。	各地を演説して回ること。	遊説	21 / 20 / 777

番号	問題	意味	解答	参照
□441	野球部の**カントク**に就任する。	総括し指揮する人。	監督	56 | 1 395
□442	食べ物を**ソマツ**にするな。	大切に扱わないこと。	粗末	56 | 1 395
□443	乳酸菌を**バイヨウ**する方法。	人工的に増やすこと。	培養	55 | 2 395
□444	**カンリョウ**出身の国会議員。	上級の役人。	官僚	54 | 3 395
□445	偉人を**ケンショウ**する石碑。	功績などをたたえて世間に知らせること。	顕彰	53 | 4 395
□446	山の頂から市内を**ナガ**める。	遠くを見やる。	眺める	53 | 4 395
□447	彼は真面目で**カモク**な青年だ。	言葉数が少ないこと。	寡黙	46 | 11 395
□448	**フンショク**決算を防止する。	うわべを立派に見せかけること。	粉飾	55 | 1 409
□449	記念**カヘイ**を二種類発行する。	商品の交換を媒介するもの。	貨幣	54 | 2 409
□450	優勝に**カンキ**の声をあげる。	非常によろこぶこと。	歓喜	54 | 2 409
□451	時代を**チョウエツ**した作品。	はるかにこえていること。	超越	54 | 2 409
□452	音楽業界に**クンリン**する人物。	ある分野で絶対的勢力を持つこと。	君臨	53 | 3 409
□453	**クジュウ**に満ちた表情で見る。	物事がうまく行かずにくるしみ悩むこと。	苦渋	52 | 4 409
□454	進退問題に**ゲンキュウ**する。	話がおよぶこと。	言及	50 | 6 409
□455	**イッカン**した態度をとる。	始めから終わりまでつらぬき通すこと。	一貫	54 | 1 422
□456	主将が選手**センセイ**をする。	ちかいの言葉を述べること。	宣誓	54 | 1 422
□457	厳しい**カイリツ**を守る修行僧。	僧などが守るべきおきて。	戒律	53 | 2 422
□458	**キミョウ**な色の取り合わせ。	不思議で変なさま。	奇妙	53 | 2 422
□459	悲願の全国**セイハ**を果たす。	勝ち抜いて優勝すること。	制覇	53 | 2 422
□460	道路の**カクチョウ**工事を行う。	範囲や規模などを広げて大きくすること。	拡張	52 | 3 422

400

60

第24回

□ 461 話の**ショウテン**を絞り込む。
関心や注意が集まるところ。
［焦点］
51 | 4 422

□ 462 多彩な人材を**ハイシュツ**する。
すぐれた人物が続いて世にでること。
［輩出］
51 | 4 422

□ 463 一撃で敵を**フンサイ**する。
徹底的に打ちのめすこと。
［粉砕］
51 | 4 422

□ 464 数々の**ケッサク**を生み出した。
非常にすぐれた出来ばえのさくひん。
［傑作］
50 | 5 422

□ 465 **テイネイ**な応対を心がける。
礼儀正しいこと。
［丁寧］
50 | 5 422

□ 466 **キジョウ**の空論を振り回す。
つくえのうえ。
［机上］
48 | 7 422

□ 467 大きな物音に**ギョウテン**する。
非常に驚くこと。
［仰天］
48 | 7 422

□ 468 退院まで少しの**シンボウ**だ。
つらいことを我慢すること。
［辛抱］
48 | 7 422

□ 469 彼の**トウトツ**な発言に戸惑う。
いきなりで、その場にそぐわないさま。
［唐突］
48 | 7 422

□ 470 二人の作風が**コクジ**している。
そっくりなこと。
［酷似］
47 | 8 422

□ 471 自分の**イト**するものと違う。
思惑。
［意図］
46 | 9 422

□ 472 町名の**ユライ**を紹介する。
物事のいわれ。
［由来］
46 | 9 422

□ 473 国際平和を**キキュウ**する。
願いもとめること。
［希求］
53 | 1 444

□ 474 不合格は当然の**キケツ**だ。
最終的に落ち着くところ。
［帰結］
53 | 1 444

□ 475 新年の**ホウフ**を述べる。
心にいだいている決意。
［抱負］
53 | 1 444

□ 476 自信を持って**スイセン**する。
他人にすすめること。
［推薦］
52 | 2 444

□ 477 周囲の不安を**イッソウ**する。
すっかり払い除くこと。
［一掃］
51 | 3 444

□ 478 人生の**キビ**に触れる。
表面には現れないかすかなおもむき。
［機微］
51 | 3 444

□ 479 役所に**キョギ**の申告をする。
うそやいつわり。
［虚偽］
51 | 3 444

□ 480 不良品と良品を**コウカン**する。
取りかえること。
［交換］
51 | 3 444

400 80

□481 魚を生きたまま**ホカク**する。
動物などをとらえること。
[捕獲] 51 | 3 444

□482 外国語の論文を**ホンヤク**する。
他国の言語に直すこと。
[翻訳] 51 | 3 444

□483 科学の現状を**ユウリョ**する。
思い煩うこと。
[憂慮] 51 | 3 444

□484 **タイマン**のそしりを免れない。
なまけること。
[怠慢] 50 | 4 444

□485 助走をつけて**チョウヤク**する。
はね上がること。
[跳躍] 50 | 4 444

□486 名案が突然**ノウリ**に浮かんだ。
頭の中。
[脳裏] 50 | 4 444

□487 工業団地に企業を**ユウチ**する。
さそって招き寄せること。
[誘致] 50 | 4 444

□488 大雪の**エイキョウ**で欠航する。
力が他の物にまで及ぶこと。
[影響] 49 | 5 444

□489 **ヘンキョウ**な考え方を改める。
度量の小さいこと。
[偏狭] 49 | 5 444

□490 あらぬことを**モウソウ**する。
根拠なくあれこれ思い描くこと。
[妄想] 49 | 5 444

□491 新作**ギキョク**を上演する。
演劇の脚本。
[戯曲] 48 | 6 444

□492 自然界の**キョウイ**に触れる。
おどろき不思議がること。
[驚異] 52 | 1 468

□493 両親へ花束を**ゾウテイ**する。
人に物をおくること。
[贈呈] 52 | 1 468

□494 釣りには**ニンタイ**が必要だ。
こらえること。
[忍耐] 52 | 1 468

□495 国連の要求を**キョゼツ**する。
相手の要求をこばむこと。
[拒絶] 51 | 2 468

□496 **コウガンムチ**な行動をとる。
ずうずうしくてはじ知らずなこと。
[厚顔無恥] 51 | 2 468

□497 犯人の足取りを**タンサク**する。
さぐり求めること。
[探索] 51 | 2 468

□498 外部に調査を**イタク**する。
物事を他に頼んでやってもらうこと。
[委託] 50 | 3 468

□499 娘の初舞台に**キンチョウ**する。
ゆるみがなくはりつめていること。
[緊張] 50 | 3 468

□500 疑惑の**カチュウ**にいる人物。
もめている状態のなか。
[渦中] 49 | 4 468

400
100

第26回

	問題	意味	解答	
□501	外務省が**カンカツ**する機関。	権限をもって支配すること。	管轄	49 4 / 468
□502	正月に車で関西に**キセイ**する。	短期間郷里にかえること。	帰省	49 4 / 468
□503	**クウソ**な議論を繰り返す。	見せかけだけで内容がないさま。	空疎	49 4 / 468
□504	自然に対して**イフ**の念を抱く。	おそれおののくこと。	畏怖	47 6 / 468
□505	先生の**クントウ**のたまもの。	すぐれた人格で他人を教え育てること。	薫陶	45 8 / 468
□506	失敗して**トホウ**に暮れる。	手段や手立て。	途方	45 8 / 468
□507	頭の中で**コウソウ**を練る。	考えを組み立てること。	構想	51 1 / 490
□508	息子の教育に**フシン**する母親。	ひどくこころを使うこと。	腐心	51 1 / 490
□509	悪質な営業**ボウガイ**にあう。	さまたげること。	妨害	51 1 / 490
□510	会費の値上げに**イギ**を唱える。	反対の意思や他と違った意見。	異議	50 2 / 490
□511	証人として**ショウカン**される。	人を呼び出すこと。	召喚	50 2 / 490
□512	活発な意見の**オウシュウ**。	互いにやりとりすること。	応酬	49 3 / 490
□513	記憶が**センメイ**によみがえる。	あざやかではっきりしていること。	鮮明	49 3 / 490
□514	物語が**カキョウ**に入ってきた。	おもしろいところ。	佳境	48 4 / 490
□515	**ソウダイ**な自然に圧倒される。	規模がおおきくて立派なこと。	壮大	48 4 / 490
□516	言論の自由を**ヨクアツ**する。	無理におさえつけること。	抑圧	48 4 / 490
□517	顔を見た**トタン**に泣き出す。	ちょうどその瞬間。	途端	44 8 / 490
□518	違法行為の**キョウサ**を禁じる。	他人をそそのかすこと。	教唆	43 9 / 490
□519	食品の**フハイ**を防止する。	くさること。	腐敗	50 1 / 505
□520	足腰の痛みを**ガマン**する。	じっと耐え忍ぶこと。	我慢	49 2 / 505

□ 521 冬場は肌が**カンソウ**する。
水分や湿気がなくなること。
[乾燥] 49 2 505

□ 522 建物を不法に**センキョ**する。
たてこもり、他人が入るのを拒むこと。
[占拠] 49 2 505

□ 523 **エイビン**な頭脳の持ち主。
感覚や理解がするどくすばやいさま。
[鋭敏] 48 3 505

□ 524 実力が**ハクチュウ**した二人。
力などが釣り合って優劣がないこと。
[伯仲] 48 3 505

□ 525 **イクドウオン**に批判する。
多くの人がおなじことを言うこと。
[異口同音] 47 4 505

□ 526 **ダンカイ**の世代と呼ばれる。
かたまり。
[団塊] 47 4 505

□ 527 **チュウショウ**的な表現を嫌う。
その意がはっきりしないさま。
[抽象] 47 4 505

□ 528 **カソ**の村に家族で移り住む。
人口が少なすぎること。
[過疎] 46 5 505

□ 529 **キソン**の施設を活用する。
すでにあること。
[既存] 46 5 505

□ 530 感情の**キフク**が激しい人。
高くなったり低くなったりすること。
[起伏] 46 5 505

□ 531 世界の**コウキュウ**平和を願う。
ある状態が長く変わらないこと。
[恒久] 46 5 505

□ 532 **サクイ**の跡が見られる。
わざとするつくりごと。
[作為] 46 5 505

□ 533 自然の**セツリ**に従って生きる。
自然界を支配している法則。
[摂理] 46 5 505

□ 534 **センパク**な知識しかない。
思慮や知識があさいさま。
[浅薄] 43 8 505

□ 535 外務大臣が**ヒメン**される。
職務をやめさせること。
[罷免] 43 8 505

□ 536 余計な**センサク**はするな。
細かい点まで調べ求めること。
[詮索] 42 9 505

□ 537 彼の成功に**ショクハツ**される。
刺激されて、事を始めること。
[触発] 49 1 532

□ 538 恵まれた**キョウグウ**に育つ。
その人が置かれた状況。
[境遇] 48 2 532

□ 539 **トクチョウ**のある話し方。
他と違って、とくに目立つ点。
[特徴] 48 2 532

□ 540 **ホショウ**の期限が切れる。
損害の責任を引き受けること。
[保証] 48 2 532

400 140

第28回

- □ 541 日本文化の**ゲンセン**を探る。（物事の生ずるもと。）〔源泉〕 47｜3 532
- □ 542 **フカ**をかけて性能を調べる。（力を加えること。）〔負荷〕 47｜3 532
- □ 543 作品の**コウセツ**を問わない。（たくみなことと下手なこと。）〔巧拙〕 46｜4 532
- □ 544 **タンセイ**な身のこなし。（動作などが乱れなくきちんとしているさま。）〔端正〕 46｜4 532
- □ 545 芸術の域に**トウタツ**した。（ある状態にたどり着くこと。）〔到達〕 46｜4 532
- □ 546 学力試験に**キュウダイ**する。（合格すること。）〔及第〕 45｜5 532
- □ 547 時代の**チョウリュウ**に乗る。（時勢の動き。）〔潮流〕 45｜5 532
- □ 548 **カッキ**的な商品を開発する。（新しい時代が始まる区切り。）〔画期〕 42｜8 532
- □ 549 野菜の価格が**コウトウ**する。（価格がたかくなること。）〔高騰〕 42｜8 532
- □ 550 喜びと悲しみを**ホウガン**する。（中につつみふくむこと。）〔包含〕 42｜8 532

- □ 551 列強各国と**ハケン**を争う。（勝者として得る権力。）〔覇権〕 41｜9 532
- □ 552 将来に大きな**カコン**を残す。（不幸な出来事が起こる原因。）〔禍根〕 48｜1 555
- □ 553 災害時における交通**キセイ**。（決まりに従って物事を抑えること。）〔規制〕 48｜1 555
- □ 554 **サバク**の緑化事業に携わる。（すなばかりのやせた土地。）〔砂漠〕 48｜1 555
- □ 555 東海道を**トウハ**するのが夢だ。（長い道のりを歩き通すこと。）〔踏破〕 48｜1 555
- □ 556 冷静に事態を**ボウカン**する。（関係のない立場で見ていること。）〔傍観〕 48｜1 555
- □ 557 客を非常口へ**ユウドウ**する。（さそいみちびくこと。）〔誘導〕 48｜1 555
- □ 558 紛争に武力で**カイニュウ**する。（間にはいり込むこと。）〔介入〕 47｜2 555
- □ 559 祖父は今年**カンレキ**を迎える。（数え年六十一歳。）〔還暦〕 47｜2 555
- □ 560 脱税の**ケンギ**をかけられる。（犯罪に関するうたがい。）〔嫌疑〕 47｜2 555

400
160

561 生ゴミの削減を**スイシン**する。（はかどるように努めること。） 推進 47|2 555

562 **セイコウ**な職人芸による細工。（細かくたくみにできているさま。） 精巧 47|2 555

563 各種資料を**テイキョウ**する。（他の人に差し出すこと。） 提供 47|2 555

564 **ジョウチョウ**な説明が続く。（話や文章が不必要にながいさま。） 冗長 45|4 555

565 エアコンの**ジュヨウ**が増える。（買いたい、欲しいと思う気持ち。） 需要 43|6 555

566 **ドジョウ**改良に取り組む。（作物を生育させるつち。） 土壌 43|6 555

567 **シッコク**の髪をなびかせる。（くろくて艶のあること。） 漆黒 40|9 555

568 宇宙から無事に**キカン**する。（基地、故郷などへかえること。） 帰還 47|1 576

569 前回とは**シュコウ**を変える。（物事をおもしろくする工夫。） 趣向 47|1 576

570 **タイゼンジジャク**と構える。（ゆったりとして落ち着いた様子。） 泰然自若 47|1 576

571 大気**オセン**を引き起こす物質。（よごれること。） 汚染 45|3 576

572 優れた機能を**トウサイ**する。（積み込むこと。） 搭載 45|3 576

573 厳しい運命を**カンジュ**する。（あまんじてうけいれること。） 甘受 44|4 576

574 地域の振興を**キト**する。（計画を立てること。） 企図 44|4 576

575 日本酒を**ジョウゾウ**する蔵元。（酒、みそ、しょうゆなどをつくること。） 醸造 44|4 576

576 卒業後の進路は**タキ**にわたる。（幾筋にも分かれていること。） 多岐 43|5 576

577 潜在能力を**カクセイ**させる。（目をさますこと。） 覚醒 40|8 576

578 彼の予選突破を**カクシン**する。（固くしんじること。） 確信 46|1 591

579 変更点を**カンケツ**に述べる。（短くまとまっているさま。） 簡潔 46|1 591

580 **カンタン**に値する美しい演奏。（心に深くかんじて褒めたたえること。） 感嘆 46|1 591

400
180

第30回

□ 581 次々と隣国を**セイフク**する。 支配下に置くこと。 〔征服〕 46 1 591

□ 582 結婚を**ゼンテイ**につき合う。 まえおきとしての条件。 〔前提〕 46 1 591

□ 583 入場券は**ソクザ**に売り切れた。 すぐその場。 〔即座〕 46 1 591

□ 584 **ヨウリョウ**よく仕事を進める。 物事をうまく処理する手段。 〔要領〕 46 1 591

□ 585 **イシンデンシン**でわかり合う。 互いにこころが通じ合うこと。 〔以心伝心〕 45 2 591

□ 586 陰謀への**カタン**を否定する。 力を貸し助けること。 〔加担〕 45 2 591

□ 587 平日は**カンサン**としている。 ひっそりと静まり返っているさま。 〔閑散〕 45 2 591

□ 588 慌てず**ユウチョウ**に構える。 落ち着いていて気のながいこと。 〔悠長〕 45 2 591

□ 589 都会の**イチグウ**に咲く花。 かたすみ。 〔一隅〕 44 3 591

□ 590 海外に活動**キョテン**を移す。 活動の足場となる場所。 〔拠点〕 44 3 591

□ 591 けがの**チリョウ**が長引く。 病気やけがをなおすこと。 〔治療〕 44 3 591

□ 592 高齢者に**ハイリョ**した住宅。 心をくばること。 〔配慮〕 44 3 591

□ 593 多額の**フサイ**を残し倒産する。 借金。 〔負債〕 44 3 591

□ 594 観客を**ミリョウ**する演技。 心をひきつけること。 〔魅了〕 44 3 591

□ 595 全員で校歌を**セイショウ**する。 同一の旋律を複数で歌うこと。 〔斉唱〕 43 4 591

□ 596 相手を**イアツ**するような目。 強い力や勢いなどで抑えつけること。 〔威圧〕 42 5 591

□ 597 客席から**カッサイ**が起こる。 声を上げて褒めそやすこと。 〔喝采〕 41 6 591

□ 598 世の中の**シンラバンショウ**。 この世のすべてのもの。 〔森羅万象〕 41 6 591

□ 599 海を見て**カンショウ**にふける。 物悲しくなること。 〔感傷〕 45 1 620

□ 600 新しい職場の**カンレイ**に従う。 しきたり。 〔慣例〕 45 1 620

400

200

□601 現実と**キョコウ**を混同する。
つくりごと。
［虚構］ 45｜1 620

□602 **コウトウムケイ**な提案をする。
根拠がなく、現実性のないさま。
［荒唐無稽］ 45｜1 620

□603 経済**シヒョウ**を発表する。
物事を判断するときの基準となる目印。
［指標］ 45｜1 620

□604 五輪**ショウチ**に携わる。
まねき寄せること。
［招致］ 45｜1 620

□605 国際社会での**コリツ**を避ける。
ひとりぼっちでいること。
［孤立］ 44｜2 620

□606 人口が**ホウワ**状態にある。
満たされた状態にあること。
［飽和］ 44｜2 620

□607 事前に敵の動きを**サッチ**する。
それと気づくこと。
［察知］ 43｜3 620

□608 土地と家を**タンポ**に入れる。
借金の保証にあてるもの。
［担保］ 43｜3 620

□609 犯人に同情の**ヨチ**はない。
物事を行うゆとり。
［余地］ 43｜3 620

□610 **ハンショク**力の強い植物。
生まれて増えていくこと。
［繁殖］ 42｜4 620

□611 相互**フジョ**の精神を持つ。
たすけ支えること。
［扶助］ 41｜5 620

□612 **カンペキ**な人間はいない。
欠点や抜け目が全くないさま。
［完璧］ 38｜8 620

□613 家督を譲って**インキョ**する。
仕事を退いてのんびりと暮らすこと。
［隠居］ 44｜1 644

□614 **カンゼンチョウアク**の物語。
善事をすすめ、悪事をこらしめること。
［勧善懲悪］ 44｜1 644

□615 次世代を担う**キガイ**を持て。
強い意志。
［気概］ 44｜1 644

□616 山道で車が**コショウ**する。
正常に動かなくなること。
［故障］ 44｜1 644

□617 **ショウジョウ**が悪化する。
病気や傷のある時点でのありさま。
［症状］ 44｜1 644

□618 本文の最後に**ショメイ**する。
文書に自分のなまえを書き記すこと。
［署名］ 44｜1 644

□619 太宰治に**シンスイ**する青年。
こころを奪われ、夢中になること。
［心酔］ 44｜1 644

□620 中学生**タイショウ**の書籍。
はたらきかけの目標とするもの。
［対象］ 44｜1 644

第32回

621 **テキカク**な判断で被害を防ぐ。
間違いのないさま。
【的確】 44|1 644

622 次々と問題が**ハセイ**する。
別の物事が分かれ出ること。
【派生】 44|1 644

623 法律の**カイシャク**が異なる。
意味や内容を判断し理解すること。
【解釈】 43|2 644

624 掛け軸の**カンテイ**を依頼する。
真贋などを見分けること。
【鑑定】 43|2 644

625 雑誌の**ケンショウ**に応募する。
賞金や賞品を提供すること。
【懸賞】 43|2 644

626 いつも**ジョウダン**ばかり言う。
ふざけて言う話。
【冗談】 43|2 644

627 誘拐**ミスイ**事件が発生する。
やりかけてしとげないこと。
【未遂】 43|2 644

628 うわさの**シンギ**を確かめる。
まことといつわり。
【真偽】 42|3 644

629 あまりにも**タンラク**的な思考。
物事を筋道立てて考えないこと。
【短絡】 42|3 644

630 家主と**チンタイ**契約を結ぶ。
料金を取って物などをかすこと。
【賃貸】 42|3 644

631 借金の返済を**トクソク**する。
早くするようせきたてること。
【督促】 42|3 644

632 **ジヨウ**のある食品を摂取する。
体の栄養となること。
【滋養】 41|4 644

633 **ヒサン**な事件が頻繁に起こる。
見ていられないほど痛ましいこと。
【悲惨】 41|4 644

634 日記文学の**センク**をなす作品。
さきがけ。
【先駆】 40|5 644

635 周囲と意思の**ソツウ**を欠く。
支障なくつうじること。
【疎通】 40|5 644

636 **アンイ**な方法を選択する。
わけなくできるさま。
【安易】 39|6 644

637 **キチョウ**な経験ができた。
非常に大切であるさま。
【貴重】 39|6 644

638 小さいが**ケンゴ**なつくりの城。
かたく頑強なさま。
【堅固】 38|7 644

639 **ソッキョウ**で和歌を作る。
その場で思いのままに作り出すこと。
【即興】 38|7 644

640 友情に**キレツ**が入る。
ひびが入ること。また、その割れ目。
【亀裂】 37|8 644

400
240

第33回

641 医学が劇的な進歩を**ト**げる。
結果としてそうなる。
〔遂げる〕 37 8 644

642 結婚に甘い**ゲンソウ**を抱く。
現実にないことを思い描くこと。
〔幻想〕 43 1 683

643 財政出動で景気を**シゲキ**する。
外部から働きかけること。
〔刺激〕 43 1 683

644 図書館で**ブンケン**をあさる。
参考となる書物。
〔文献〕 43 1 683

645 文芸雑誌を**ヘンシュウ**する。
情報をあつめてまとめ、書物にすること。
〔編集〕 43 1 683

646 **ユウゲン**な趣を醸し出す。
奥深い余情のあるさま。
〔幽玄〕 43 1 683

647 違反行為に**セイサイ**を加える。
規則に背いた者に加えられる懲罰。
〔制裁〕 42 2 683

648 母校の**エンカク**を調べる。
移り変わり。
〔沿革〕 41 3 683

649 彼の**カンゲン**に乗せられた。
相手に取り入るためのあまいことば。
〔甘言〕 41 3 683

650 証人**カンモン**が行われる。
呼び出してといただすこと。
〔喚問〕 41 3 683

651 大臣就任要請を**コジ**する。
かたく断ること。
〔固辞〕 41 3 683

652 飛行機の**トウジョウ**口。
飛行機や船などにのり込むこと。
〔搭乗〕 41 3 683

653 国家を**トウチ**する機関。
まとめおさめること。
〔統治〕 41 3 683

654 **コウリョウ**とした原野が続く。
あれ果てて物寂しいさま。
〔荒涼〕 40 4 683

655 教科書**ジュンキョ**の問題集。
よりどころとして従うこと。
〔準拠〕 40 4 683

656 **シンサン**をなめる日々が続く。
つらく苦しいこと。
〔辛酸〕 40 4 683

657 工場で**トツジョ**爆発が起こる。
思いがけなく急に。
〔突如〕 40 4 683

658 興奮の**ヨイン**が冷めない。
物事が終わったあとに残る風情。
〔余韻〕 40 4 683

659 事業**キボ**の拡大を検討する。
構えや仕組みの大きさ。
〔規模〕 39 5 683

660 若手の**タイトウ**が著しい。
勢力を増してくること。
〔台頭〕 38 6 683

400
260

第34回

□661 水が**ギョウコ**する温度。
液体や気体が固体になること。
凝固
37 7 683

□662 **ケイモウ**活動に熱心な人。
新しい知識を与え、教え導くこと。
啓蒙
36 8 683

□663 座席に**ジャッカン**余裕がある。
いくらか。
若干
36 8 683

□664 十月に文化祭を**カイサイ**する。
会や行事をひらき行うこと。
開催
42 1 717

□665 事は**キンキュウ**を要する。
いそぐ必要のあること。
緊急
42 1 717

□666 新春**コウレイ**の消防出初め式。
いつも決まって行われること。
恒例
42 1 717

□667 各自楽な**シセイ**でくつろぐ。
体の構え方。
姿勢
42 1 717

□668 大理石に**チョウコク**する。
ほって像を作ること。
彫刻
42 1 717

□669 敵を**ホウイ**する作戦で挑む。
四方から取り巻くこと。
包囲
42 1 717

□670 親子の関係が**ケンアク**になる。
油断できない状態になること。
険悪
41 2 717

□671 長年の**ケンアン**が解決する。
まだ結論が出ていない事柄。
懸案
41 2 717

□672 能力の**ゲンカイ**に挑戦する。
これ以上はないぎりぎりのところ。
限界
41 2 717

□673 深刻な**ジタイ**に直面する。
ものごとの成り行き。
事態
41 2 717

□674 **チカク**変動が急速に進む。
地球の表層部を形成する岩石層。
地殻
41 2 717

□675 作家の心情を**トウエイ**した絵。
他に反映させて現すこと。
投影
41 2 717

□676 **イサイ**は面談の上で決定する。
詳しい事柄。
委細
40 3 717

□677 屋根の**シュウゼン**を頼む。
つくろい直すこと。
修繕
39 4 717

□678 **ケイシャ**のきつい登山道。
ななめにかたむくこと。
傾斜
38 5 717

□679 熱い**ホウヨウ**を交わす二人。
だきしめること。
抱擁
38 5 717

□680 **カイシン**の笑みを浮かべる。
思いどおりにいって十分満足すること。
会心
37 6 717

400
280

681 不要な情報を**シャショウ**する。
いくつかの特色以外をすてること。
【捨象】 36 | 7 717

682 夜の**セイジャク**を破る爆音。
ひっそりとしていること。
【静寂】 36 | 7 717

683 駐車**イハン**を取り締まる。
法規などに従わないこと。
【違反】 41 | 1 745

684 寝たきりの祖母を**カイゴ**する。
病人や高齢者の世話をすること。
【介護】 41 | 1 745

685 事故原因の**キュウメイ**を急ぐ。
物事をはっきりさせること。
【究明】 41 | 1 745

686 地域に根づいた**コユウ**の文化。
そのものだけに限ってあること。
【固有】 41 | 1 745

687 巧みに**サクリャク**を巡らす。
はかりごと。
【策略】 41 | 1 745

688 息子の**ロウヒ**癖が直らない。
無駄遣いをすること。
【浪費】 41 | 1 745

689 金融**キョウコウ**の背景を探る。
経済の混乱状態。
【恐慌】 40 | 2 745

690 **ゴラク**施設一つない山奥。
余暇にする遊びやたのしみ。
【娯楽】 40 | 2 745

691 雑菌の**ゾウショク**を抑える。
ふえること。
【増殖】 40 | 2 745

692 今後の**テンカイ**を見守る。
物事のなりゆき。
【展開】 40 | 2 745

693 荒れた海で**ヒョウリュウ**する。
海上をただよいながれること。
【漂流】 40 | 2 745

694 **メイヨ**ある賞をいただいた。
すぐれていると認められること。
【名誉】 40 | 2 745

695 **キバツ**な髪型で登場する。
きわめて風変わりなさま。
【奇抜】 39 | 3 745

696 車で町を**シッソウ**する。
速くはしること。
【疾走】 39 | 3 745

697 **トクシュ**な製法を用いる。
普通と異なること。
【特殊】 39 | 3 745

698 犯罪の**オンショウ**となり得る。
ある結果が生じやすい環境。
【温床】 38 | 4 745

699 休日に**カイヒン**の公園で遊ぶ。
はまべ。
【海浜】 38 | 4 745

700 自然**ゲンショウ**に目を向ける。
人が知覚することができる出来事。
【現象】 38 | 4 745

400
300

第36回

□ 701 株式売買を**チュウカイ**する。
二者の間を取り持つこと。
［仲介］
38 | 4 745

□ 702 必要経費を**コウジョ**する。
金銭・数量などを差し引くこと。
［控除］
37 | 5 745

□ 703 男女が対等に**サンカク**する。
計画に加わること。
［参画］
37 | 5 745

□ 704 駅前の店が**ハンジョウ**する。
にぎわい栄えること。
［繁盛］
35 | 7 745

□ 705 **エンカク**の地で暮らす家族。
とおく離れていること。
［遠隔］
40 | 1 777

□ 706 煩雑な仕事を**ケイエン**する。
人や物事を避けること。
［敬遠］
40 | 1 777

□ 707 今後も**ケイゾク**して審議する。
引きつづいて行われること。
［継続］
40 | 1 777

□ 708 **タントウチョクニュウ**にきく。
ただちに要点にはいること。
［単刀直入］
40 | 1 777

□ 709 内部**トウセイ**のとれた組織。
一つにまとめおさめること。
［統制］
40 | 1 777

□ 710 出題**ケイコウ**を分析する。
性質・状態のかたむき。
［傾向］
39 | 2 777

□ 711 けんかの**チュウサイ**をする。
対立するものの間に入って和解させること。
［仲裁］
39 | 2 777

□ 712 苦労して荒野を**カイコン**した。
原野を切りひらいて耕地にすること。
［開墾］
38 | 3 777

□ 713 **カンニン**袋の緒が切れる。
怒りを抑えて、人の過ちを許すこと。
［堪忍］
38 | 3 777

□ 714 **コキャク**の満足度が高い。
よく利用してくれるきゃく。
［顧客］
38 | 3 777

□ 715 後半部分を**サクジョ**する。
文章などの一部をけずること。
［削除］
38 | 3 777

□ 716 弟に勉強の**ジャマ**をされる。
妨げること。
［邪魔］
38 | 3 777

□ 717 川沿いに**テイボウ**を築く。
浸水をふせぐため河岸や海岸に築く構造物。
［堤防］
38 | 3 777

□ 718 前回の発言を**テッカイ**する。
言ったことをあとで引っ込めること。
［撤回］
38 | 3 777

□ 719 美しい**センリツ**に魅了される。
メロディー。
［旋律］
37 | 4 777

□ 720 **チュウヨウ**を得た意見に従う。
偏らないでほどよいこと。
［中庸］
35 | 6 777

400
320

番号	問題	意味	解答	データ
721	中止は**ケンメイ**な判断だった。	かしこいさま。	賢明	61 / 0 / 327
722	紛れもなく**シュウチ**の事実だ。	広くしれ渡っていること。	周知	60 / 0 / 347
723	問い合わせが**サットウ**する。	多くのものが一度に押し寄せること。	殺到	59 / 0 / 364
724	経済学の**コウギ**を受ける。	学問の内容を解説すること。	講義	57 / 0 / 395
725	全校生徒の**モハン**となる。	見習うべき手本。	模範	57 / 0 / 395
726	読書の**シュウカン**をつける。	日常の決まりのようになっていること。	習慣	56 / 0 / 409
727	**ショハン**の事情を考慮する。	物事のさまざまな方面。	諸般	56 / 0 / 409
728	進化の**カテイ**を解明する。	一連の道筋。	過程	55 / 0 / 422
729	祖父の**ショウゾウ**を描く。	人の姿を写し取ったもの。	肖像	55 / 0 / 422
730	彼に援助を頼んでも**ムダ**だ。	したたけの効果がないこと。	無駄	55 / 0 / 422
731	倉庫内の害虫を**クジョ**する。	追い払うこと。	駆除	54 / 0 / 444
732	国内の工場を**ヘイサ**する。	出入りや機能を停止すること。	閉鎖	54 / 0 / 444
733	住民に避難**カンコク**が出る。	説きすすめること。	勧告	53 / 0 / 468
734	東西の文化が**ユウゴウ**する。	とけて一つになること。	融合	53 / 0 / 468
735	**テンテキ**で栄養を与える。	薬液を静脈内に注入すること。	点滴	52 / 0 / 490
736	厳かに**ギシキ**を執り行う。	一定の作法で執り行われる行事。	儀式	51 / 0 / 505
737	相手の**チョウハツ**に乗る。	事が起きるよう相手を刺激すること。	挑発	51 / 0 / 505
738	指導者として**トウカク**を現す。	すぐれた能力。	頭角	51 / 0 / 505
739	墨の**ノウタン**で表現する。	こいことと薄いこと。	濃淡	51 / 0 / 505
740	現場**ケンショウ**に立ち会う。	調査して明らかにすること。	検証	50 / 0 / 532

第38回

741 犯人は地下に**センプク**中だ。 ひそかに隠れていること。 潜伏 50 0 532

742 老後の生活を**ホショウ**する。 責任を持って守ること。 保障 50 0 532

743 **カクセイ**の感を禁じ得ない。 時代を異にすること。 隔世 48 0 576

744 絶好の**キカイ**に恵まれる。 ちょうどよい折。 機会 48 0 576

745 病院で**セイミツ**検査を受ける。 詳しく細かいこと。 精密 48 0 576

746 **キケン**な仕事を敬遠する。 あぶないさま。 危険 47 0 591

747 情報開示要求を**キョヒ**する。 こばみ断ること。 拒否 47 0 591

748 全員が**キンシン**処分を受ける。 家にこもり反省すること。 謹慎 47 0 591

749 **シンセン**な魚介類を届ける。 あたらしくて生き生きとしていること。 新鮮 47 0 591

750 **レイタン**な仕打ちを受ける。 ひややかであること。 冷淡 47 0 591

751 屋上で**カイキ**日食を観測する。 日食や月食で太陽や月の全面が隠れる時間。 皆既 46 0 620

752 細部にまで**ギコウ**を凝らす。 テクニック。 技巧 46 0 620

753 巨額の脱税を**テキハツ**する。 不正を暴いて公表すること。 摘発 46 0 620

754 台風による**ヒガイ**を防ぐ。 がいを受けること。 被害 46 0 620

755 学界では**イタン**扱いされた。 正統から外れていること。 異端 45 0 644

756 民事**サイバン**の流れを知る。 法律に基づいてさばくこと。 裁判 45 0 644

757 倒れた人を**タンカ**で運ぶ。 病人や負傷者を乗せて運ぶ道具。 担架 45 0 644

758 世界記録に**チョウセン**する。 困難なことにいどむこと。 挑戦 45 0 644

759 数社の見積もりを**ヒカク**する。 互いにくらべ合わせること。 比較 45 0 644

760 **ムボウ**な開発計画を見直す。 先のことを考えずに行動すること。 無謀 45 0 644

400
360

- □ 761 台風が各地で**モウイ**をふるう。 （激しい勢い。） 【猛威】 45 | 0 644
- □ 762 職業適性**ケンサ**を受ける。 （注意深く調べること。） 【検査】 44 | 0 683
- □ 763 彼の**サイリョウ**に一任する。 （自分で判断して処理すること。） 【裁量】 44 | 0 683
- □ 764 環境**ハカイ**の原因を探る。 （こわすこと。） 【破壊】 44 | 0 683
- □ 765 温泉地で**リョウヨウ**する。 （健康の回復をはかること。） 【療養】 44 | 0 683
- □ 766 難民の**キュウサイ**に尽力する。 （すくい助けること。） 【救済】 43 | 0 717
- □ 767 知事の意見に**キョウメイ**する。 （考えや行動などに同感すること。） 【共鳴】 43 | 0 717
- □ 768 海外に一週間**タイザイ**する。 （ある期間とどまること。） 【滞在】 43 | 0 717
- □ 769 両国の**フンソウ**解決に努める。 （もめごと。） 【紛争】 43 | 0 717
- □ 770 自身の**ヨウチ**な行動を恥じる。 （未熟なさま。） 【幼稚】 43 | 0 717
- □ 771 毎月一定の金額を**ヨキン**する。 （おかねをあずけること。） 【預金】 43 | 0 717
- □ 772 **オンコウ**な人柄が魅力だ。 （穏やかで情け深いさま。） 【温厚】 42 | 0 745
- □ 773 原告の請求を**キキャク**する。 （しりぞけること。） 【棄却】 42 | 0 745
- □ 774 審判の判定に**コウギ**する。 （反対の意見を主張すること。） 【抗議】 42 | 0 745
- □ 775 極端な個人**コウゲキ**はしない。 （敵をせめること。） 【攻撃】 42 | 0 745
- □ 776 別冊資料を**サンショウ**する。 （てらし合わせてみること。） 【参照】 42 | 0 745
- □ 777 体育祭の開会を**センゲン**する。 （広く外部に表明すること。） 【宣言】 42 | 0 745
- □ 778 **ユウジュウフダン**で困る。 （煮え切らないこと。） 【優柔不断】 42 | 0 745
- □ 779 会社の**キカン**を担う仕事。 （物事のおおもと。） 【基幹】 41 | 0 777
- □ 780 左右**タイショウ**な図形を描く。 （二つの形が互いに向き合う関係にあること。） 【対称】 41 | 0 777

400 380

第40回

番号	問題	意味	解答	データ
□781	文化祭で友情を**ツチカ**う。	育成する。	培う	40 | 41 / 145
□782	**シセイ**の人の暮らしを描く。	世間・ちまた。	市井	34 | 42 / 178
□783	次代を**ニナ**う若者を育てる。	自分の身に引き受ける。	担う	31 | 43 / 192
□784	交通法規を**ジュンシュ**する。	従いまもること。	遵守	29 | 33 / 320
□785	営業の仕事に**タズサ**わる。	ある事柄に関係する。	携わる	23 | 31 / 444
□786	**シンシ**な態度で取り組む。	まじめでひたむきなさま。	真摯	23 | 30 / 468
□787	すれ違うときに**エシャク**する。	軽くおじぎをすること。	会釈	26 | 26 / 490
□788	大方の予想を**クツガエ**す結果。	ひっくり返す。	覆す	24 | 27 / 505
□789	羊毛から糸を**ツム**ぐ作業。	綿や繭を糸にする。	紡ぐ	20 | 30 / 532
□790	**シイ**的な判断に陥る危険性。	自分勝手な考え。	恣意	24 | 26 / 532
□791	産卵のため川を**サカノボ**る魚。	流れに逆らって上流に進む。	遡る	16 | 32 / 576
□792	さっと身を**ヒルガエ**す。	体をさっとおどらせる。	翻す	19 | 26 / 644
□793	視界を**サエギ**る物はない。	見えないようにする。	遮る	17 | 27 / 683
□794	成長の跡が**イチジル**しい。	目立ってはっきりしている。	著しい	22 | 22 / 683
□795	戦争の実態を**ニョジツ**に描く。	事実どおりであること。	如実	22 | 22 / 683
□796	過去を**カエリ**みる余裕がない。	過ぎ去ったことを思い起こす。	顧みる	15 | 28 / 717
□797	子供の夢を**ハグク**む環境。	保護してそれを伸ばす。	育む	10 | 32 / 745
□798	各段落の要点を**トラ**える。	本質などを理解し、把握する。	捉える	19 | 22 / 777
□799	**フゼイ**のある庭を眺める。	味わいのある感じ。	風情	20 | 21 / 777
□800	日本全国を**アンギャ**する。	各地を旅すること。	行脚	12 | 26 / 894

入試漢字の出題パターン②

出題形式

記述式と客観式（マーク式）

漢字問題を記述式で出題するか、客観式（マーク式）で出題するかは、その大学の出題形式にもよるが、私立大学の中には、学部によって記述式・客観式の形式を変えたり、文章読解問題は客観式で出題しても、漢字問題だけは記述式で解答させたりする大学もある。

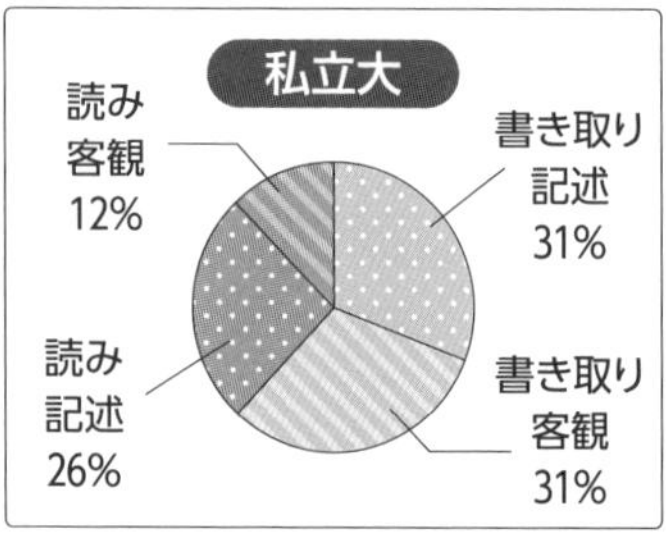

私立大

書き取り 記述 31%
書き取り 客観 31%
読み 記述 26%
読み 客観 12%

私立大学の場合、書き取り問題については、記述式で出題する大学と客観式で出題する大学の割合には大きな差はないが、読みの問題については、記述式で出題する大学が客観式で出題する大学の倍以上になる。

国公立大

読み 客観 0%
書き取り 記述 66%
書き取り 客観 1%
読み 記述 33%

国公立大学の二次試験は、文章読解問題を記述式で出題することが多いため、漢字問題もほぼ記述式で出題される。

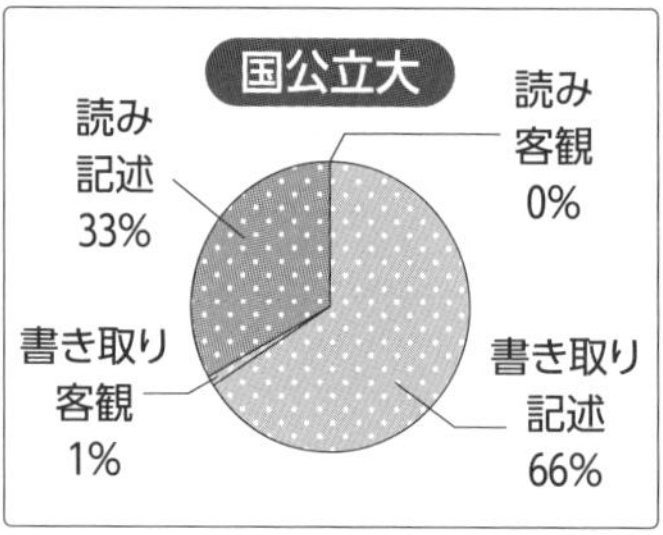

書き取りと読みの比率―書き取りが多い

書き取り問題と読みの問題の出題数を比較すると、私立・国公立ともに書き取り問題のほうが圧倒的に多く出題されている。入試出題頻度が高い漢字熟語については、読めるだけではなく、きちんと書けるようにしておこう。

ランク C

頻出語 600

ランクCの総出題延べ数 20,624 回、3000 語の総出題延べ数 106,469 回
[平均出題延べ数　1 語につき 34 回]

「ランクC」では頻出語として 600 語を取り上げました。総出題延べ数の割合は 19%、ここまでの 1400 語で 3000 語の総出題延べ数の 7 割弱となります。

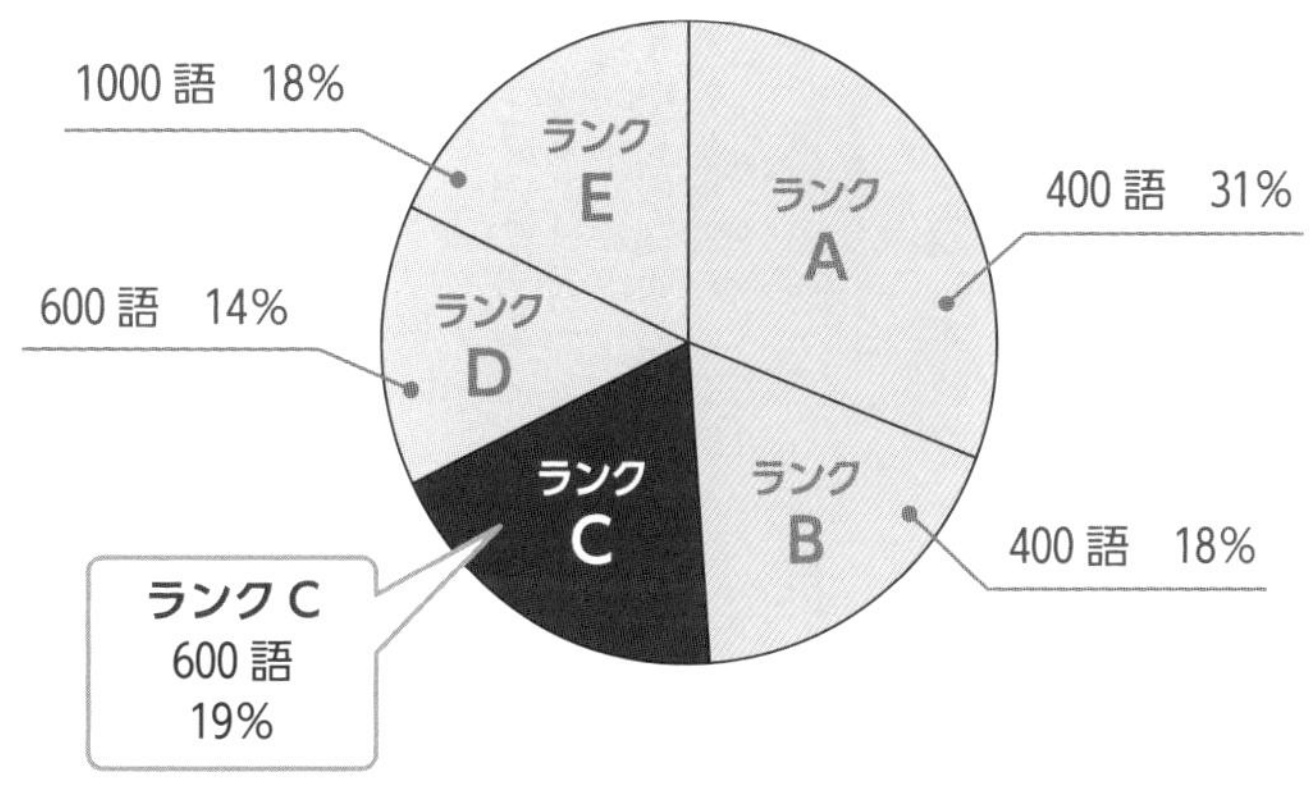

第41回

□ 801 心の**キンセン**に触れる言葉。
人間の心の奥深くにある感じやすい心情。
〔琴線〕 33 | 8 777

□ 802 大企業の**サンカ**に入る。
ある勢力のもとで支配を受けること。
〔傘下〕 32 | 9 777

□ 803 一隻の小舟が波間に**タダヨ**う。
水面に浮かんで揺れ動く。
〔漂う〕 30 | 11 777

□ 804 さまざまな思惑が**カラ**む。
深い関わりを持つ。
〔絡む〕 24 | 17 777

□ 805 **ゴウマン**な態度をとる。
おごりたかぶって横柄なさま。
〔傲慢〕 23 | 18 777

□ 806 師匠から**オウギ**を伝授される。
学問や武芸などの最も重要で難解な事柄。
〔奥義〕 32 | 8 809

□ 807 都会の**ザットウ**に紛れ込む。
人ごみ。
〔雑踏〕 32 | 8 809

□ 808 **セッソク**な結論を避ける。
出来はよくないが仕上がりははやいこと。
〔拙速〕 32 | 8 809

□ 809 祖父は**キッスイ**の江戸っ子だ。
何も混ざっていないこと。
〔生粋〕 25 | 15 809

□ 810 体で**ヒョウシ**をとる。
テンポ。
〔拍子〕 30 | 9 855

□ 811 大工に家の**フシン**を依頼する。
建築や土木の工事を行うこと。
〔普請〕 28 | 11 855

□ 812 公共下水道を**フセツ**する。
広い範囲に備え付けること。
〔敷設〕 28 | 11 855

□ 813 世の中の偽善を**カッパ**する。
大声で叱りつけること。
〔喝破〕 27 | 12 855

□ 814 世界中で**チンチョウ**される。
めずらしいものとして大切にすること。
〔珍重〕 26 | 13 855

□ 815 秋の**ケハイ**がしのびよる。
周囲の状況から感じられる様子。
〔気配〕 20 | 19 855

□ 816 じっくり腰を**ス**える。
動かさないでそこに落ち着ける。
〔据える〕 20 | 19 855

□ 817 **セキジツ**の面影を残している。
むかし。
〔昔日〕 29 | 9 894

□ 818 書類に署名して**オウイン**する。
はんこをおすこと。
〔押印〕 28 | 10 894

□ 819 彼は**コッキ**心の強い人だ。
自分の感情や欲望にうちかつこと。
〔克己〕 26 | 12 894

□ 820 **ジョウチョ**豊かな町並み。
しみじみとした雰囲気。
〔情緒〕 25 | 13 894

第42回

821 **オカン**がするので早退した。
発熱時のぞくぞくするようなさむけ。
悪寒 24｜14 894

822 三か国語を自在に**アヤツ**る。
うまく取り扱う。
操る 23｜15 894

823 **インペイ**工作の事実を認める。
故意にかくし覆うこと。
隠蔽 21｜17 894

824 三党の連立体制が**ガカイ**する。
一部の乱れから組織全体が壊れること。
瓦解 20｜18 894

825 **コッケイ**なしぐさを見せる。
おもしろおかしいこと。
滑稽 20｜18 894

826 優秀な友人に**シット**する。
うらやみねたむこと。
嫉妬 28｜9 944

827 ぼんやりと**コクウ**を見つめる。
何もない空間。
虚空 22｜15 944

828 古典芸能に**ゾウケイ**が深い人。
学問や芸術に深い知識があること。
造詣 22｜15 944

829 目を閉じて呪文を**トナ**える。
決まった文句を声に出して読む。
唱える 22｜15 944

830 我が身の不幸を**ナゲ**く。
ひどくかなしむ。
嘆く 28｜8 983

831 旅先で**シュウタイ**をさらす。
行動などが恥ずかしい様子。
醜態 24｜12 983

832 人気商品の**レンカ**版を買う。
安い値段。
廉価 22｜14 983

833 政治の**チュウスウ**を担う都市。
重要な部分。
中枢 20｜16 983

834 **コウバイ**の緩やかな坂。
斜面の傾きの度合い。
勾配 28｜7 1033

835 **リフジン**な扱いを受ける。
筋が通っていないさま。
理不尽 28｜7 1033

836 人混みに**マギ**れる。
他のものに入りまじってわからなくなる。
紛れる 21｜14 1033

837 感極まって**ゴウキュウ**する。
大声をあげてなくこと。
号泣 27｜7 1076

838 広く文献を**ショウリョウ**する。
たくさんの書物を読みあさること。
渉猟 27｜7 1076

839 **カクイツ**的には処理できない。
すべてを同じようにそろえること。
画一 26｜8 1076

840 包丁でネギを**キザ**む。
細かく切る。
刻む 26｜8 1076

600

40

第43回

- □ 841 **コウギョウ**成績のよい映画。（料金を取って催し物をすること。） 【興行】 25｜9 1076
- □ 842 細部にわたって趣向を**コ**らす。（集中させて事を行う。） 【凝らす】 25｜9 1076
- □ 843 **ルイセキ**赤字が大きく膨らむ。（上から重なりつもること。） 【累積】 25｜9 1076
- □ 844 王を王冠で**ヒョウショウ**する。（イメージ。） 【表象】 24｜10 1076
- □ 845 人間の**ボンノウ**を断ち切る。（心身の苦しみを生み出す精神作用。） 【煩悩】 21｜13 1076
- □ 846 図書館の本を**エツラン**する。（調べながら見たり読んだりすること。） 【閲覧】 20｜14 1076
- □ 847 彼の引退は**シゴク**残念だ。（この上ないこと。） 【至極】 20｜14 1076
- □ 848 **ジュウオウムジン**の大活躍。（自由自在であるさま。） 【縦横無尽】 26｜7 1123
- □ 849 **トウガイ**事件の関係者の証言。（そのことに関係のあること。） 【当該】 26｜7 1123
- □ 850 近所の人と**アイサツ**を交わす。（人と取り交わす応対の言葉。） 【挨拶】 25｜8 1123
- □ 851 周囲の迷惑を**コリョ**しない。（深く考えて気を配ること。） 【顧慮】 25｜8 1123
- □ 852 施設の管理を**ショクタク**する。（仕事を頼んで任せること。） 【嘱託】 24｜9 1123
- □ 853 アルバイトで学費を**カセ**ぐ。（働いて収入を得る。） 【稼ぐ】 23｜10 1123
- □ 854 **ジギ**にかなった企画を出す。（その状況にふさわしいこと。） 【時宜】 23｜10 1123
- □ 855 相手の**ゲンチ**を取る。（証拠となることば。） 【言質】 21｜12 1123
- □ 856 **ショセン**は夢物語だ。（結局のところは。） 【所詮】 20｜13 1123
- □ 857 **セイチ**を極めた大理石の彫刻。（きわめて細かくてくわしいこと。） 【精緻】 20｜13 1123
- □ 858 前日に旅行の**シタク**をする。（必要なものを準備すること。） 【支度】 18｜15 1123
- □ 859 後方への注意を**オコタ**る。（すべきことをしないでおく。） 【怠る】 17｜16 1123
- □ 860 改革に**ガンキョウ**に抵抗する。（かたくなで容易に屈しないさま。） 【頑強】 25｜7 1181

第44回

番号	問題	意味	答え	データ
861	**シュリョウ**が禁止される場所。	鳥や獣を捕らえること。	狩猟	25 7 1181
862	抗議を**イッシュウ**する。	問題にしないではねつけること。	一蹴	24 8 1181
863	過去の**ジュバク**から逃れる。	心理的に自由を制限すること。	呪縛	24 8 1181
864	運転免許は**ヒッス**条件だ。	かならずなくてはならないこと。	必須	24 8 1181
865	**サッコン**の風潮に逆らう。	このごろ。	昨今	20 12 1181
866	**イロウ**がないよう確認する。	大切な事が抜け落ちていること。	遺漏	24 7 1249
867	**カッコ**たる信念を持つに至る。	しっかりしているさま。	確固	24 7 1249
868	友人に仕事の**グチ**をこぼす。	言ってもしかたがないことを嘆くこと。	愚痴	24 7 1249
869	美しい**ケイコク**で釣りをする。	山に挟まれた川。	渓谷	24 7 1249
870	俳優の**ツイトウ**番組を見る。	死者をしのんで悲しみにひたること。	追悼	24 7 1249
871	申し出を**テイチョウ**に断る。	礼儀正しく、手厚いさま。	丁重	24 7 1249
872	**シッセキ**を受けて猛省した。	他人の過ちや失策などをしかること。	叱責	23 8 1249
873	新鮮な海の幸を**タンノウ**する。	十分に満足すること。	堪能	23 8 1249
874	断片的な数字を**ラレツ**する。	連ね並べること。	羅列	23 8 1249
875	勉強会の参加者を**ツノ**る。	呼び集める。	募る	17 14 1249
876	**ゴンゴドウダン**の対応だ。	もってのほかで、いいようのないこと。	言語道断	24 6 1314
877	**イッチョウイッセキ**の努力。	わずかな期間。	一朝一夕	23 7 1314
878	**ゲシ**は二十四節気の一つだ。	北半球では昼間が最も長くなる日。	夏至	21 9 1314
879	彼には**テンプ**の才能がある。	てんから分け与えられたもの。	天賦	20 10 1314
880	**チョウホウ**している調理器具。	便利であること。	重宝	19 11 1314

881 日本語のキゲンに関する研究。（物事の始まり。）〔起源〕39 1 809

882 キンユウ機関に勤めている。（おかねをやりとりすること。）〔金融〕39 1 809

883 ケンジョウの美徳を備える。（へりくだりゆずること。）〔謙譲〕39 1 809

884 指輪の内側にコクインする。（しるしを彫ること。）〔刻印〕39 1 809

885 旅客機がショウソクを絶つ。（状況を知らせる音信。）〔消息〕39 1 809

886 人権をシンガイする行為。（他人の権利や利益をおかすこと。）〔侵害〕39 1 809

887 本番まで控え室でタイキする。（準備してまつこと。）〔待機〕39 1 809

888 ホウノウ相撲大会が開かれる。（神仏のために芸能などを行うこと。）〔奉納〕39 1 809

889 見事にユウシュウの美を飾る。（おわりを全うすること。）〔有終〕39 1 809

890 犯罪組織をカイメツさせる。（こわれてほろびること。）〔壊滅〕38 2 809

891 部員間にカクシツがあった。（互いに譲らないことで生じる不和。）〔確執〕38 2 809

892 何にでもキョウミを持つ子供。（特別の関心。）〔興味〕38 2 809

893 キョドウ不審の男を捕らえる。（立ち居振る舞い。）〔挙動〕38 2 809

894 クッセツした心理を描く。（素直でないところがあること。）〔屈折〕38 2 809

895 ショウマッセツにこだわる。（中心から外れたつまらない事柄。）〔枝葉末節〕38 2 809

896 テンイムホウに振る舞う。（飾り気がなく心に思うままであるさま。）〔天衣無縫〕38 2 809

897 諸国をヒョウハクする歌人。（さすらうこと。）〔漂泊〕38 2 809

898 上官の命令にフクジュウする。（他の意志や命令にしたがうこと。）〔服従〕38 2 809

899 梅がホウコウを放っている。（かぐわしいかおり。）〔芳香〕38 2 809

900 道路がカンボツする事故。（落ち込むこと。）〔陥没〕37 3 809

901 光**ショクバイ**を使用する研究。
自身は変化せず反応を進める物質。
〔触媒〕 37|3 809

902 京都から東京へ**セント**する。
みやこを他の地に移すこと。
〔遷都〕 37|3 809

903 全員で教室を**ソウジ**する。
汚れをとってきれいにすること。
〔掃除〕 37|3 809

904 海外に留学し**チケン**を広める。
みききして得た知識。
〔知見〕 37|3 809

905 農家が**キュウチ**に立たされる。
追い詰められた苦しい状態。
〔窮地〕 36|4 809

906 著作物利用の**キョダク**を得る。
相手の願いなどを聞き入れてゆるすこと。
〔許諾〕 36|4 809

907 鉛筆で**スイチョク**な線を引く。
まっすぐにたれ下がること。
〔垂直〕 36|4 809

908 **ボウキャク**の彼方へ押しやる。
すっかりわすれてしまうこと。
〔忘却〕 36|4 809

909 **ボウセキ**工業の盛んな土地。
糸をつむぐこと。
〔紡績〕 36|4 809

910 **ボウジャクブジン**な振る舞い。
自分勝手に振る舞うさま。
〔傍若無人〕 35|5 809

911 自説に**コシツ**して譲歩しない。
かたくなに主張して曲げないこと。
〔固執〕 34|6 809

912 会社設立の**シュシ**を説明する。
行動のもとにある考えやねらい。
〔趣旨〕 34|6 809

913 道路の**ホソウ**工事を行う。
路面を固めること。
〔舗装〕 34|6 809

914 犠牲者に**アイトウ**の意を表す。
人の死を悲しみいたむこと。
〔哀悼〕 33|7 809

915 在庫が**フッテイ**している。
すっかりなくなること。
〔払底〕 33|7 809

916 国家の**イシン**にかかわる事件。
威厳と信頼。
〔威信〕 38|1 855

917 店の前に**カンバン**を出す。
店名などを書いて掲げたもの。
〔看板〕 38|1 855

918 業務に関する**キテイ**を設ける。
物事のやり方のきまり。
〔規定〕 38|1 855

919 仕事と趣味の**キョウカイ**線。
さかいめ。
〔境界〕 38|1 855

920 家から駅までの**キョリ**を測る。
隔たり。
〔距離〕 38|1 855

第47回

- □ 921 **コダイ**な広告を禁止する規定。（おおげさなさま。） 誇大 〔38｜1 855〕
- □ 922 選挙で国民が**シンパン**を下す。（物事の是非などを見分けて決定すること。） 審判 〔38｜1 855〕
- □ 923 洗面所を**セイケツ**に保つ。（きれいで汚れのないこと。） 清潔 〔38｜1 855〕
- □ 924 服飾の**センモン**学校に通う。（ある特定の分野。） 専門 〔38｜1 855〕
- □ 925 時効成立の直前に**タイホ**する。（被疑者の身柄を拘束すること。） 逮捕 〔38｜1 855〕
- □ 926 思わず**タンソク**をもらす。（なげいてためいきをつくこと。） 嘆息 〔38｜1 855〕
- □ 927 強風で家屋が**トウカイ**する。（たおれてつぶれること。） 倒壊 〔38｜1 855〕
- □ 928 卒業後の進路を**センタク**する。（多くの中からえらびとること。） 選択 〔37｜2 855〕
- □ 929 相手の立場を**ネントウ**に置く。（胸の内。） 念頭 〔37｜2 855〕
- □ 930 **ユウフク**な家庭に生まれる。（財産が多くて生活が豊かなこと。） 裕福 〔37｜2 855〕
- □ 931 柔らかい布の**カンショク**。（手や肌にさわったかんじ。） 感触 〔36｜3 855〕
- □ 932 一目で彼の嘘（うそ）を**カンパ**した。（真相を見やぶること。） 看破 〔36｜3 855〕
- □ 933 長年の病気で**スイジャク**する。（おとろえてよわくなること。） 衰弱 〔36｜3 855〕
- □ 934 食欲が**オウセイ**すぎて困る。（非常にさかんであること。） 旺盛 〔35｜4 855〕
- □ 935 一家の**アンタイ**を祈願する。（危険がなく落ち着いていること。） 安泰 〔34｜5 855〕
- □ 936 肺に慢性**シッカン**がある。（病気。） 疾患 〔33｜6 855〕
- □ 937 合格**キガン**で有名な神社。（神仏などにいのりねがうこと。） 祈願 〔37｜1 894〕
- □ 938 人質を取って**キョウハク**する。（相手をおどして強制すること。） 脅迫 〔37｜1 894〕
- □ 939 **クウキョ**な生活が一変する。（からっぽでむなしいさま。） 空虚 〔37｜1 894〕
- □ 940 臨時職員を**サイヨウ**する。（人を雇うこと。） 採用 〔37｜1 894〕

第48回

941 市内の公共**シセツ**を管理する。
ある目的のために建物などをもうけること。
［施設］ 37 1 894

942 **ソシキ**の改革に着手する。
特定の目的を達成するための人々の集合体。
［組織］ 37 1 894

943 主体的な学習**タイド**を育てる。
事に応ずる心構え。
［態度］ 37 1 894

944 組織の**チュウカク**をなす人物。
重要な部分。
［中核］ 37 1 894

945 彼は**トクイ**な才能の持ち主だ。
はっきり他と違っていること。
［特異］ 37 1 894

946 契約内容に**フシン**な点がある。
疑わしく思うこと。
［不審］ 37 1 894

947 原因の**ブンセキ**が不十分だ。
複雑な事柄を細かな要素にわけていくこと。
［分析］ 37 1 894

948 一見何の**ヘンテツ**もない話。
かわっていること。
［変哲］ 37 1 894

949 **ユウシュウ**な人材を確保する。
非常にすぐれていること。
［優秀］ 37 1 894

950 学校に**リンセツ**する食堂。
となり合っていること。
［隣接］ 37 1 894

951 政治**リンリ**にもとる行為。
人として守り行うべき道。
［倫理］ 37 1 894

952 強烈な**インショウ**を与える。
心に強く感じて忘れられないこと。
［印象］ 36 2 894

953 笛と琴の見事な**エンソウ**。
楽器で音楽をかなでること。
［演奏］ 36 2 894

954 試合の途中で**キケン**する。
資格などをすてること。
［棄権］ 36 2 894

955 **キョウリ**の母から荷物が届く。
生まれた土地。
［郷里］ 36 2 894

956 室内温度を**コウジョウ**に保つ。
一定で変わらないこと。
［恒常］ 36 2 894

957 捜査は**ゴリムチュウ**だ。
進む方向が見えなくなること。
［五里霧中］ 36 2 894

958 **ザンコク**な事件が起こる。
平気で苦しめるさま。
［残酷］ 36 2 894

959 突風で遊覧船が**テンプク**した。
ひっくり返ること。
［転覆］ 36 2 894

960 広告が**イリョク**を発揮する。
他を服従させる強いちから。
［威力］ 35 3 894

600

160

961 **インガ**関係を明らかにする。 原因と結果。 〔因果〕 35|3 894

962 突然天の**ケイジ**を受ける。 あらわししめすこと。 〔啓示〕 35|3 894

963 表面を磨いて**コウタク**を出す。 つや。 〔光沢〕 34|4 894

964 一国の命運を**ソウケン**に担う。 両方のかた。 〔双肩〕 34|4 894

965 警察官の**フショウジ**が続く。 関係者にとって好ましくないこと。 〔不祥事〕 33|5 894

966 **ヨカ**の過ごし方を見直す。 あまったひまな時間。 〔余暇〕 33|5 894

967 内容が**カイモク**理解できない。 全く。 〔皆目〕 32|6 894

968 事件の真相を**バクロ**する。 悪事や秘密を探り、公にすること。 〔暴露〕 31|7 894

969 日本の映画界の**キョショウ**。 特にすぐれている人。 〔巨匠〕 36|1 944

970 春の**トウライ**を告げる鳥。 ある時期がやってくること。 〔到来〕 36|1 944

971 不正の**オウコウ**を憂慮する。 はびこること。 〔横行〕 35|2 944

972 全国大会で**カツヤク**した選手。 めざましい成果を残すこと。 〔活躍〕 35|2 944

973 **キタイ**に胸が膨らむ入学式。 心まちにすること。 〔期待〕 35|2 944

974 多少の違いは**キョヨウ**する。 大目に見てゆるすこと。 〔許容〕 35|2 944

975 **ケイチョウ**に値する講演。 熱心にきくこと。 〔傾聴〕 35|2 944

976 公園の鉄棒で**ケンスイ**をする。 鉄棒などに両手でぶら下がる運動。 〔懸垂〕 35|2 944

977 **シュウイツ**な句を紹介する。 抜きん出てすぐれていること。 〔秀逸〕 35|2 944

978 番組への**ハンキョウ**が大きい。 ある物事の影響によって起こる反応。 〔反響〕 35|2 944

979 新しい**リョウイキ**に挑戦する。 専門とする範囲。 〔領域〕 35|2 944

980 事故で一時**キトク**状態に陥る。 病気が重くて死にそうなこと。 〔危篤〕 34|3 944

600 180

第50回

□ 981 接戦の末初戦で**セキハイ**した。
ほんのわずかな差で負けること。
〔惜敗〕 34 | 3 944

□ 982 消費者の不安が**ゾウフク**する。
物事の範囲、程度を広げること。
〔増幅〕 34 | 3 944

□ 983 賃金**タイケイ**の見直しを行う。
筋道を立ててまとめた全体。
〔体系〕 34 | 3 944

□ 984 **コウチョク**した身体を伸ばす。
こわばって動かなくなること。
〔硬直〕 33 | 4 944

□ 985 **シキサイ**豊かな絵本を与える。
いろどり。
〔色彩〕 33 | 4 944

□ 986 新陳**タイシャ**が活発になる。
新旧が次々と入れ替わること。
〔代謝〕 33 | 4 944

□ 987 **リジュン**を追求する企業。
もうけ。
〔利潤〕 33 | 4 944

□ 988 地面の**リュウキ**を確認する。
陸地が相対的に上昇すること。
〔隆起〕 33 | 4 944

□ 989 彼は常に**タイゼン**としている。
落ち着いていて物事に動じないこと。
〔泰然〕 32 | 5 944

□ 990 君の案は砂上の**ロウカク**だ。
高層の建物。
〔楼閣〕 32 | 5 944

□ 991 失敗の原因を**カイセキ**する。
細かく調べて本質を明らかにすること。
〔解析〕 31 | 6 944

□ 992 怪しい**カッコウ**の男がいる。
姿や様子。
〔恰好〕 31 | 6 944

□ 993 友人の車に**ビンジョウ**する。
他人ののりものについでにのること。
〔便乗〕 31 | 6 944

□ 994 政界と財界が**ユチャク**する。
必要以上に強く結びついていること。
〔癒着〕 30 | 7 944

□ 995 **イセキ**の発掘調査を実施する。
建物や事件のあと。
〔遺跡〕 35 | 1 983

□ 996 通学に**オウフク**二時間かかる。
行くことと帰ること。
〔往復〕 35 | 1 983

□ 997 七五三は通過**ギレイ**の一つだ。
社会的習慣として定められた行動や行事。
〔儀礼〕 35 | 1 983

□ 998 **キンベン**な国民性を生かす。
仕事や勉強などに励むこと。
〔勤勉〕 35 | 1 983

□ 999 不審者が**シンニュウ**する。
他の領分に不法に押しいること。
〔侵入〕 35 | 1 983

□ 1000 賃上げ交渉が**ダケツ**する。
互いに折れ合って話がまとまること。
〔妥結〕 35 | 1 983

600

200

1001 厳しい**ヒハン**にさらされる。
否定的に評価すること。
批判 35|1 983

1002 政治家が**ユウベン**を振るう。
説得力をもって話すこと。
雄弁 35|1 983

1003 踏切で**ケイテキ**を鳴らす。
注意を促すための音。
警笛 34|2 983

1004 地方の支店に**サセン**された。
低い地位に落とすこと。
左遷 34|2 983

1005 **シユウ**を決する時がきた。
勝ちと負け。
雌雄 34|2 983

1006 ごみを**トウメイ**な袋に入れる。
すき通って見えるさま。
透明 34|2 983

1007 軍隊が町を**フウサ**する。
出入りできないようにふうじ閉ざすこと。
封鎖 34|2 983

1008 **モウレツ**な雨に見舞われる。
程度が甚だしいさま。
猛烈 34|2 983

1009 大学入試の**モギ**試験を受ける。
本物をまねること。
模擬 34|2 983

1010 優勝**コウホ**のチーム。
ある地位に選ばれる対象の人やもの。
候補 33|3 983

1011 癌（がん）の早期発見は**シナン**の業だ。
この上なくむずかしいこと。
至難 33|3 983

1012 功労者を**ヒョウショウ**する。
褒めたたえ人々に知らせること。
表彰 33|3 983

1013 やかんの湯が**フットウ**する。
わきあがり煮えたつこと。
沸騰 33|3 983

1014 研究の成果が**エンヨウ**される。
他の文献などを引いてきて使うこと。
援用 32|4 983

1015 授業で魚の**カイボウ**をする。
切り開いて内部構造を調べること。
解剖 32|4 983

1016 慣れない家事と**カクトウ**する。
困難な物事に一生懸命取り組むこと。
格闘 32|4 983

1017 **ジヒ**深い微笑を浮かべる。
いつくしみあわれむ心。
慈悲 32|4 983

1018 交渉で一切**ジョウホ**しない。
考えを曲げて他の意見に従うこと。
譲歩 32|4 983

1019 **メンドウ**ばかり起こす男だ。
わずらわしいこと。
面倒 32|4 983

1020 **ユウダイ**な景色が広がる。
規模がおおきく堂々としていること。
雄大 32|4 983

600
220

第52回

□ 1021 **コンセツ**丁寧に指導する。
非常に手厚く、親切なさま。
懇切
31 5 983

□ 1022 決定的**シュンカン**を見逃す。
ごく短い時間。
瞬間
31 5 983

□ 1023 証拠品を**オウシュウ**する。
捜査機関などが確保すること。
押収
30 6 983

□ 1024 宗教による食の**キンキ**。
習慣的に避けること。
禁忌
30 6 983

□ 1025 自分をあまり**ヒゲ**するな。
自分を人より劣った者として扱うこと。
卑下
30 6 983

□ 1026 **ユウゼン**たる面持ちで語る。
物事に動ぜず落ち着いているさま。
悠然
30 6 983

□ 1027 彼の父親とは**キチ**の間柄だ。
すでにしっていること。
既知
29 7 983

□ 1028 **ケイソツ**な発言を繰り返す。
かるはずみなさま。
軽率
29 7 983

□ 1029 **スンカ**を惜しんで勉強する。
少しのひま。
寸暇
29 7 983

□ 1030 物事の**ゼヒ**をわきまえる。
よしあしを判断すること。
是非
29 7 983

□ 1031 各自**キキ**管理を徹底する。
あぶない場面や状態。
危機
34 1 1033

□ 1032 高い場所に**キョウフ**を抱く。
おそろしく感じること。
恐怖
34 1 1033

□ 1033 仲間に**メイワク**をかける。
人のしたことで不快さを感じること。
迷惑
34 1 1033

□ 1034 在庫の**カンリ**を任される。
取り仕切ること。
管理
33 2 1033

□ 1035 **キショウ**価値のある本を売る。
きわめてすくなくて珍しいさま。
希少
33 2 1033

□ 1036 木の葉に**ギタイ**する昆虫。
別のものの姿や様子に似せること。
擬態
33 2 1033

□ 1037 期末試験の日程を**ケイジ**する。
人目のつくところへかかげしめすこと。
掲示
33 2 1033

□ 1038 時々**サクラン**状態に陥る。
頭が混乱すること。
錯乱
33 2 1033

□ 1039 電話で空席を**ショウカイ**する。
問い合わせて確かめること。
照会
33 2 1033

□ 1040 車の安全**ソウチ**が作動する。
仕掛けや設備。
装置
33 2 1033

600
240

□1041 災害に冷静に**タイショ**する。
適切な措置をとること。
対処 33|2 1033

□1042 内容の**チョウフク**を避ける。
同じ物事がかさなり合うこと。
重複 33|2 1033

□1043 **トウサク**した愛情を抱く。
本来のものと反対の形で現れること。
倒錯 33|2 1033

□1044 優しさを**ナイホウ**する歌声。
ふくみ持つこと。
内包 33|2 1033

□1045 **アンショウ**に乗り上げる。
隠れていた岩や困難。
暗礁 32|3 1033

□1046 雪山から**キセキ**的に生還した。
常識では起こらないような現象。
奇跡 32|3 1033

□1047 主将に**ゼンプク**の信頼を置く。
あらん限り。
全幅 32|3 1033

□1048 日常業務に**ボウサツ**される。
非常にいそがしいこと。
忙殺 32|3 1033

□1049 機械化で**ヨジョウ**人員が出る。
必要な分を除いたあまり。
余剰 32|3 1033

□1050 早朝散歩を**レイコウ**する。
決めたことをきちんとおこなうこと。
励行 32|3 1033

□1051 **オンケン**な性格の持ち主。
おだやかでしっかりしているさま。
穏健 31|4 1033

□1052 神の啓示が**ケンゲン**する。
はっきりと姿をあらわすこと。
顕現 30|5 1033

□1053 病院へ**ゴウイン**に連れて行く。
無理やりに事を行うさま。
強引 30|5 1033

□1054 自然の真理を**タンキュウ**する。
本質を深くさぐりきわめること。
探究 30|5 1033

□1055 続編への**フクセン**を張る。
後に備えてあらかじめ備えておくこと。
伏線 30|5 1033

□1056 前もって**リレキ**書を郵送する。
今までの学業や職業。
履歴 30|5 1033

□1057 **ゲンゼン**たる態度をとる。
おごそかで重々しく、きびしいさま。
厳然 29|6 1033

□1058 古い雑誌をひもで**シバ**る。
縄などで一つにまとめて結ぶ。
縛る 29|6 1033

□1059 学歴**ヘンチョウ**の世の中。
特定のものばかりおもんずること。
偏重 29|6 1033

□1060 老人福祉施設を**イモン**する。
苦しんでいる人などを見舞うこと。
慰問 33|1 1076

600 260

第54回

□1061 世間から**キイ**な目で見られる。
普通と変わっていて怪しげなこと。
奇異
33 | 1 1076

□1062 細かい作業を**キヨウ**にこなす。
うまくこなすこと。
器用
33 | 1 1076

□1063 選手と監督を**ケンニン**する。
一人で二つ以上の職務を行うこと。
兼任
33 | 1 1076

□1064 相手の主張を**コウテイ**する。
そのとおりであると認めること。
肯定
33 | 1 1076

□1065 苦悩が芸術に**ショウカ**される。
高尚なものに高められること。
昇華
33 | 1 1076

□1066 名誉市民の**ショウゴウ**を贈る。
肩書き。
称号
33 | 1 1076

□1067 **バイシン**制度について学ぶ。
一般市民が裁判に参加すること。
陪審
33 | 1 1076

□1068 記事の一部を**バッスイ**する。
必要な部分をぬき出すこと。
抜粋
33 | 1 1076

□1069 **フユウ**層に向けたビジネス。
財産が多くあって豊かなこと。
富裕
33 | 1 1076

□1070 主将が優勝旗を**ヘンカン**する。
もとの所有者にかえすこと。
返還
33 | 1 1076

□1071 身のこなしの**ユウガ**な女性。
上品で美しいこと。
優雅
33 | 1 1076

□1072 **インエイ**に富んだ文章表現。
細かい含みや趣があること。
陰影
32 | 2 1076

□1073 徐々に**セイリョク**を拡大する。
他のものを抑えるいきおいとちから。
勢力
32 | 2 1076

□1074 **トコウ**手続きを代行する。
船や飛行機で外国へ行くこと。
渡航
32 | 2 1076

□1075 欧州から**ハクライ**した品物。
外国からもたらされること。
舶来
32 | 2 1076

□1076 市議会を**ボウチョウ**する。
当事者以外の者が場内で聞くこと。
傍聴
32 | 2 1076

□1077 国が損害を**ホショウ**する。
損害をお金で埋め合わせること。
補償
32 | 2 1076

□1078 校舎が**ロウキュウ**化する。
古くなって役に立たないこと。
老朽
32 | 2 1076

□1079 手術で銃弾を**テキシュツ**する。
つまんで取りだすこと。
摘出
31 | 3 1076

□1080 **ノウコウ**な味を堪能する。
きわめてこいさま。
濃厚
31 | 3 1076

600
280

□1081 **ゴカイ**を招く表現を避ける。
ある事実についてあやまって思い込むこと。
［誤解］ 30 4 1076

□1082 資料に図を**ソウニュウ**する。
中にさしはさむこと。
［挿入］ 30 4 1076

□1083 **ミリョク**的な話し方をする人。
人の心をひきつけるちから。
［魅力］ 30 4 1076

□1084 汚名返上に**ヤッキ**になる。
気持ちがせいてむきになるさま。
［躍起］ 30 4 1076

□1085 **テンネン**素材を使った住宅。
人の作為が加わっていないこと。
［天然］ 29 5 1076

□1086 独創性を**ショウヨウ**する。
褒めたたえること。
［称揚］ 28 6 1076

□1087 立候補の**イコウ**を表明する。
どうするつもりかという考え。
［意向］ 32 1 1123

□1088 敵を**イチモウダジン**にする。
一度に全部を捕らえること。
［一網打尽］ 32 1 1123

□1089 業界の**インシュウ**を打ち破る。
古くから伝えられてきたならわし。
［因習］ 32 1 1123

□1090 経済動向を**ガイカツ**する。
あらましをまとめること。
［概括］ 32 1 1123

□1091 片手で**カンタン**に操作できる。
手数のかからないさま。
［簡単］ 32 1 1123

□1092 念のため雨具を**ケイタイ**する。
身につけたり手に持ったりすること。
［携帯］ 32 1 1123

□1093 **ゴウカ**な顔ぶれが集結した。
ぜいたくで派手なさま。
［豪華］ 32 1 1123

□1094 彼の晩年は**コドク**だった。
ひとりぼっちであること。
［孤独］ 32 1 1123

□1095 輝かしい**セイカ**を収める。
なし得たよい結果。
［成果］ 32 1 1123

□1096 **センザイイチグウ**の好機。
またとない機会。
［千載一遇］ 32 1 1123

□1097 彼は**タイキバンセイ**型だ。
大人物は世に出るまで時間がかかるということ。
［大器晩成］ 32 1 1123

□1098 **トトウ**を組んで抵抗する。
ある目的のために一味を組むこと。
［徒党］ 32 1 1123

□1099 大臣の発言が**ハモン**を呼んだ。
他に及んでいく影響。
［波紋］ 32 1 1123

□1100 **ヒレツ**な行為を許さない。
品性や行動がいやしくおとっていること。
［卑劣］ 32 1 1123

第56回

□ 1101 親子再会の場面が**アッカン**だ。
いちばんすぐれた箇所。
［圧巻］ 31｜2 1123

□ 1102 「**カンドウ**だ」が父の口癖だ。
親が子との縁を切ること。
［勘当］ 31｜2 1123

□ 1103 株主が経営に**カンヨ**する。
かかわること。
［関与］ 31｜2 1123

□ 1104 書類に必要事項を**キサイ**する。
書類などに書いてしるすこと。
［記載］ 31｜2 1123

□ 1105 **コクモツ**の相場が高騰する。
米・麦・あわ・ひえ・豆・きびの類。
［穀物］ 31｜2 1123

□ 1106 品質は日本一だと**ジフ**する。
自信と誇りを持つこと。
［自負］ 31｜2 1123

□ 1107 あらゆる差別を**テッパイ**する。
それまでの制度などをとりやめること。
［撤廃］ 31｜2 1123

□ 1108 家の外壁を**トソウ**する職人。
表面に塗料をつけること。
［塗装］ 31｜2 1123

□ 1109 **リンショウ**医を目ざす若者。
実際に病人を診察すること。
［臨床］ 31｜2 1123

□ 1110 病状を**チクイチ**報告する。
ひとつひとつ順を追って。
［逐一］ 30｜3 1123

□ 1111 趣味の陶芸に**ボットウ**する。
熱中すること。
［没頭］ 30｜3 1123

□ 1112 心臓の壁の一部が**ヒダイ**する。
おおきくなること。
［肥大］ 29｜4 1123

□ 1113 両親に進路の**ソウダン**をする。
物事を決めるために話し合うこと。
［相談］ 28｜5 1123

□ 1114 **ジンジョウ**ではない熱狂ぶり。
普通のこと。
［尋常］ 27｜6 1123

□ 1115 のどの奥に**イワカン**がある。
しっくりしないかんじ。
［違和感］ 31｜1 1181

□ 1116 揚げ物は火**カゲン**が難しい。
状態や程度の調節。
［加減］ 31｜1 1181

□ 1117 **カシツ**の有無を判断する。
不注意や怠慢から起こるあやまち。
［過失］ 31｜1 1181

□ 1118 牧場で**カチク**を飼育する。
人間が飼育する動物。
［家畜］ 31｜1 1181

□ 1119 家族で**カンコウ**名所を巡る。
よその景色、風物を見て歩くこと。
［観光］ 31｜1 1181

□ 1120 昔ながらの**カンシュウ**を守る。
古くから受け継がれているならわし。
［慣習］ 31｜1 1181

□ 1121 整備不良に**キイン**する事故。
物事がおこる原因となること。
［起因］ 31｜1 1181

□ 1122 会社が**コモン**弁護士を持つ。
会社などで相談を受け意見を述べる人。
［顧問］ 31｜1 1181

□ 1123 体調不良で出場を**ジタイ**する。
勧められたことを断ること。
［辞退］ 31｜1 1181

□ 1124 記録更新も**シャテイ**圏内だ。
届き得る範囲。
［射程］ 31｜1 1181

□ 1125 飼い主に**ジュウジュン**な犬。
素直で逆らわないこと。
［従順］ 31｜1 1181

□ 1126 情報の**シュシャセンタク**。
必要な物をえらび不要な物をすてること。
［取捨選択］ 31｜1 1181

□ 1127 **ショウコウ**状態を保つ。
病気が少しよい状態になること。
［小康］ 31｜1 1181

□ 1128 事故の原因を**スイソク**する。
ある事柄をもとに想像すること。
［推測］ 31｜1 1181

□ 1129 実験は見事に**セイコウ**した。
物事がうまく出来上がること。
［成功］ 31｜1 1181

□ 1130 **トウテツ**した判断力を養う。
筋が通っていて一貫していること。
［透徹］ 31｜1 1181

□ 1131 周りに**ハクシキ**な人が多い。
広く物事を知っていること。
［博識］ 31｜1 1181

□ 1132 **フクメン**で顔を隠した強盗。
顔をおおい隠すための布。
［覆面］ 31｜1 1181

□ 1133 千年の間**レンメン**と続く家柄。
長く続いて絶えないこと。
［連綿］ 31｜1 1181

□ 1134 店員の**イセイ**のよい声が響く。
活気のあるさま。
［威勢］ 30｜2 1181

□ 1135 昼間は車の**オウライ**が激しい。
行ったりきたりすること。
［往来］ 30｜2 1181

□ 1136 悟りの**キョウチ**に達する。
ある段階に達した心の状態。
［境地］ 30｜2 1181

□ 1137 **キョウリョウ**な性格で困る。
人を受け入れる心がせまいこと。
［狭量］ 30｜2 1181

□ 1138 映画の時代**コウショウ**をする。
古い文書などを調べ説明をすること。
［考証］ 30｜2 1181

□ 1139 **コウバイ**意欲を高める工夫。
かうこと。
［購買］ 30｜2 1181

□ 1140 **シンショウボウダイ**な記事。
物事をおおげさに言うこと。
［針小棒大］ 30｜2 1181

600 340

第58回

□ 1141 **ハバツ**争いに巻き込まれる。
出身や縁故などで結びついた集団。
［派閥］ 30 | 2 1181

□ 1142 話題が**ホウフ**で会話が楽しい。
たっぷりあるさま。
［豊富］ 30 | 2 1181

□ 1143 **ガイハク**な知識の持ち主。
学識などの広いこと。
［該博］ 29 | 3 1181

□ 1144 駅で財布を**シュウトク**する。
落とし物をひろうこと。
［拾得］ 29 | 3 1181

□ 1145 **シュショウ**な態度をとる。
けなげなさま。
［殊勝］ 29 | 3 1181

□ 1146 世相を痛烈に**フウシ**した絵画。
遠回しに他の欠点をつくこと。
［風刺］ 29 | 3 1181

□ 1147 **カンタン**相照らす仲。
心の中。
［肝胆］ 28 | 4 1181

□ 1148 人生の**キュウキョク**の目標。
物事を突き詰め、きわめること。
［究極］ 28 | 4 1181

□ 1149 **キュウリョウ**地帯に広がる畑。
起伏の小さい山が続く地形。
［丘陵］ 28 | 4 1181

□ 1150 東京で劇団を**シュサイ**する。
中心となって全体をまとめること。
［主宰］ 28 | 4 1181

□ 1151 人間の**ソンゲン**を傷つける。
とうとくおごそかなこと。
［尊厳］ 28 | 4 1181

□ 1152 生涯の**ハンリョ**を得る。
一緒に連れ立って行く者。
［伴侶］ 28 | 4 1181

□ 1153 ストライキを**カンコウ**する。
悪条件を押し切っておこなうこと。
［敢行］ 27 | 5 1181

□ 1154 岩を**クッサク**して道をつける。
岩などをほって穴をあけること。
［掘削］ 27 | 5 1181

□ 1155 相手の氏名を**ヒトク**する。
秘密にして隠しておくこと。
［秘匿］ 27 | 5 1181

□ 1156 会社が従業員を**カイコ**する。
やとっていた人をやめさせること。
［解雇］ 26 | 6 1181

□ 1157 大衆に**ゲイゴウ**しやすい。
相手にあわせて考えを変えること。
［迎合］ 26 | 6 1181

□ 1158 山崩れで民家が**マイボツ**した。
うずもれて見えなくなること。
［埋没］ 26 | 6 1181

□ 1159 社会的**イギ**のある仕事に就く。
その事柄にふさわしい価値。
［意義］ 30 | 1 1249

□ 1160 計画見直しの**エイダン**を下す。
思い切って決めること。
［英断］ 30 | 1 1249

600
360

番号	問題	意味	解答	データ
□1161	一票の**カクサ**の是正を目ざす。	同類のものの間に生じる違い。	格差	30 1 1249
□1162	技術**カクシン**を促進する。	従来の方法などを改めること。	革新	30 1 1249
□1163	今年度の会計を**カンサ**する。	監督し検査すること。	監査	30 1 1249
□1164	三毛猫が**ギョウギ**よく座る。	立ち居振る舞いの作法。	行儀	30 1 1249
□1165	職場で**ケンコウ**診断を受ける。	からだの状態。	健康	30 1 1249
□1166	若手の独立を**シエン**する。	力を貸して助けること。	支援	30 1 1249
□1167	**シュウショク**活動で忙しい。	仕事につくこと。	就職	30 1 1249
□1168	成績で**ジョレツ**をつける。	あるきまりによって並べられたもの。	序列	30 1 1249
□1169	八両**ヘンセイ**の電車に乗る。	個々のものを組織的なまとまりとすること。	編成	30 1 1249
□1170	見事な**ボンサイ**が並んでいる。	観賞用に手を加えた鉢植えの草木。	盆栽	30 1 1249
□1171	**インケン**な妨害が続く。	内に悪意を隠しているさま。	陰険	29 2 1249
□1172	君主に新米を**ケンジョウ**する。	貴人などに物を差しあげること。	献上	29 2 1249
□1173	新入社員に**シドウ**する。	目的に向かっておしえみちびくこと。	指導	29 2 1249
□1174	市長選挙の結果は**ジメイ**だ。	あきらかでわかりきっていること。	自明	29 2 1249
□1175	事態の**シュウソク**を図る。	混乱していたものが、おさまりがつくこと。	収束	29 2 1249
□1176	空気を**ジョウカ**する観葉植物。	汚れを除去すること。	浄化	29 2 1249
□1177	事件の**シンソウ**を究明する。	物事の本当の姿や事情。	真相	29 2 1249
□1178	各部署から**セイエイ**を集める。	強くて勢いのいいこと。	精鋭	29 2 1249
□1179	観客に**センレツ**な印象を残す。	あざやかで激しいさま。	鮮烈	29 2 1249
□1180	社員に携帯電話を**タイヨ**する。	金や物をかしあたえること。	貸与	29 2 1249

600
380

□ 1181 会議前に**ダンショウ**する。 打ち解けて楽しく話し合うこと。 [談笑] 29 2 1249

□ 1182 最近人気が**テイメイ**している。 よくない状態から抜け出せないこと。 [低迷] 29 2 1249

□ 1183 放置自転車を**テッキョ**する。 取りさること。 [撤去] 29 2 1249

□ 1184 犯人**イントク**の罪に問われた。 かくまうこと。 [隠匿] 28 3 1249

□ 1185 **ガンジョウ**な扉を備え付ける。 がっしりとしていて強いさま。 [頑丈] 28 3 1249

□ 1186 新進**キエイ**の物理学者。 意気込みがするどいこと。 [気鋭] 28 3 1249

□ 1187 大阪**ケイユ**で奈良に行く。 ある地点・機関をへること。 [経由] 28 3 1249

□ 1188 作品は汗と涙の**ケッショウ**だ。 結果がある形となって現れたもの。 [結晶] 28 3 1249

□ 1189 **ケッペキ**で何度も手を洗う。 不潔、不正をひどく嫌う性質。 [潔癖] 28 3 1249

□ 1190 旬の食材を**ショウミ**する。 あじわいながら食べること。 [賞味] 28 3 1249

□ 1191 **ジョサイ**のない振る舞い。 手抜かり。 [如才] 28 3 1249

□ 1192 恩師の学説を**シンポウ**する。 しんじて尊ぶこと。 [信奉] 28 3 1249

□ 1193 会社の再建に**ジンリョク**する。 ちからをつくすこと。 [尽力] 28 3 1249

□ 1194 日本**ブヨウ**の稽古を積む。 身振りによって感情や意志を表現する芸能。 [舞踊] 26 5 1249

□ 1195 勝利の**ユエツ**を味わう。 心から喜び楽しむこと。 [愉悦] 26 5 1249

□ 1196 不自由さの**ギジ**体験をする。 本物によくにていること。 [疑似] 25 6 1249

□ 1197 **セキベツ**の情がこみ上げる。 わかれをおしむこと。 [惜別] 25 6 1249

□ 1198 展開に**イッキイチユウ**する。 よろこんだり心配したりすること。 [一喜一憂] 29 1 1314

□ 1199 夏場は**エイセイ**に気を配る。 健康を保ち病気にかからないようにすること。 [衛生] 29 1 1314

□ 1200 兵糧攻めで城が**カンラク**した。 攻めおとされること。 [陥落] 29 1 1314

600 400

1201 練習で**キビン**な動きを見せる。 状況に応じてすばやく行動すること。 〔機敏〕 29|1 1314

1202 同盟を**ケンジ**する方針を示す。 かたく守ること。 〔堅持〕 29|1 1314

1203 電化製品を**コウニュウ**する。 買うこと。 〔購入〕 29|1 1314

1204 仕事で肉体を**コクシ**する。 手加減をしないで激しく働かせること。 〔酷使〕 29|1 1314

1205 女性から絶大な**シジ**を得る。 賛同して後押しをすること。 〔支持〕 29|1 1314

1206 部品の製造に**ジュウジ**する。 それを仕事として務めること。 〔従事〕 29|1 1314

1207 提出期限が**セッパク**している。 差しせまること。 〔切迫〕 29|1 1314

1208 人々の**ソウゾウ**を絶する貧困。 頭の中に思い描くこと。 〔想像〕 29|1 1314

1209 内容の誤りを**テイセイ**する。 誤りを直すこと。 〔訂正〕 29|1 1314

1210 郷土芸能を**デンショウ**する。 信仰や慣習などを後世へつたえること。 〔伝承〕 29|1 1314

1211 案内状に地図を**テンプ**する。 書類などにそえること。 〔添付〕 29|1 1314

1212 発展の**トジョウ**にある国々。 進行しつつある状態。 〔途上〕 29|1 1314

1213 **フダン**の努力が必要だ。 絶えないで続くこと。 〔不断〕 29|1 1314

1214 庶民には**ムエン**の出来事。 関係のないこと。 〔無縁〕 29|1 1314

1215 窃盗の**ヨウギ**をかけられる。 罪を犯したうたがいのあること。 〔容疑〕 29|1 1314

1216 日本の**ラクノウ**の現状を学ぶ。 乳牛などを飼育し、乳製品を作る農業。 〔酪農〕 29|1 1314

1217 **オンコチシン**の精神。 昔のことを研究しあたらしい見解を得ること。 〔温故知新〕 28|2 1314

1218 古い**カンコウ**が色濃く残る。 しきたりとしておこなわれていること。 〔慣行〕 28|2 1314

1219 内部が**クウドウ**になっている。 穴が開いてうつろになっていること。 〔空洞〕 28|2 1314

1220 地域文化が**コウリュウ**する。 勢いが盛んになること。 〔興隆〕 28|2 1314

第62回

1221 役所に**コンイン**を届け出る。 夫婦となること。 婚姻 28 2 1314

1222 上昇**シコウ**の強い人が多い。 目ざしていること。 志向 28 2 1314

1223 **ジュウジツ**した毎日を送る。 十分備わって豊かなこと。 充実 28 2 1314

1224 貿易の**ショウヘキ**を取り除く。 妨げ。 障壁 28 2 1314

1225 車と自転車の**セッショク**事故。 近づいてふれること。 接触 28 2 1314

1226 **タイテイ**ではない努力をする。 普通であるさま。 大抵 28 2 1314

1227 反政府運動を**ダンアツ**する。 権力や武力で抑えつけること。 弾圧 28 2 1314

1228 長い**チンモク**を破り口を開く。 だまりこむこと。 沈黙 28 2 1314

1229 冬場は路面が**トウケツ**する。 こおりつくこと。 凍結 28 2 1314

1230 **ヘンコウ**報道を批判する。 考え方がかたよっていること。 偏向 28 2 1314

1231 **モウマク**に炎症が見られる。 眼球の内面を覆うまく。 網膜 28 2 1314

1232 犯行手口が**ルイジ**している。 互いに共通点があること。 類似 28 2 1314

1233 人間の**エイイ**としての文化。 いとなみ。 営為 27 3 1314

1234 白を**キチョウ**とした内装の店。 中心となっている色や傾向。 基調 27 3 1314

1235 **シッソ**な暮らしを心がける。 生活ぶりが控えめなこと。 質素 27 3 1314

1236 **ジュウコウ**な雰囲気の店。 どっしりしていること。 重厚 27 3 1314

1237 勝利への**シュウネン**を見せる。 一つのことを深く思い込んでいる心。 執念 27 3 1314

1238 宇宙から無事**セイカン**する。 いきて戻ること。 生還 27 3 1314

1239 計画を**ビサイ**に説明する。 きわめてこまかいこと。 微細 27 3 1314

1240 権限の一部を**イジョウ**する。 権限などを他にゆずりまかせること。 委譲 26 4 1314

番号	問題	意味	解答	データ
□1241	違いは**イチモクリョウゼン**。	ひと目見てはっきりわかるさま。	一目瞭然	26 4 1314
□1242	軍部が**センオウ**を極める。	好き勝手に振る舞うこと。	専横	26 4 1314
□1243	屋上からの**テンボウ**がよい。	遠くまで見渡すこと。	展望	26 4 1314
□1244	中傷に**メンエキ**ができている。	何度も経験して慣れてしまうこと。	免疫	26 4 1314
□1245	細かい砂の**リュウシ**。	ある物質の一部としての細かいつぶ。	粒子	26 4 1314
□1246	二人には深い**インネン**がある。	なんらかのつながりがあること。	因縁	25 5 1314
□1247	**カイコ**の情に駆られる。	昔をなつかしむこと。	懐古	25 5 1314
□1248	長崎で諸外国と**コウエキ**する。	互いに物品の交換や売買をすること。	交易	25 5 1314
□1249	**シュコウ**しがたい意見だ。	納得し、賛成すること。	首肯	25 5 1314
□1250	突然、知人の**フホウ**に接する。	死亡の知らせ。	訃報	25 5 1314
□1251	賃貸契約を**カイショウ**する。	今までの関係をなくすこと。	解消	28 1 1393
□1252	歴史に大きな**ソクセキ**を残す。	業績。	足跡	28 1 1393
□1253	売り切れ**ヒッシ**の人気商品。	そうなるのは避けられないこと。	必至	28 1 1393
□1254	一日三回**フクヨウ**する薬。	薬を飲むこと。	服用	28 1 1393
□1255	月末に**イッカツ**して支払う。	ひとつにまとめること。	一括	27 2 1393
□1256	**ヘイオン**な毎日を取り戻す。	静かでおだやかなこと。	平穏	27 2 1393
□1257	非倫理的で**ヤバン**な行為。	無教養で荒っぽいさま。	野蛮	26 3 1393
□1258	おとなしい**セイカク**だと思う。	その人に固有の感情の傾向。	性格	25 4 1393
□1259	代金は**セッパン**して負担する。	金銭などを半分ずつに分けること。	折半	25 4 1393
□1260	少年を**セツユ**して家に帰す。	悪い行いを改めるよう言い聞かせること。	説諭	25 4 1393

600

460

第64回

1261 性能が**カクダン**に進歩した。
差が甚だしいさま。
格段
41 0 777

1262 多くの**コウノウ**がある温泉。
ききめ。
効能
41 0 777

1263 慰謝料を**セイキュウ**する。
相手に対してもとめること。
請求
41 0 777

1264 公平に**ソゼイ**を負担する。
国などが住民から徴収する金銭。
租税
41 0 777

1265 組織を抜本的に**カイカク**する。
欠点をあらため変えること。
改革
40 0 809

1266 医学専門書を**カンコウ**する。
書籍などを世に出すこと。
刊行
40 0 809

1267 親が**カンシ**の目を光らせる。
注意して見張ること。
監視
40 0 809

1268 **ギリ**と人情の板挟みになる。
人間関係における体面。
義理
40 0 809

1269 行動の**シシン**を提示する。
物事を進めるうえで基本とするもの。
指針
40 0 809

1270 監督が選手に**フンキ**を促す。
気力や勇気をふるいおこすこと。
奮起
40 0 809

1271 **レイギ**正しく頭を下げる。
人としてふみ行うべき作法。
礼儀
40 0 809

1272 世界文化**イサン**に登録された。
死者や昔の人が残した財産・業績。
遺産
39 0 855

1273 庭に桜の木を**イショク**する。
うつしかえること。
移植
39 0 855

1274 社会保障の**カクジュウ**を図る。
広げて充実させること。
拡充
39 0 855

1275 **キカイ**な事件が続発する。
常識では考えられないあやしいさま。
奇怪
39 0 855

1276 **キハツ**性の高い液体を入れる。
常温で液体が気化すること。
揮発
39 0 855

1277 日本語と同じ**ケイトウ**の言語。
一定の順序や原理に従ったつながり。
系統
39 0 855

1278 警備員が常時**ジュンカイ**する。
見まわること。
巡回
39 0 855

1279 国会で法案を**シンギ**する。
可否について検討すること。
審議
39 0 855

1280 人類の**ソセン**について学ぶ。
血統や家系を引き継いできた人々。
祖先
39 0 855

600
480

□ 1281 大型商品を**ハンニュウ**する。
品物を運びいれること。
［搬入］ 39｜0 855

□ 1282 ひたすら**ヒクツ**な態度をとる。
必要以上に自分をいやしめること。
［卑屈］ 39｜0 855

□ 1283 **エイコセイスイ**は世の常だ。
さかえたりおとろえたりすること。
［栄枯盛衰］ 38｜0 894

□ 1284 生活物資を**キョウキュウ**する。
要求に応じて物を与えること。
［供給］ 38｜0 894

□ 1285 **セッソウ**なく意見を変える。
主義や考えを守りとおすこと。
［節操］ 38｜0 894

□ 1286 大学で生物学を**センコウ**する。
ある一つのことを研究すること。
［専攻］ 38｜0 894

□ 1287 建物の**タイキュウ**性を高める。
長く持続すること。
［耐久］ 38｜0 894

□ 1288 人気に**ハクシャ**をかける。
乗馬靴のかかとに付け、馬を進ませる金具。
［拍車］ 38｜0 894

□ 1289 全校で**ヒナン**訓練を行う。
災害をさけて立ち退くこと。
［避難］ 38｜0 894

□ 1290 解約の手続きが**フクザツ**だ。
入り組んでいること。
［複雑］ 38｜0 894

□ 1291 朝顔の**カンサツ**日記をつける。
注意深く見ること。
［観察］ 37｜0 944

□ 1292 **ショウガイ**を乗り越える。
妨げとなるもの。
［障害］ 37｜0 944

□ 1293 昨日の出来事を**ソウキ**する。
あとになって思いおこすこと。
［想起］ 37｜0 944

□ 1294 **チョウカ**料金を請求される。
決められた枠をこえること。
［超過］ 37｜0 944

□ 1295 近隣諸国と**ドウメイ**を結ぶ。
おなじ行動をとることを約束すること。
［同盟］ 37｜0 944

□ 1296 副会長は会長を**ホサ**する。
仕事を助けおぎなうこと。
［補佐］ 37｜0 944

□ 1297 **リンキオウヘン**に行動する。
時と場合によって適切な手段を施すこと。
［臨機応変］ 37｜0 944

□ 1298 高層ビルが**リンリツ**する。
多くのものが並びたつこと。
［林立］ 37｜0 944

□ 1299 **イミシンチョウ**な言い方だ。
裏にふかい意味が隠されているさま。
［意味深長］ 36｜0 983

□ 1300 全集を全面的に**カイテイ**する。
書物の内容をあらため直すこと。
［改訂］ 36｜0 983

600
500

第66回

1301 父の顔に**クノウ**の色がにじむ。 あれこれなやむこと。 苦悩 36 0 983

1302 緊急動議を**サイタク**する。 選んでとりあげること。 採択 36 0 983

1303 今年は学業に**センネン**する。 あることに没頭すること。 専念 36 0 983

1304 **タンジュン**な計算ミスをする。 構造や形式が込み入っていないこと。 単純 36 0 983

1305 つらい現実から**トウヒ**する。 さけてにげること。 逃避 36 0 983

1306 授業の**イッカン**で稲作を学ぶ。 全体的なつながりを持つものの一部。 一環 35 0 1033

1307 **エイリ**な刃物で切断する。 刃がするどくてよく切れるさま。 鋭利 35 0 1033

1308 海外へ**エンセイ**する。 調査や試合でとおくに行くこと。 遠征 35 0 1033

1309 非常**カイダン**の掃除をする。 段になった通路。 階段 35 0 1033

1310 外国人観光客を**カンタイ**する。 手厚くもてなすこと。 歓待 35 0 1033

1311 徐々に薬の**コウカ**が現れる。 望ましいききめ。 効果 35 0 1033

1312 **コウガイ**に商業施設ができる。 都会に隣接した地域。 郊外 35 0 1033

1313 寛大な処分を**タンガン**する。 事情を説明して熱心に頼むこと。 嘆願 35 0 1033

1314 **ユウヘイ**することは違法だ。 とじこめて外に出さないこと。 幽閉 35 0 1033

1315 甘い物の**ユウワク**に勝てない。 さそって心をまどわすこと。 誘惑 35 0 1033

1316 選手の**ケントウ**を祈る。 条件が悪くても立派にたたかうこと。 健闘 34 0 1076

1317 芸術**シジョウ**主義に陥る。 このうえもないこと。 至上 34 0 1076

1318 証明書の交付を**シンセイ**する。 願い出ること。 申請 34 0 1076

1319 晴れた日に**センタク**する。 衣類などをあらってきれいにすること。 洗濯 34 0 1076

1320 殺人事件の**ソウサ**に当たる。 犯罪に関することをさがし調べること。 捜査 34 0 1076

600 520

番号	問題	意味	解答	データ
□1321	仲間と**ドウクツ**を探索する。	ほら穴。	洞窟	34 | 0 1076
□1322	**ハチク**の勢いで勝ち進む。	竹を割ること。	破竹	34 | 0 1076
□1323	生命**ホケン**への加入を勧める。	損害を補償する制度。	保険	34 | 0 1076
□1324	ひときわ**イサイ**を放つ。	周囲と違って目立つ様子。	異彩	33 | 0 1123
□1325	明治**イシン**に功績のあった人。	政治や社会の改革。	維新	33 | 0 1123
□1326	打算と**ギゼン**に満ちた社会。	うわべを正しいように見せかけること。	偽善	33 | 0 1123
□1327	**ケッシュツ**した能力を示す。	抜きんでてすぐれていること。	傑出	33 | 0 1123
□1328	人間の行動を**ケンキュウ**する。	深く考えて真理を明らかにすること。	研究	33 | 0 1123
□1329	国の**ショウニン**を得ている。	正当であるとみとめること。	承認	33 | 0 1123
□1330	台風で床下まで**シンスイ**した。	みずびたしになること。	浸水	33 | 0 1123
□1331	国語の**セイセキ**が上がる。	仕事や学業などのなし遂げた結果。	成績	33 | 0 1123
□1332	**ソウイ**に富む料理を提供する。	新しい思いつき。	創意	33 | 0 1123
□1333	火災への**タイサク**を講じる。	状況に応じてとる方法や手段。	対策	33 | 0 1123
□1334	**ダミン**をむさぼる毎日。	怠けてねむること。	惰眠	33 | 0 1123
□1335	新制度の導入を**テイアン**する。	議案や考えなどを出すこと。	提案	33 | 0 1123
□1336	全体を**トウカツ**する立場。	ばらばらのものを一つにまとめること。	統括	33 | 0 1123
□1337	雑誌に小説を**トウコウ**する。	自分の書いたものを寄せること。	投稿	33 | 0 1123
□1338	目の前の情景を**ハイク**に詠む。	五・七・五からなる短詩。	俳句	33 | 0 1123
□1339	会社が経営**フシン**に陥る。	勢いがよくないこと。	不振	33 | 0 1123
□1340	銀行に**ユウシ**を依頼する。	資金を融通すること。	融資	33 | 0 1123

600
540

第68回

- □ 1341 真珠の**ヨウショク**が盛んだ。 魚介類を人工的に飼育すること。 ［養殖］ 33 | 0 1123
- □ 1342 四月に部署を**イドウ**する。 地位、勤務が変わること。 ［異動］ 32 | 0 1181
- □ 1343 こまめに部屋の**カンキ**をする。 くうきを入れかえること。 ［換気］ 32 | 0 1181
- □ 1344 現在の価値に**カンサン**する。 ほかの単位の数量に置きかえること。 ［換算］ 32 | 0 1181
- □ 1345 **カンソ**な服装で出掛ける。 無駄、飾り気がないこと。 ［簡素］ 32 | 0 1181
- □ 1346 トンネルが**カンツウ**する。 つらぬいてとおること。 ［貫通］ 32 | 0 1181
- □ 1347 固定**カンネン**にとらわれる。 物事に対する考え方。 ［観念］ 32 | 0 1181
- □ 1348 胃は食べ物を消化する**キカン**。 生物体の部分的組織。 ［器官］ 32 | 0 1181
- □ 1349 **ギシンアンキ**に駆られる。 何でもないことが恐ろしくなること。 ［疑心暗鬼］ 32 | 0 1181
- □ 1350 **キョセイ**を張って生きる。 空いばり。 ［虚勢］ 32 | 0 1181
- □ 1351 **ジゼン**事業に取り組む。 情けや哀れみをかけること。 ［慈善］ 32 | 0 1181
- □ 1352 今度やったら**ショウチ**しない。 聞き入れること。 ［承知］ 32 | 0 1181
- □ 1353 品質の良さを**ショウメイ**する。 正しいことをあきらかにすること。 ［証明］ 32 | 0 1181
- □ 1354 **タイクツ**しのぎに本を読む。 することがないこと。 ［退屈］ 32 | 0 1181
- □ 1355 上空から敵陣を**テイサツ**する。 ひそかに探ること。 ［偵察］ 32 | 0 1181
- □ 1356 面接で志望**ドウキ**を述べる。 意志決定や行為の直接の要因。 ［動機］ 32 | 0 1181
- □ 1357 物事の是非を**ハンダン**する。 ある事物についての考えを決めること。 ［判断］ 32 | 0 1181
- □ 1358 **ヒソウ**的な意見が目立つ。 うわべだけを見て判断すること。 ［皮相］ 32 | 0 1181
- □ 1359 応援席から**カンセイ**が上がる。 喜びのあまり叫ぶこえ。 ［歓声］ 31 | 0 1249
- □ 1360 **キシカイセイ**の一打となる。 絶望的な状態を再び立ち直らせること。 ［起死回生］ 31 | 0 1249

□1361 豪雨で堤防が**ケッカイ**する。
堤防などが切れて崩れること。
決壊
31 0 1249

□1362 世の中が**コンメイ**に陥る。
複雑に入りまじって見通しがつかないこと。
混迷
31 0 1249

□1363 日本は**シゲン**の乏しい国だ。
自然から得られる生産に役立つ要素。
資源
31 0 1249

□1364 **シンキイッテン**を図る。
何かをきっかけにして気持ちが変わること。
心機一転
31 0 1249

□1365 提出された書類を**セイサ**する。
詳しく調べること。
精査
31 0 1249

□1366 会社の経理を**タントウ**する。
仕事として受け持つこと。
担当
31 0 1249

□1367 入学祝いに**チキュウギ**を贈る。
ちきゅうの模型。
地球儀
31 0 1249

□1368 君主に**チュウセイ**を誓う。
真心をもって尽くすこと。
忠誠
31 0 1249

□1369 外国企業が**テッタイ**する。
陣地や拠点を引き払ってしりぞくこと。
撤退
31 0 1249

□1370 敵の**ヒョウテキ**となる。
攻撃のまと。
標的
31 0 1249

□1371 広く世界に**ヘンザイ**している。
広く行き渡ってあること。
遍在
31 0 1249

□1372 前後の**ミャクラク**のない話。
物事のつながり。
脈絡
31 0 1249

□1373 自由な発想を**ユウハツ**する。
ある事柄が他のことを引き起こすこと。
誘発
31 0 1249

□1374 彼は国民的**エイユウ**となった。
ヒーロー。
英雄
30 0 1314

□1375 日本画の伝統に**カイキ**する。
ひとまわりして元に戻ること。
回帰
30 0 1314

□1376 校庭を住民に**カイホウ**する。
制限せず自由に出入りさせること。
開放
30 0 1314

□1377 雑誌にエッセイを**キコウ**する。
依頼されて新聞などに原稿を書き送ること。
寄稿
30 0 1314

□1378 **セイダイ**な祝賀会を催す。
立派で規模がおおきいこと。
盛大
30 0 1314

□1379 非常事態の**ダカイ**を図る。
行き詰まった点を切りひらくこと。
打開
30 0 1314

□1380 家を**テイトウ**に金を借りる。
権利や財産を借金の保証にあてること。
抵当
30 0 1314

第70回

No.	問題	意味	解答	画数	関連
1381	成功した人のやり方に**ナラ**う。	手本としてまねる。	倣う	11 26	944
1382	その日の**カテ**にも困る生活。	食べ物。	糧	10 26	983
1383	感情の**オモム**くままに話す。	向かって行く。	赴く	13 23	983
1384	不用意な発言が物議を**カモ**す。	ある気分や雰囲気をつくり出す。	醸す	17 19	983
1385	大雨で床下まで水に**ヒタ**る。	液体の中や心境に入りきる。	浸る	16 19	1033
1386	**ササイ**なことを気に病む。	取るに足りないさま。	些細	11 23	1076
1387	**ゴイ**の豊富な人に憧れる。	ある範囲の単語の集まり。	語彙	6 26	1181
1388	**ジョウセキ**を踏んだ展開。	一般に最善と考えられている方法。	定石	15 16	1249
1389	**イサギヨ**い態度を貫く。	未練がましいところがなく立派である。	潔い	13 17	1314
1390	希望条件に**ガッチ**する仕事。	ぴったりあうこと。	合致	15 15	1314
1391	**セツナ**の快楽に酔う。	きわめて短い時間。	刹那	7 22	1393
1392	戦争の犠牲者を**イタ**む。	人の死を悲しむ。	悼む	11 18	1393
1393	民家への延焼を**マヌカ**れる。	好ましくないことから逃れる。	免れる	14 15	1393
1394	日本人の**シコウ**に合う味。	このんで親しむこと。	嗜好	8 20	1460
1395	研究会への出席を**シ**いる。	無理に押しつける。	強いる	9 19	1460
1396	父親が子供を厳しく**サト**す。	言い聞かせて納得させる。	諭す	11 17	1460
1397	暴飲暴食は健康を**ソコ**なう。	悪い状態にする。	損なう	13 15	1460
1398	巧みに他人を**ギマン**する。	あざむきだますこと。	欺瞞	14 14	1460
1399	商品を**ムゾウサ**に並べる。	技巧を凝らさないこと。	無造作	12 15	1533
1400	商店街で雑貨屋を**イトナ**む。	経営する。	営む	13 14	1533

600

入試漢字の出題パターン③

書き取り

書き取りで出題されやすい漢字熟語

「干渉・鑑賞・緩衝・感傷・勧奨」のような同音異義語、「顧みる・省みる」のような異字同訓、「徹・撤」「衡・衝」のような形が似た字を含む漢字熟語は、よく出題されるので、書き分けられるようにしておこう。

記述式―ほぼ熟語レベルの書き取り

記述式の書き取り問題は、私立・国公立ともに熟語全体をかなで示し、それを漢字に改めさせる問題が圧倒的に多い。訓読みの漢字については、送りがなは示してあり、漢字のみを書かせる形式が多い。

客観式の問題形式

書き取りの問題を客観式で出題する場合の出題形式には以下のものがある。

(1)大学入学共通テスト形式

客観式の問題で圧倒的に出題数が多いのは、かなで書かれた熟語中の傍線部の漢字と同じ漢字を含むものを選択肢の中から選ぶ、大学入学共通テストと同形式の問題である。この形式は選択肢が文になっているので、文脈から熟語を類推しやすい。

(2)あてはまる漢字・熟語を選ぶ形式

次に出題頻度が高いのは、指定のかなにあてはまる漢字・熟語を選択肢の中から選ぶ形式である。

(3)熟語から同じ漢字を含むものを選ぶ形式

「熟語中の一字と同じ漢字を含むものを、選択肢の中から選ぶ」という、大学入学共通テストと同じ形式。ただし、選択肢が文ではなく熟語の形になっている点が異なる。

(4)その他

傍線部のかなと同じ部首を持つ漢字を選ぶ問題や、選択肢の漢字群の中から、傍線部の熟語となる漢字二字を選ぶ問題などが出題されている。

ランク D

頻出語 600

ランクDの総出題延べ数 15,377 回、3000 語の総出題延べ数 106,469 回
[平均出題延べ数　1 語につき 26 回]

「ランクD」までの 2000 語で、3000 語の総出題延べ数の約 82%となり、なんと 8 割超がカバーできます。「語彙力修得編」までを確実にマスターすれば、大学入試漢字など恐るるに足らずです！

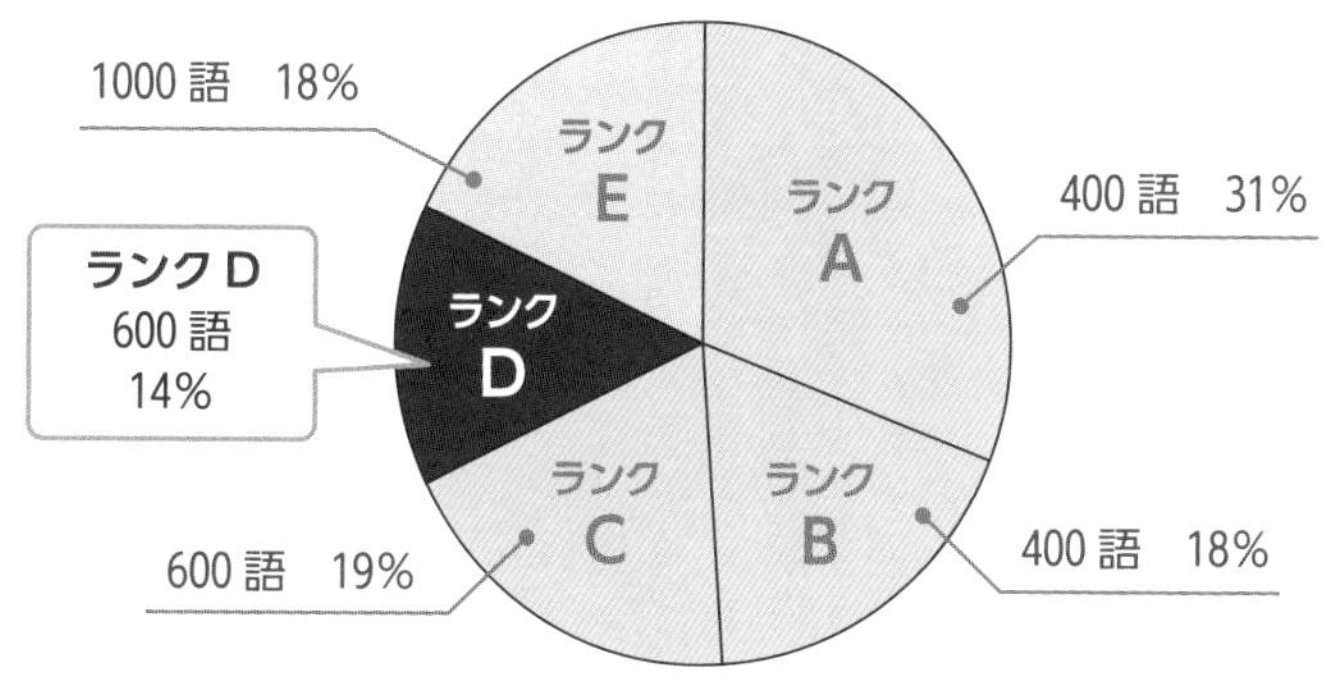

□ 1401 夕食の**コンダテ**を考える。
料理の種類や組み合わせ。
［献立］ 24 6 1314

□ 1402 役人が**ワイロ**を要求する。
便宜をはかる見返りに受け取る違法な報酬。
［賄賂］ 24 6 1314

□ 1403 恐怖で気持ちが**イシュク**する。
ちぢこまって小さくなること。
［萎縮］ 20 10 1314

□ 1404 情報が**サクソウ**している。
複雑に入り組んでいること。
［錯綜］ 18 12 1314

□ 1405 解約手続きが**ワズラ**わしい。
込み入っていて複雑である。
［煩わしい］ 16 14 1314

□ 1406 **ヘイイ**な言葉を使って書く。
理解しやすいこと。
［平易］ 23 6 1393

□ 1407 資金援助の申し出を**コバ**む。
相手の要求などを断る。
［拒む］ 22 7 1393

□ 1408 安眠を**サマタ**げる夜間の騒音。
邪魔をする。
［妨げる］ 22 7 1393

□ 1409 失敗を**チョウショウ**される。
人をばかにしてわらう。
［嘲笑］ 22 7 1393

□ 1410 経済に**ツウギョウ**している。
たいへん詳しく知っていること。
［通暁］ 22 7 1393

□ 1411 美しい声で聴衆を**ミワク**する。
人の心をひきつけ、まどわすこと。
［魅惑］ 22 7 1393

□ 1412 有能な**カンリ**として活躍する。
国家公務員の通称。役人。
［官吏］ 21 8 1393

□ 1413 **ヒユ**を用いて表現する。
たとえること。
［比喩］ 21 8 1393

□ 1414 卒業式の式**シダイ**を作成する。
順序。
［次第］ 20 9 1393

□ 1415 **オオザッパ**な性格で困る。
細部まで注意が届かないさま。
［大雑把］ 18 11 1393

□ 1416 前途を**ショクボウ**される若手。
人の将来に大きなのぞみをかけること。
［嘱望］ 18 11 1393

□ 1417 相続権を**ハクダツ**する。
無理にうばい取ること。
［剥奪］ 18 11 1393

□ 1418 観光客誘致に**ホンソウ**する。
物事がうまく運ぶよう努力すること。
［奔走］ 18 11 1393

□ 1419 背筋に**センリツ**が走る。
恐ろしくて体が震えること。
［戦慄］ 15 14 1393

□ 1420 国語辞典の**ハンレイ**を見る。
書物の初めに使用法を示したもの。
［凡例］ 15 14 1393

600
20

第72回

番号	問題	意味	解答	画数	番号
1421	人生は**イチゴイチエ**の連続だ。	一生に一度しかないであい。	一期一会	22 6	1460
1422	他の**ツイズイ**を許さない。	あとをおってゆくこと。	追随	22 6	1460
1423	最後まで意志を**ツラヌ**く。	考えや態度を変えることなく保つ。	貫く	22 6	1460
1424	**ロボウ**に咲く小さな草花。	道端。	路傍	21 7	1460
1425	剣道を通して心身を**キタ**える。	練習を繰り返して強くする。	鍛える	18 10	1460
1426	理想と現実の**ソウコク**に悩む。	対立するものが互いに争うこと。	相克	18 10	1460
1427	研究の成果を**チクジ**発表する。	順を追ってするさま。	逐次	17 11	1460
1428	危険な行いを**イマシ**める。	教え諭す。	戒める	16 12	1460
1429	運動不足で肩が**コ**る。	かたくなる。	凝る	16 12	1460
1430	王者に決戦を**イド**む。	戦いや争いを仕掛ける。	挑む	20 7	1533
1431	**バンジャク**の体制を整える。	非常に堅固で安定していること。	盤石	20 7	1533
1432	失敗した仲間を**ナグサ**める。	元気づけ心を晴らしてやる。	慰める	19 8	1533
1433	**ハンヨウ**性の高い部品。	広くいろいろな方面にもちいること。	汎用	19 8	1533
1434	平和主義を**コスイ**する。	意見を主張し賛成を得ようとすること。	鼓吹	18 9	1533
1435	あらゆる戦争を**ゾウオ**する。	激しくにくみ嫌うこと。	憎悪	18 9	1533
1436	審判に**シツヨウ**に食い下がる。	働きかけがしつこいこと。	執拗	15 12	1533
1437	法律に関する知識が**トボ**しい。	十分でない。	乏しい	15 12	1533
1438	**フクイン**をもたらす。	喜びを伝える知らせ。	福音	14 13	1533
1439	文化の違いを**ソンチョウ**する。	価値あるものとして大切に扱うこと。	尊重	20 6	1611
1440	**ナツ**かしい顔ぶれがそろう。	心がひかれて慕わしい。	懐かしい	20 6	1611

600

40

No.	問題	意味	解答	出題
1441	**ブッソウ**な世の中になった。	危ないこと。	物騒	20 6 1611
1442	温泉が**ワ**く家に住みたい。	地中から噴き出る。	湧く	20 6 1611
1443	硬貨を**チュウゾウ**する。	金属を溶かし型に入れて物をつくること。	鋳造	18 8 1611
1444	嘘をついて人を**アザム**く。	相手を信頼させておいてだます。	欺く	14 12 1611
1445	地域間の格差を**ゼセイ**する。	悪い点を改めること。	是正	14 12 1611
1446	予定が合わず**アキラ**める。	断念する。	諦める	19 6 1699
1447	自分で考えて**クフウ**する。	よい方法を考え出すこと。	工夫	19 6 1699
1448	筋肉の**シカン**と収縮のしくみ。	ゆるむこと。	弛緩	16 9 1699
1449	漁師が破れた網を**ツクロ**う。	修理する。	繕う	15 10 1699
1450	熱いお茶を**ショモウ**する。	のぞむこと。	所望	14 11 1699
1451	災害に**ゲンジュウ**に警戒する。	きびしい態度で対処すること。	厳重	19 5 1786
1452	記載内容が事実と**ソウイ**する。	二つのものが同じでないこと。	相違	19 5 1786
1453	初対面の人に名前を**タズ**ねる。	質問する。	尋ねる	19 5 1786
1454	肺に**ジュウトク**な疾患を持つ。	病状が非常におもいこと。	重篤	18 6 1786
1455	**ブスイ**なことを言うな。	人情の微妙さがわからないこと。	無粋	18 6 1786
1456	権威の**シッツイ**を招く。	名誉や権威をうしなうこと。	失墜	17 7 1786
1457	猟師が銃で**エモノ**を狙う。	漁や狩猟でとったもの。	獲物	16 8 1786
1458	子供だと思って**アナド**るな。	相手を見下げてばかにする。	侮る	15 9 1786
1459	外食続きで栄養が**カタヨ**る。	一方へ寄る。	偏る	15 9 1786
1460	網を**イクエ**にも張り巡らす。	いくつかの物がかさなっていること。	幾重	14 10 1786

600

60

第74回

1461 民宿は海に**ノゾ**む場所にある。 目の前にする。 ［臨む］ 14|10 1786

1462 悪の**ホウガ**を早めに摘み取る。 物事の起こるきざし。 ［萌芽］ 14|10 1786

1463 豪華な**イショウ**に身を包む。 衣服。 ［衣装］ 18|5 1885

1464 **オンシャ**が行われる。 刑罰の内容を変更させること。 ［恩赦］ 18|5 1885

1465 地震で山が**クズ**れる。 壊れ落ちる。 ［崩れる］ 18|5 1885

1466 日本の歴代の**サイショウ**。 総理大臣。 ［宰相］ 18|5 1885

1467 嘘がつけない**ショウブン**だ。 生まれつきの気質。 ［性分］ 18|5 1885

1468 反対が過半数を**シ**める。 全体の中である割合をもつ。 ［占める］ 17|6 1885

1469 人気俳優の**シュウブン**が立つ。 よくないうわさ。 ［醜聞］ 17|6 1885

1470 民衆が次々と**ホウキ**する。 大勢の者が反抗のために行動をおこすこと。 ［蜂起］ 17|6 1885

1471 家事**イッサイ**を取り仕切る。 すべて。 ［一切］ 15|8 1885

1472 壁に耳あり**ショウジ**に目あり。 木の格子に白い紙を貼った建具。 ［障子］ 15|8 1885

1473 市内を**ユル**やかに流れる川。 速度がゆっくりしているさま。 ［緩やか］ 15|8 1885

1474 倫理観の喪失を**ガイタン**する。 なげき悲しみ、恨み怒ること。 ［慨嘆］ 14|9 1885

1475 改まった**クチョウ**で礼を言う。 ものの言い方の様子。 ［口調］ 14|9 1885

1476 お**ショウバン**にあずかった。 正客に混じり一緒に接待を受けること。 ［相伴］ 14|9 1885

1477 完成まで三年を**ツイ**やす。 時間や労力をかける。 ［費やす］ 13|10 1885

1478 命が助かる**ユイイツ**の方法。 ただひとつであること。 ［唯一］ 13|10 1885

1479 新勢力が**ボッコウ**する。 にわかに勢力を得て盛んになること。 ［勃興］ 12|11 1885

1480 **クオン**の理想を追い求める。 ひさしくとおいこと。 ［久遠］ 15|7 1997

番号	問題	意味	解答	データ
1481	候補者が**ガイトウ**演説を行う。	まちの路上。	街頭	28 1 1393
1482	発表会で**カレイ**な舞を見せる。	はなやかで美しいさま。	華麗	28 1 1393
1483	恒久平和を**キネン**する。	神仏に願いがかなうようにいのること。	祈念	28 1 1393
1484	**サイショクケンビ**をたたえる。	才能があり美しいこと。	才色兼備	28 1 1393
1485	授業で**サイホウ**の基本を習う。	布地を切ってぬいあげること。	裁縫	28 1 1393
1486	**シュギョク**の短編集。	美しいもの、立派なもののたとえ。	珠玉	28 1 1393
1487	景気後退の**ショウサ**を示す。	事実を明らかにするよりどころとなるもの。	証左	28 1 1393
1488	政府の責任を**ツイキュウ**する。	食い下がって問い詰めること。	追及	28 1 1393
1489	両者**ゴカク**の勝負だ。	優劣の差がないさま。	互角	27 2 1393
1490	**コハン**にある別荘に泊まる。	みずうみのほとり。	湖畔	27 2 1393
1491	**ショウサン**に値する研究。	褒めたたえること。	称賛	27 2 1393
1492	一方的に契約を**ハキ**された。	約束を一方的にやぶること。	破棄	27 2 1393
1493	会社設立に向け**フントウ**する。	力いっぱい努力すること。	奮闘	27 2 1393
1494	**ヘンクツ**で気難しい父親。	ひねくれていること。	偏屈	27 2 1393
1495	庶民感情から**ユウリ**した政策。	他からはなれて存在すること。	遊離	27 2 1393
1496	期待に胸の**コドウ**が高まる。	心臓の規則正しく繰り返されるうごき。	鼓動	26 3 1393
1497	**サツバツ**とした雰囲気が漂う。	あたたかみが感じられないさま。	殺伐	26 3 1393
1498	大富豪の娘を**ユウカイ**する。	だましてさそいだすこと。	誘拐	26 3 1393
1499	致死率の高い**エキビョウ**。	はやりやまい。	疫病	25 4 1393
1500	商品を棚に**チンレツ**する。	人に見せるために並べること。	陳列	25 4 1393

600

100

1501 登山には危険が**トモナ**う。 同時に生じさせる。 伴う 25 4 1393

1502 監督の**サイハイ**を批判する。 指図。 采配 24 5 1393

1503 **チョウカイ**処分の対象となる。 不当な行為に制裁を加えること。 懲戒 24 5 1393

1504 事故が**ヒンパツ**する交差点。 幾度も起こること。 頻発 24 5 1393

1505 若手社員を**イロウ**する食事会。 他人の骨折りをねぎらうこと。 慰労 27 1 1460

1506 スキーで斜面を**カッソウ**する。 すべるように進むこと。 滑走 27 1 1460

1507 契約の**キゲン**が切れる。 前もって決められた一定の期間。 期限 27 1 1460

1508 第三**キボウ**まで記入する。 のぞみ。 希望 27 1 1460

1509 親**コウコウ**な息子に育つ。 よく尽くすこと。 孝行 27 1 1460

1510 店内の**ショウメイ**が暗い。 光でてらしてあかるくすること。 照明 27 1 1460

1511 環境破壊は**セツジツ**な問題だ。 身近に深くかかわっているさま。 切実 27 1 1460

1512 時代の**センタン**を行く技術。 一番さき。 先端 27 1 1460

1513 最悪の事態を**ソウテイ**する。 ある状況や条件を仮に考えること。 想定 27 1 1460

1514 **ソヤ**な言葉遣いを戒める。 言葉や振る舞いが荒々しいこと。 粗野 27 1 1460

1515 **ツウコン**のミスが出る。 非常に残念なこと。 痛恨 27 1 1460

1516 **トウイソクミョウ**の答え。 その場に応じて機転を利かすこと。 当意即妙 27 1 1460

1517 **ビジレイク**を並べて褒める。 うつくしく飾り立てた言葉。 美辞麗句 27 1 1460

1518 **ヒンコン**から抜け出す。 まずしくて生活にこまること。 貧困 27 1 1460

1519 新車を**ブンカツ**払いで買う。 いくつかにわけること。 分割 27 1 1460

1520 電車内で切符を**フンシツ**した。 まぎれてなくなること。 紛失 27 1 1460

1521 幼稚園児がお**ユウギ**をする。 一定のルールがあるあそび。 遊戯 27 1 1460

1522 **リュウトウダビ**に終わる。 初めは盛んだが終わりは振るわないこと。 竜頭蛇尾 27 1 1460

1523 一躍**キャッコウ**を浴びる。 舞台の前面の床から照らす光線。 脚光 26 2 1460

1524 法案に拒否権を**コウシ**する。 権力などを実際に用いること。 行使 26 2 1460

1525 竹を**サイク**して籠を作る。 こまかいものを作ること。 細工 26 2 1460

1526 **ジアイ**に満ちたまなざし。 我が子をかわいがるようないたわりの気持ち。 慈愛 26 2 1460

1527 校内で模擬試験を**ジッシ**する。 実際に行うこと。 実施 26 2 1460

1528 豊かな**ジョウソウ**を育てる。 美しいものなどに感動する心。 情操 26 2 1460

1529 流行に**ビンカン**な若者が集う。 感覚が鋭いこと。 敏感 26 2 1460

1530 災害から**フッコウ**した街。 再び盛んになること。 復興 26 2 1460

1531 当分処分を**リュウホ**する。 すぐその場で行わないこと。 留保 26 2 1460

1532 両党が**レンケイ**を密にする。 互いに連絡をとって物事を行うこと。 連携 26 2 1460

1533 場を**オンビン**に収める。 事を荒立てずに取り扱うさま。 穏便 25 3 1460

1534 物価上昇を**コウリョ**に入れる。 よくかんがえ合わせること。 考慮 25 3 1460

1535 暑さ寒さも**ヒガン**まで。 春分、秋分の日の前後七日間。 彼岸 25 3 1460

1536 容器を**シャフツ**消毒する。 火にかけてにたたせること。 煮沸 24 4 1460

1537 **セイキュウ**な結論を避ける。 物事の進み方が速いこと。 性急 24 4 1460

1538 野鳥が**セイソク**する池。 ある場所にすむこと。 生息 24 4 1460

1539 将来のため**チョチク**する。 お金をたくわえること。 貯蓄 24 4 1460

1540 優勝者に**ヒケン**する実力。 同等であること。 比肩 24 4 1460

第78回

1541 敵を国外に**ホウチク**する。 その場所から追い払うこと。 [放逐] 24 4 1460

1542 長年の**イコン**を晴らす。 忘れられない深いうらみ。 [遺恨] 23 5 1460

1543 彼の**ハイゴ**から声を掛ける。 うしろ。 [背後] 23 5 1460

1544 公然と人を**ブジョク**する。 あなどり恥をかかせること。 [侮辱] 23 5 1460

1545 開園時間を**エンチョウ**する。 予定よりものばすこと。 [延長] 26 1 1533

1546 **エンリョ**なく質問できる相手。 控えめにすること。 [遠慮] 26 1 1533

1547 少年時代を**カイソウ**する。 過去を思い起こすこと。 [回想] 26 1 1533

1548 **キセン**を制され出遅れる。 物事が起こるその直前。 [機先] 26 1 1533

1549 山道を四輪**クドウ**車が進む。 動力を与えてうごかすこと。 [駆動] 26 1 1533

1550 **クンショウ**を授与する。 国への功労を表彰して授けるメダル。 [勲章] 26 1 1533

1551 **ケイハク**な笑いを浮かべる。 誠実さや真実みが感じられないこと。 [軽薄] 26 1 1533

1552 **ゲンコウ**の締め切りを守る。 印刷のもとになる文章など。 [原稿] 26 1 1533

1553 注意力が**サンマン**になる。 まとまりがないさま。 [散漫] 26 1 1533

1554 外国の**シヘイ**を収集する。 紙製の通貨。 [紙幣] 26 1 1533

1555 大国に**ジュウゾク**する小国。 力のあるものにしたがうこと。 [従属] 26 1 1533

1556 文章の**シュビ**を整える。 始めから終わりまで。 [首尾] 26 1 1533

1557 業界の**スイビ**を嘆く。 勢いがおとろえて弱くなること。 [衰微] 26 1 1533

1558 **セイコウウドク**の生活だ。 悠然と心のままに生活すること。 [晴耕雨読] 26 1 1533

1559 一人で部屋を**センリョウ**する。 一定の場所をひとりじめすること。 [占領] 26 1 1533

1560 使用状況を**チョウサ**する。 物事の実態や動向をしらべること。 [調査] 26 1 1533

600

160

1561 **バイシャク**人の挨拶。
結婚の仲立ちをすること。
〔媒酌〕 26 1 1533

1562 **ヒショ**地で夏を過ごす。
夏のあつさをさけること。
〔避暑〕 26 1 1533

1563 **マスイ**をして歯の治療をする。
薬剤で一時的に痛覚を失わせること。
〔麻酔〕 26 1 1533

1564 **エンギ**を担いで豆を食べる。
物事の吉凶の兆候。
〔縁起〕 25 2 1533

1565 **ケイキ**回復の兆しが見える。
商売取引の状況。
〔景気〕 25 2 1533

1566 部員の**ケッソク**を強める。
互いに固くむすびつくこと。
〔結束〕 25 2 1533

1567 出版物の**ケンエツ**を禁じる。
表現内容を強制的に調べること。
〔検閲〕 25 2 1533

1568 英単語を**コウリツ**よく覚える。
はかどり具合。
〔効率〕 25 2 1533

1569 俗世間を離れた**ココウ**の存在。
ひとり他と離れてたかい境地にいること。
〔孤高〕 25 2 1533

1570 父に資金援助を**コンガン**する。
心からおねがいすること。
〔懇願〕 25 2 1533

1571 **シュウメイ**披露の公演を行う。
親や師のなまえを継ぐこと。
〔襲名〕 25 2 1533

1572 **ジュンカツ**な人間関係を築く。
物事がなめらかに運ぶさま。
〔潤滑〕 25 2 1533

1573 **ヨウシ**で人を判断するな。
顔だちと体つき。
〔容姿〕 25 2 1533

1574 **ウイテンペン**は世の習い。
世の中はたえず移りかわっていること。
〔有為転変〕 24 3 1533

1575 秩序を乱す**コウイ**を慎む。
ある意志をもってするおこない。
〔行為〕 24 3 1533

1576 歩いて一時間の**コウテイ**だ。
目的地までの距離。
〔行程〕 24 3 1533

1577 **シュウチ**心が希薄になる。
はじらい。
〔羞恥〕 24 3 1533

1578 **センドウ**され暴徒と化す。
人をあおってある行動をとらせること。
〔扇動〕 24 3 1533

1579 着々と**ハント**を広げる。
領域。領土。
〔版図〕 24 3 1533

1580 王様から**ホウビ**を賜る。
ほめて与える金品。
〔褒美〕 24 3 1533

第80回

No.	問題	意味	解答	出題データ
1581	本部と**キンミツ**な連絡を保つ。	二つの物事がしっかりとつながっていること。	緊密	22 5 1533
1582	**ジンイ**的なミスを防止する。	ひとの力で何かをすること。	人為	22 5 1533
1583	非難と**チジョク**に耐える日々。	体面や名誉を傷つけること。	恥辱	22 5 1533
1584	**カイチュウ**電灯を常備する。	ふところ。	懐中	25 1 1611
1585	再三の**ケイコク**を無視する。	気をつけるよう知らせること。	警告	25 1 1611
1586	自らの能力を**ケンジ**する。	はっきりとあらわすこと。	顕示	25 1 1611
1587	幅広い**ケンシキ**を備えた人物。	物事の本質をみとおすすぐれた判断力。	見識	25 1 1611
1588	悪の道から**コウセイ**する。	立ち直ること。	更生	25 1 1611
1589	**コキョウ**の味が忘れられない。	ふるさと。	故郷	25 1 1611
1590	**シツジツゴウケン**な人柄。	飾り気がなくしっかりしていること。	質実剛健	25 1 1611
1591	日本舞踊を**シナン**する。	教え導くこと。	指南	25 1 1611
1592	**シャヨウ**となった石炭産業。	没落しつつあること。	斜陽	25 1 1611
1593	優勝の**シュクハイ**を挙げる。	めでたいことを喜ぶ酒を飲むためのさかずき。	祝杯	25 1 1611
1594	彼には漢学の**ソヨウ**がある。	ふだんから身につけている技術やたしなみ。	素養	25 1 1611
1595	会議で問題を**テイキ**する。	問題・話題として出すこと。	提起	25 1 1611
1596	食品に防腐剤を**テンカ**する。	そえくわえること。	添加	25 1 1611
1597	集合場所で**テンコ**をとる。	名をよんで人員がいるか調べること。	点呼	25 1 1611
1598	彼女の**トクイ**科目は英語だ。	自信があり熟達していること。	得意	25 1 1611
1599	**ドクソウ**的な構図で描く。	自分の発想で物事をつくり出すこと。	独創	25 1 1611
1600	**ハクランキョウキ**な人物。	広く書物を読みよく覚えていること。	博覧強記	25 1 1611

600
200

- □ 1601　あまりの暑さに**ヘイコウ**する。　うんざりすること。　［閉口］　25｜1　1611
- □ 1602　杉は**ヨウト**の広い木材だ。　使い道。　［用途］　25｜1　1611
- □ 1603　小説を月刊誌に**レンサイ**する。　新聞などに続き物としてのせること。　［連載］　25｜1　1611
- □ 1604　**オクソク**でものを言う。　自分で勝手におしはかること。　［憶測］　24｜2　1611
- □ 1605　引用部分を**カッコ**でくくる。　特定の文字を囲って他と区別する記号。　［括弧］　24｜2　1611
- □ 1606　不勉強で**キョウシュク**する。　申し訳なく思うこと。　［恐縮］　24｜2　1611
- □ 1607　手術後の**ケイカ**は良好だ。　移り変わっていくこと。　［経過］　24｜2　1611
- □ 1608　福祉の現場で**ケイケン**を積む。　実際に見たり行ったりすること。　［経験］　24｜2　1611
- □ 1609　契約交渉が**ケツレツ**した。　意見が一致せず交渉などが成立しないこと。　［決裂］　24｜2　1611
- □ 1610　幾多の**コンナン**を乗り越える。　非常にむずかしいこと。　［困難］　24｜2　1611
- □ 1611　**ジュウゼン**の準備をする。　少しも欠けたところがないこと。　［十全］　24｜2　1611
- □ 1612　来場者に粗品を**シンテイ**する。　人に物を差し上げること。　［進呈］　24｜2　1611
- □ 1613　棚に本を**セイゼン**と並べる。　きちんとととのっているさま。　［整然］　24｜2　1611
- □ 1614　**ソッセン**して庭の掃除をする。　他の人よりさきに行動すること。　［率先］　24｜2　1611
- □ 1615　**トタン**の苦しみをなめる。　ひどい苦痛。　［塗炭］　24｜2　1611
- □ 1616　住民の不満が**フンシュツ**する。　勢いよくふきでること。　［噴出］　24｜2　1611
- □ 1617　駅前が大きく**ヘンヨウ**する。　見た目がかわること。　［変容］　24｜2　1611
- □ 1618　**アンモク**の了解が存在する。　何も言わないこと。　［暗黙］　23｜3　1611
- □ 1619　**カンプ**なきまでに打ちのめす。　傷のない肌。　［完膚］　23｜3　1611
- □ 1620　大学で**キカ**学を専攻する。　図形や空間の性質を研究する数学の部門。　［幾何］　23｜3　1611

600

220

第82回

□1621 財政が**キュウボウ**する。 お金や物が不足して苦しむこと。 〔窮乏〕 23|3 1611

□1622 **キュウヨ**の一策を講じる。 困ったあげく。 〔窮余〕 23|3 1611

□1623 **キンサ**で勝利を収めた。 ごくわずかなさ。 〔僅差〕 23|3 1611

□1624 **シショウ**の教えを忠実に守る。 学問や芸術などを教える人。 〔師匠〕 23|3 1611

□1625 **ジジョウジバク**に陥る。 自分の言動のため自由に動けず苦しむこと。 〔自縄自縛〕 23|3 1611

□1626 **シンコウ**勢力の台頭が目立つ。 別のものがあたらしくおこること。 〔新興〕 23|3 1611

□1627 **ジンリン**にもとる行為。 ひととして守るべき道。 〔人倫〕 23|3 1611

□1628 **スウキ**な運命をたどった人物。 運命に波乱の多いこと。 〔数奇〕 23|3 1611

□1629 **セイキョウ**のうちに終わる。 多くの人が集まっている様子。 〔盛況〕 23|3 1611

□1630 学童**ソカイ**の体験談を聞く。 災害に備えて都会の人や物を他に移すこと。 〔疎開〕 23|3 1611

□1631 歌手になる夢を息子に**タク**す。 他の人に頼む。 〔託す〕 23|3 1611

□1632 **メイロウ**な会計処理を行う。 あきらかに嘘やごまかしがないこと。 〔明朗〕 23|3 1611

□1633 **アイシュウ**を帯びた後ろ姿。 物悲しい感じ。 〔哀愁〕 22|4 1611

□1634 **クッタク**のない笑顔を見せる。 些細なことを気にしてくよくよすること。 〔屈託〕 22|4 1611

□1635 事件の**ゼンボウ**を暴く。 ぜんたいのありさま。 〔全貌〕 22|4 1611

□1636 **ジュミョウ**が縮む思いをした。 いのちの長さ。 〔寿命〕 21|5 1611

□1637 外国で**ブトウ**会に招かれる。 踊りをおどること。 〔舞踏〕 21|5 1611

□1638 **カイキュウ**の思いにふける。 なつかしく昔を思い出すこと。 〔懐旧〕 24|1 1699

□1639 裕福な**カイソウ**に属する人々。 社会を形づくるさまざまな人の集団。 〔階層〕 24|1 1699

□1640 彼の趣味は天体**カンソク**だ。 天候や自然現象を見て測定すること。 〔観測〕 24|1 1699

600
240

- □ 1641 待遇の悪さに**ギフン**を覚える。 不公正なことに対するいきどおり。 【義憤】 24 1 1699
- □ 1642 世界でも**クッシ**の技術を持つ。 多くの中で特にすぐれていること。 【屈指】 24 1 1699
- □ 1643 新入社員の**ケンシュウ**。 ある期間特別に勉強すること。 【研修】 24 1 1699
- □ 1644 **コクヒョウ**された映画。 手厳しく批評すること。 【酷評】 24 1 1699
- □ 1645 チームの**コショウ**を変更する。 よびかた。名前。 【呼称】 24 1 1699
- □ 1646 中古車を**サテイ**してもらう。 調べたうえで等級や合否などを決めること。 【査定】 24 1 1699
- □ 1647 高校生としての**ジカク**を持つ。 じぶんの立場や状態をよく知ること。 【自覚】 24 1 1699
- □ 1648 資料を**シュシャ**してまとめる。 よいものをとって悪いものをすてること。 【取捨】 24 1 1699
- □ 1649 体育祭の**ジュンビ**が整う。 前もって用意をすること。 【準備】 24 1 1699
- □ 1650 毎日**スイジ**洗濯をこなす。 食べ物を煮たきすること。 【炊事】 24 1 1699
- □ 1651 部下に**セキニン**を転嫁する。 負わなければならない義務。 【責任】 24 1 1699
- □ 1652 **ゼッタイゼツメイ**のピンチ。 進退のきわまった状態。 【絶体絶命】 24 1 1699
- □ 1653 **タンスイ**に住む生き物。 まみず。 【淡水】 24 1 1699
- □ 1654 **チョウシュウ**の心に残る演奏。 聞きに集まった人々。 【聴衆】 24 1 1699
- □ 1655 毎日**チョウボ**をつける。 事務の必要事項を記すノート。 【帳簿】 24 1 1699
- □ 1656 土地の価格が**トウキ**する。 物価や相場が上がること。 【騰貴】 24 1 1699
- □ 1657 海外在住の**ドウホウ**への支援。 おなじ国民。 【同胞】 24 1 1699
- □ 1658 予想外の発言に**トウワク**する。 迷いとまどうこと。 【当惑】 24 1 1699
- □ 1659 洗剤で**ヒフ**が荒れて痛い。 動物の体を覆い保護している組織。 【皮膚】 24 1 1699
- □ 1660 **フクアン**があると発言する。 前もって考えておくこと。 【腹案】 24 1 1699

600 260

第84回

1661 **ボウガイ**の幸せだ。
のぞんだ以上であること。
[望外]
24 1 1699

1662 衣食足りて**レイセツ**を知る。
礼儀と節度。
[礼節]
24 1 1699

1663 姉が**ロコツ**に嫌な顔をする。
感情などをありのまま外に表すこと。
[露骨]
24 1 1699

1664 なんとか入場券を**カクホ**した。
しっかり手に入れて手放さないこと。
[確保]
23 2 1699

1665 **カンイ**な手続きで加入できる。
手軽なさま。
[簡易]
23 2 1699

1666 上手に**カンコツダッタイ**する。
先人の詩文や着想を自分の作品に入れること。
[換骨奪胎]
23 2 1699

1667 **カンベン**に測定できる。
手軽なこと。
[簡便]
23 2 1699

1668 売り上げを**キョウソウ**する。
優劣や勝ち負けなどをきそうこと。
[競争]
23 2 1699

1669 彼の勇気に**ケイフク**する。
感心してうやまい従う気持ちを抱くこと。
[敬服]
23 2 1699

1670 **ケッタク**して悪事をたくらむ。
示し合わせてぐるになること。
[結託]
23 2 1699

1671 両者の主張に**サイ**はない。
違い。
[差異]
23 2 1699

1672 戦国武将の**シソン**である。
血統を受け継いで生まれるもの。
[子孫]
23 2 1699

1673 「山」は**ショウケイ**文字だ。
物のかたちをまねること。
[象形]
23 2 1699

1674 春の**ジョクン**が発令される。
くんしょうを与えること。
[叙勲]
23 2 1699

1675 女性の**ゼッキョウ**が聞こえた。
声を限りにさけぶこと。
[絶叫]
23 2 1699

1676 前回の**セツジョク**を果たす。
恥をすすぐこと。
[雪辱]
23 2 1699

1677 裁判長が有罪を**センコク**する。
言い渡すこと。
[宣告]
23 2 1699

1678 入居者の意見を**トウイツ**する。
ひとつにまとめること。
[統一]
23 2 1699

1679 事件の容疑者が**トウボウ**する。
にげて身を隠すこと。
[逃亡]
23 2 1699

1680 主君に**ハンキ**を翻す。
謀反を起こして立てるはた。
[反旗]
23 2 1699

STEP 2 ランクD 書き取りの比重が高い語⑩

600
280

- □ 1681 権威に**モウジュウ**する。 何もわからないまましたがうこと。 [盲従] 23 2 1699
- □ 1682 水玉**モヨウ**の洋服を着る。 装飾として施す絵や図案。 [模様] 23 2 1699
- □ 1683 **カイギ**で経営計画を検討する。 関係者が集まって相談し、決定すること。 [会議] 22 3 1699
- □ 1684 **キキョウ**な行動が多い。 言動が普通と違っていること。 [奇矯] 22 3 1699
- □ 1685 組織が**ケイガイ**化している。 実質的な意味を失っているもの。 [形骸] 22 3 1699
- □ 1686 **チンコン**歌を合唱する。 死者の霊を慰めしずめること。 [鎮魂] 22 3 1699
- □ 1687 結婚に**フズイ**する人間関係。 他の物事につき従っていること。 [付随] 22 3 1699
- □ 1688 過去の経験から**ルイスイ**する。 似ている点をもとに他をおしはかること。 [類推] 22 3 1699
- □ 1689 三人組の男が銀行を**オソ**う。 不意に攻めかかる。 [襲う] 21 4 1699
- □ 1690 実力者が諸国で**カッキョ**する。 ある地域で勢力を張ること。 [割拠] 21 4 1699
- □ 1691 思い出が脳裏に**キョライ**する。 行ったりきたりすること。 [去来] 21 4 1699
- □ 1692 政治家の**セシュウ**問題。 子孫が代々受け継いでいくこと。 [世襲] 21 4 1699
- □ 1693 船の**モケイ**を組み立てる。 実物の形をまねて作ったもの。 [模型] 21 4 1699
- □ 1694 優勝の**エイカン**に輝く。 名誉。 [栄冠] 23 1 1786
- □ 1695 地図を**カクダイ**して印刷する。 広げておおきくすること。 [拡大] 23 1 1786
- □ 1696 彼女とは金銭**カンカク**が違う。 美醜や善悪などをかんじとること。 [感覚] 23 1 1786
- □ 1697 政治への**カンシン**が低い。 気にかけて興味を持つこと。 [関心] 23 1 1786
- □ 1698 男性も育児**キュウカ**をとる。 休日以外のやすみ。 [休暇] 23 1 1786
- □ 1699 **キョウリョク**して取り組む。 ちからを合わせること。 [協力] 23 1 1786
- □ 1700 集団生活の中で**キリツ**を守る。 人の行為の基準となるもの。 [規律] 23 1 1786

600 300

第86回

□ 1701 一気に**ケイセイ**が逆転する。
その時その時の状態などの関係。
形勢
23 | 1 1786

□ 1702 自転車を**コイ**に壁にぶつける。
わざとすること。
故意
23 | 1 1786

□ 1703 原稿の**シッピツ**を依頼する。
文章などを書くこと。
執筆
23 | 1 1786

□ 1704 企業の**シンカ**が問われる。
本当の値打ち。
真価
23 | 1 1786

□ 1705 被害者の家族に**セイイ**を示す。
正直な態度で接する心。
誠意
23 | 1 1786

□ 1706 **セキネン**の恨みを晴らす。
長いとしつき。
積年
23 | 1 1786

□ 1707 彼には**センケン**の明があった。
将来のことをあらかじめみぬくこと。
先見
23 | 1 1786

□ 1708 **ゼント**有望な新入部員。
将来。
前途
23 | 1 1786

□ 1709 父の遺産を**ソウゾク**する。
死んだ人が持っていた財産を受け継ぐこと。
相続
23 | 1 1786

□ 1710 事故で**ソンショウ**した車体。
そこなわれきずつくこと。
損傷
23 | 1 1786

□ 1711 会社が**ソンボウ**の危機に立つ。
残るか滅びるかということ。
存亡
23 | 1 1786

□ 1712 **ダンガイ**絶壁の下は海。
垂直に切り立ったがけ。
断崖
23 | 1 1786

□ 1713 **チュウケイ**所でたすきを渡す。
中間でうけつぐこと。
中継
23 | 1 1786

□ 1714 不景気で会社が**トウサン**する。
企業がつぶれること。
倒産
23 | 1 1786

□ 1715 目的地に**トウチャク**する。
行きつくこと。
到着
23 | 1 1786

□ 1716 **ノウミツ**な色彩表現で描く。
味わいのこいこと。
濃密
23 | 1 1786

□ 1717 二酸化炭素の**ハイシュツ**量。
外へ押しだすこと。
排出
23 | 1 1786

□ 1718 **ハクヒョウ**をふむ勝利。
うすいこおり。
薄氷
23 | 1 1786

□ 1719 ただちに**ホウフク**措置をとる。
仕返し。
報復
23 | 1 1786

□ 1720 制服を**ムショウ**で貸与する。
料金を払わなくていいこと。
無償
23 | 1 1786

600
320

□ 1721 賃上げを**ヨウキュウ**する。
強くもとめること。
［要求］ 23 | 1 1786

□ 1722 交通の**ヨウショウ**を占める。
交通や軍事の面で最も大切な地点。
［要衝］ 23 | 1 1786

□ 1723 優勝の喜びは**カクベツ**だ。
普通とは違うこと。
［格別］ 22 | 2 1786

□ 1724 別の言葉に**カンゲン**する。
いいかえること。
［換言］ 22 | 2 1786

□ 1725 海外に**キョジュウ**する。
すむこと。
［居住］ 22 | 2 1786

□ 1726 **キンリン**諸国との協力関係。
となり合ったごくちかいところ。
［近隣］ 22 | 2 1786

□ 1727 無理のない**ケイカク**を立てる。
前もって方法や手順を考えること。
［計画］ 22 | 2 1786

□ 1728 武器を捨てて**コウサン**する。
負けて従うこと。
［降参］ 22 | 2 1786

□ 1729 世間の**ジモク**を集める。
多くの人々の注意。
［耳目］ 22 | 2 1786

□ 1730 **セイレンケッパク**な政治家。
心がきよらかで後ろ暗いところのないこと。
［清廉潔白］ 22 | 2 1786

□ 1731 実績に**ソウオウ**した評価。
釣り合いがとれていること。
［相応］ 22 | 2 1786

□ 1732 不振から**ダッキャク**を図る。
よくない状況から抜け出すこと。
［脱却］ 22 | 2 1786

□ 1733 大学で**テツガク**を専攻する。
世界や人生の根本原理の研究。
［哲学］ 22 | 2 1786

□ 1734 **ドレイ**解放に尽力した人物。
他人の所有物として取り扱われる人。
［奴隷］ 22 | 2 1786

□ 1735 赤字路線の**ハイシ**を検討する。
やめること。
［廃止］ 22 | 2 1786

□ 1736 先人の苦労を**メイキ**する。
心に深く刻んで忘れないこと。
［銘記］ 22 | 2 1786

□ 1737 砂糖は水に**ヨウカイ**する。
とけること。とかすこと。
［溶解］ 22 | 2 1786

□ 1738 彼には独特の**リュウギ**がある。
やり方。
［流儀］ 22 | 2 1786

□ 1739 **ガイゼン**性の乏しい推測。
ある程度確実らしいさま。
［蓋然］ 21 | 3 1786

□ 1740 戦後の**カト**的な状況にある。
新しい状態に移り変わる途中。
［過渡］ 21 | 3 1786

600
340

第88回

1741 財政の**キュウジョウ**を訴える。 困り果てている様子。 [窮状] 21 3 1786

1742 **キョウギ**の解釈を説明する。 せまく限定された意味。 [狭義] 21 3 1786

1743 **コウザイ**相半ばする改革案。 よい点と悪い点。 [功罪] 21 3 1786

1744 **シシ**がすらりと長い。 両手と両足。 [四肢] 21 3 1786

1745 温暖で**シツジュン**な気候。 しめっていること。 [湿潤] 21 3 1786

1746 トンネルの**ホウラク**事故。 くずれおちること。 [崩落] 21 3 1786

1747 おもしろい**イツワ**が多い人物。 世間にあまり知られていない話。 [逸話] 20 4 1786

1748 動物の**ギャクタイ**を禁止する。 むごい扱いをすること。 [虐待] 20 4 1786

1749 郷土の**ゴウケツ**について学ぶ。 才知や武勇にすぐれ、度胸のある人。 [豪傑] 20 4 1786

1750 自然界の**ジショウ**を研究する。 できごとやことがら。 [事象] 20 4 1786

1751 朝の散歩は**ソウカイ**だ。 さわやかで気持ちがよいこと。 [爽快] 20 4 1786

1752 **フショウ**ながら司会を務める。 未熟で劣ること。 [不肖] 20 4 1786

1753 **アビキョウカン**の事件現場。 悲惨な状態に陥り、混乱して泣きさけぶこと。 [阿鼻叫喚] 22 1 1885

1754 相手の**イヒョウ**を突いた攻撃。 考えに入れていないこと。 [意表] 22 1 1885

1755 想像を絶する**イヨウ**な光景。 普通と違ったありさま。 [異様] 22 1 1885

1756 **カイカツ**に振る舞っている。 気持ちや性質が明るく元気のよいさま。 [快活] 22 1 1885

1757 解答用紙を**カイシュウ**する。 配ったものをまた集めること。 [回収] 22 1 1885

1758 制度の**ガイリャク**を述べる。 おおよその内容。 [概略] 22 1 1885

1759 支援者に深く**カンシャ**する。 ありがたいとかんじて礼を述べること。 [感謝] 22 1 1885

1760 会社への**キゾク**意識が高い。 つき従うこと。 [帰属] 22 1 1885

1761 皆目**ケントウ**がつかない。
未知の事柄について立てたみこみ。
〔見当〕 22|1 1885

1762 **コウキ**の乱れを正す。
国家を治める基本となる規律。
〔綱紀〕 22|1 1885

1763 信頼関係を**シュウフク**する。
元のよい関係を取り戻すこと。
〔修復〕 22|1 1885

1764 雨のため**ジュンエン**する。
期日をのばしていくこと。
〔順延〕 22|1 1885

1765 **ショウシンショウメイ**の純金。
うそ偽りのないこと。
〔正真正銘〕 22|1 1885

1766 選挙の**ジョウセイ**を探る。
変化していく物事のその時々の様子。
〔情勢〕 22|1 1885

1767 たゆまぬ努力の**ショサン**。
結果として作り出されたもの。
〔所産〕 22|1 1885

1768 会場が一時**ソウゼン**となる。
ざわざわとさわがしいさま。
〔騒然〕 22|1 1885

1769 出席者に**ソシナ**を進呈する。
人に贈る物などをへりくだっていう語。
〔粗品〕 22|1 1885

1770 主君に**チュウジツ**な臣下。
真心をこめて真面目に務めること。
〔忠実〕 22|1 1885

1771 **テンガイコドク**の身となる。
身寄りが一人もいないこと。
〔天涯孤独〕 22|1 1885

1772 誌上で**トウセン**者を発表する。
えらばれること。
〔当選〕 22|1 1885

1773 長年の疑いが**ヒョウカイ**した。
疑念や疑惑がすっかりなくなること。
〔氷解〕 22|1 1885

1774 あの店は**ヒョウバン**がいい。
世間の人の品定め。
〔評判〕 22|1 1885

1775 得意技を**フウイン**して戦う。
人目につかないように隠すことのたとえ。
〔封印〕 22|1 1885

1776 **フメン**どおりに演奏する。
楽曲を音符や記号で書き表したもの。
〔譜面〕 22|1 1885

1777 論文の**ヨウシ**を的確につかむ。
内容の主な点。
〔要旨〕 22|1 1885

1778 長編物語が**カンケツ**する。
続いていた物事が終わること。
〔完結〕 21|2 1885

1779 無事に契約を**コウカイ**する。
あらためて新しくすること。
〔更改〕 21|2 1885

1780 戦争の**コンゼツ**を目ざす。
すっかりなくしてしまうこと。
〔根絶〕 21|2 1885

600
380

第90回

1781 彼の**サイカク**で危機を脱した。
すばやく頭を働かせて物事に対応する能力。
〔才覚〕 21 2 1885

1782 **シュビイッカン**した態度。
最初から最後まで考え方が変わらないこと。
〔首尾一貫〕 21 2 1885

1783 **セイジュク**した社会に暮らす。
十分に発達すること。
〔成熟〕 21 2 1885

1784 一日の行動を**ハンセイ**する。
振り返って考えること。
〔反省〕 21 2 1885

1785 **リクツ**どおりには進まない。
物事の筋道。
〔理屈〕 21 2 1885

1786 重要案件を**カクギ**で決定する。
内閣がその職務を行うための会議。
〔閣議〕 20 3 1885

1787 二つの銀行が**ガッペイ**する。
いくつかの物が一つにあわさること。
〔合併〕 20 3 1885

1788 立ち退きを**キョウセイ**する。
力によって他人に無理やりさせること。
〔強制〕 20 3 1885

1789 役所に**コセキ**抄本を請求する。
家族的身分関係を明らかにする公文書。
〔戸籍〕 20 3 1885

1790 戦国時代の**ジョウカク**の跡。
城の周囲に設けた囲い。
〔城郭〕 20 3 1885

1791 **セイチョウ**な空気に包まれる。
にごりなくきれいなこと。
〔清澄〕 20 3 1885

1792 **ボウエキ**摩擦が起こる。
国際間で行う輸出入の取り引き。
〔貿易〕 20 3 1885

1793 鎌倉時代の**ホウケン**制度。
土地を諸侯に分け与え領有させること。
〔封建〕 20 3 1885

1794 次の事項に**リュウイ**する。
気をつけること。
〔留意〕 20 3 1885

1795 彼とは**アイショウ**が悪い。
互いの性格・調子などの合い方。
〔相性〕 19 4 1885

1796 **キンカギョクジョウ**とする。
最も大切なきまりや法律。
〔金科玉条〕 19 4 1885

1797 出勤前に薄く**ケショウ**をする。
顔を美しく見えるようにすること。
〔化粧〕 19 4 1885

1798 **シンエン**な学識を有する人物。
非常に奥ぶかいさま。
〔深遠〕 19 4 1885

1799 **ボウキョウ**の念に駆られる。
ふるさとを懐かしく思いやること。
〔望郷〕 19 4 1885

1800 毎食後丁寧に歯を**ミガ**く。
こすってつやを出す。
〔磨く〕 19 4 1885

番号	問題	意味	解答		
□1801	朝礼で選手を**ゲキレイ**する。	はげまして奮い立たせること。	激励	30 0	1314
□1802	雑誌を定期**コウドク**する。	買ってよむこと。	購読	30 0	1314
□1803	試験前は**スイミン**不足が続く。	ねむること。	睡眠	30 0	1314
□1804	**チクサン**を営む農家。	家畜を飼い生活に必要な物資を得る産業。	畜産	30 0	1314
□1805	新入生を**ハクシュ**で迎える。	てをたたいて音を出すこと。	拍手	30 0	1314
□1806	互いの作品を**ヒヒョウ**する。	物事の価値を論じること。	批評	30 0	1314
□1807	証言と事実が**フゴウ**する。	ぴったりと対応すること。	符合	30 0	1314
□1808	勝利の**エイヨ**をたたえる。	さかえあるほまれ。	栄誉	29 0	1393
□1809	学校で**カイキン**賞をもらった。	一回も休まないで出席すること。	皆勤	29 0	1393
□1810	**カイトウランマ**を断つ。	もつれていた物事を見事に処理すること。	快刀乱麻	29 0	1393
□1811	核の**カクサン**を防止する。	広がってちらばること。	拡散	29 0	1393
□1812	伝統と**カクシキ**を重んじる。	身分や階層に応じたきまり。	格式	29 0	1393
□1813	老人が結核に**カンセン**する。	病気がうつること。	感染	29 0	1393
□1814	**キキイッパツ**で助かる。	きわめてあぶない状態。	危機一髪	29 0	1393
□1815	生地を**サイダン**する。	紙や布を型に合わせて切ること。	裁断	29 0	1393
□1816	看護師の**シカク**を取得する。	あることを行うのに必要な条件。	資格	29 0	1393
□1817	最初に書類**シンサ**がある。	詳しく調べて優劣などを決めること。	審査	29 0	1393
□1818	中国語に**セイツウ**している。	よく知っていること。	精通	29 0	1393
□1819	**ソウナン**者が後を絶たない。	災いに出あうこと。	遭難	29 0	1393
□1820	商品を**ソザツ**に扱い破損した。	荒っぽくていい加減なこと。	粗雑	29 0	1393

第92回

□ 1821 委員長を**トウヒョウ**で決める。
選挙などで記入した紙を提出すること。
［投票］
29 | 0 1393

□ 1822 肖像画の**ハイケイ**に色を塗る。
主要な題材の後ろの光景。
［背景］
29 | 0 1393

□ 1823 保健**イイン**に立候補する。
指名を受け、調査や処理をする人。
［委員］
28 | 0 1460

□ 1824 「**カホウ**は寝て待て」が信条だ。
幸運。
［果報］
28 | 0 1460

□ 1825 幼いのに**カンシン**な子供だ。
立派な行為にこころが動かされること。
［感心］
28 | 0 1460

□ 1826 困難に**カンゼン**と立ち向かう。
思い切って行動するさま。
［敢然］
28 | 0 1460

□ 1827 背後から**キシュウ**する。
不意をついて敵を攻めること。
［奇襲］
28 | 0 1460

□ 1828 **キュウタイイゼン**な考え方。
変化や進歩のないさま。
［旧態依然］
28 | 0 1460

□ 1829 街の**ケイカン**を損なう落書き。
風情のある眺め。
［景観］
28 | 0 1460

□ 1830 ビタミンが**ケツボウ**する。
不足すること。
［欠乏］
28 | 0 1460

□ 1831 犯罪を**ジョチョウ**する行為。
ある傾向をより著しくさせること。
［助長］
28 | 0 1460

□ 1832 葉の上に**スイテキ**がつく。
みずのしずく。
［水滴］
28 | 0 1460

□ 1833 消防設備の**テンケン**を行う。
一つ一つ調べること。
［点検］
28 | 0 1460

□ 1834 株式**トウシ**のしくみを学ぶ。
金銭や力をつぎ込むこと。
［投資］
28 | 0 1460

□ 1835 若手が表彰台を**ドクセン**する。
ひとりじめにすること。
［独占］
28 | 0 1460

□ 1836 少数民族が**ハクガイ**を受ける。
弱い者を追い詰めて苦しめること。
［迫害］
28 | 0 1460

□ 1837 道路**ヒョウシキ**に従って進む。
目印。
［標識］
28 | 0 1460

□ 1838 火山が**フンカ**した。
火口から溶岩や火山灰がふき出すこと。
［噴火］
28 | 0 1460

□ 1839 正当**ボウエイ**が認められた。
ふせぎまもること。
［防衛］
28 | 0 1460

□ 1840 一年間**ホウロウ**の旅に出る。
あてもなくさまよい歩くこと。
［放浪］
28 | 0 1460

600 440

□ 1841 会議で**リョウショウ**を得る。
理解して同意すること。
了承
28 | 0 1460

□ 1842 倒幕の**インボウ**が露見する。
ひそかに企てる悪事。
陰謀
27 | 0 1533

□ 1843 近所に一人の**エンコ**もいない。
血縁や姻戚などによるつながり。
縁故
27 | 0 1533

□ 1844 夏場も**カイテキ**な温度を保つ。
こころよいさま。
快適
27 | 0 1533

□ 1845 研究の**ガイヨウ**を述べる。
あらまし。
概要
27 | 0 1533

□ 1846 まだ**キオク**に新しい出来事。
忘れずに心に留めておくこと。
記憶
27 | 0 1533

□ 1847 一般市民に**キガイ**を加える。
身体・生命・物品を損なうようなこと。
危害
27 | 0 1533

□ 1848 採点**キジュン**を公開する。
物事の土台となるよりどころ。
基準
27 | 0 1533

□ 1849 **キショウ**予報士になりたい。
天候の状態。
気象
27 | 0 1533

□ 1850 一審後に国が**コウソ**する。
第一審の判決に対し不服を申し立てること。
控訴
27 | 0 1533

□ 1851 研修の後に**コンシン**会を行う。
打ち解けてしたしくすること。
懇親
27 | 0 1533

□ 1852 電車が混雑する時間を**サ**ける。
好ましくないものから離れるようにする。
避ける
27 | 0 1533

□ 1853 寺の境内を**サンサク**する。
あてもなく歩くこと。
散策
27 | 0 1533

□ 1854 手を抜かないよう**ジカイ**する。
自分で自分の言動をいましめること。
自戒
27 | 0 1533

□ 1855 多くのことを一度に**シジ**する。
言いつけること。
指示
27 | 0 1533

□ 1856 **ショグウ**に不満を持つ。
その人にふさわしい扱いをすること。
処遇
27 | 0 1533

□ 1857 住民の**シンコウ**を集める神社。
神仏などをしんじて頼みとすること。
信仰
27 | 0 1533

□ 1858 長年の努力が**スイホウ**に帰す。
無駄になること。
水泡
27 | 0 1533

□ 1859 土砂崩れの**ゼンチョウ**がある。
何かが起ころうとするきざし。
前兆
27 | 0 1533

□ 1860 **ソウカン**な山並みを満喫する。
大きくてすばらしい眺め。
壮観
27 | 0 1533

600
460

第 94 回

- □ 1861 政治的な**ソクメン**が強い事業。
  さまざまな性質があるうちの一つ。
  [側面] 27 | 0 / 1533
- □ 1862 意見の**チョウセイ**を図る。
  適切な状態にととのえること。
  [調整] 27 | 0 / 1533
- □ 1863 財産争いを**チョウテイ**する。
  対立する両者の争いをやめさせること。
  [調停] 27 | 0 / 1533
- □ 1864 公共の**フクシ**に役立てる。
  物的・経済的・文化的な欲求の充足。
  [福祉] 27 | 0 / 1533
- □ 1865 借金を一括で**ヘンサイ**する。
  借りたものをかえすこと。
  [返済] 27 | 0 / 1533
- □ 1866 簡易**ホウソウ**の取り組み。
  物品をつつむこと。
  [包装] 27 | 0 / 1533
- □ 1867 駅前に自転車を**ホウチ**する。
  ほうっておくこと。
  [放置] 27 | 0 / 1533
- □ 1868 種子を**アッサク**して油をとる。
  強くおしつけてしぼること。
  [圧搾] 26 | 0 / 1611
- □ 1869 **イギ**を正してお礼を述べる。
  礼式にかなっている立ち居振る舞い。
  [威儀] 26 | 0 / 1611
- □ 1870 救援物資を**ウンパン**する。
  物をはこび移すこと。
  [運搬] 26 | 0 / 1611
- □ 1871 夕方から天気が**カイフク**する。
  悪い状態が元に戻ること。
  [回復] 26 | 0 / 1611
- □ 1872 **カンゾウ**の検査を受ける。
  右上腹部にある赤褐色の臓器。
  [肝臓] 26 | 0 / 1611
- □ 1873 **キトク**の知識を応用して解く。
  すでに自分のものにしていること。
  [既得] 26 | 0 / 1611
- □ 1874 若者に**グウゾウ**視される歌手。
  崇拝や憧れの対象となるもの。
  [偶像] 26 | 0 / 1611
- □ 1875 多様な学習**ケイタイ**をとる。
  外から見たかたち。
  [形態] 26 | 0 / 1611
- □ 1876 宝石を**ケンマ**する職人。
  とぎみがくこと。
  [研磨] 26 | 0 / 1611
- □ 1877 室内に煙が**ジュウマン**する。
  ある空間にいっぱいにみちること。
  [充満] 26 | 0 / 1611
- □ 1878 隣国が領空を**シンパン**する。
  他国の領土や権利をおかすこと。
  [侵犯] 26 | 0 / 1611
- □ 1879 後輩と**シンライ**関係を築く。
  しんじてたよること。
  [信頼] 26 | 0 / 1611
- □ 1880 多様な文化を**ソウゾウ**する。
  新しいものをつくること。
  [創造] 26 | 0 / 1611

1881 □ **ダサク**の多い作家。
出来の悪いさくひん。
駄作
26 | 0 1611

1882 □ 高齢者が階段で**テントウ**する。
たおれること。
転倒
26 | 0 1611

1883 □ 彼は演技力のある**ハイユウ**だ。
役者。
俳優
26 | 0 1611

1884 □ 企業の**ヘンカク**に挑戦する。
かえて新しいものにすること。
変革
26 | 0 1611

1885 □ **ライヒン**を席に案内する。
招かれてきた客。
来賓
26 | 0 1611

1886 □ **レイサイ**な工場が廃業する。
きわめて小さいさま。
零細
26 | 0 1611

1887 □ **レンタイ**して債務を負担する。
二人以上の者が共同で責任をとること。
連帯
26 | 0 1611

1888 □ 順番に教科書を**ロウドク**する。
声高くよみあげること。
朗読
26 | 0 1611

1889 □ 夏休みに**イジン**の伝記を読む。
すぐれた業績を残したひと。
偉人
25 | 0 1699

1890 □ 監督の方針に**イロン**を唱える。
ことなる意見。
異論
25 | 0 1699

1891 □ 開店資金を**エンジョ**する。
困っている人に力を貸すこと。
援助
25 | 0 1699

1892 □ 毎日七時に**キショウ**する。
寝床からおき出すこと。
起床
25 | 0 1699

1893 □ 身の**ケッパク**を訴える。
心や行いがきれいなこと。
潔白
25 | 0 1699

1894 □ 医療施設を一斉に**ササツ**する。
実際の様子を見て調べること。
査察
25 | 0 1699

1895 □ 六月に使える**ジコウ**の挨拶。
四季それぞれの気候。
時候
25 | 0 1699

1896 □ ごみを**シュウセキ**場所に出す。
あつめてつみ重ねること。
集積
25 | 0 1699

1897 □ 博士の学位を**ジュヨ**する。
さずけあたえること。
授与
25 | 0 1699

1898 □ 結婚前に借金を**セイサン**する。
貸し借りを整理すること。
清算
25 | 0 1699

1899 □ 砂利を**セキサイ**したトラック。
荷物をつみのせること。
積載
25 | 0 1699

1900 □ **ソボウ**な行為を禁止する。
性質や動作が荒々しいこと。
粗暴
25 | 0 1699

600
500

1901 **チョクジョウケイコウ**の人。
自分の思うままを言動に表すこと。
［直情径行］ 25 0 1699

1902 新しい機械を**ドウニュウ**する。
外部からみちびきいれること。
［導入］ 25 0 1699

1903 **ハイタ**的な雰囲気がある。
仲間でない者を受け入れないこと。
［排他］ 25 0 1699

1904 バスがガス**バクハツ**する。
物の体積が一瞬に増えて壊れること。
［爆発］ 25 0 1699

1905 原因が**ハンゼン**としない。
はっきりとよくわかること。
［判然］ 25 0 1699

1906 **バンソウ**に合わせて歌う。
他の楽器で補助的に演奏すること。
［伴奏］ 25 0 1699

1907 新車の**ハンバイ**台数が増える。
品物をうること。
［販売］ 25 0 1699

1908 論文が高く**ヒョウカ**される。
事物や人物の値打ちを見定めること。
［評価］ 25 0 1699

1909 チョウの**ヒョウホン**を作る。
動植物や鉱物を実物のまま保存したもの。
［標本］ 25 0 1699

1910 湖面に落ち葉が**フユウ**する。
空中や水面にうかび漂うこと。
［浮遊］ 25 0 1699

1911 生産性向上の**ホウサク**。
手段。
［方策］ 25 0 1699

1912 **ランカク**により絶滅した鳥。
動物をむやみにとること。
［乱獲］ 25 0 1699

1913 各国の首都の**イド**を調べる。
地球上のある地点の南北の位置。
［緯度］ 24 0 1786

1914 **イリョウ**技術が発展する。
病気やけがを治すこと。
［医療］ 24 0 1786

1915 人気の**オンセン**宿に泊まる。
地熱で熱せられた地下水。
［温泉］ 24 0 1786

1916 労働者**カイキュウ**の出身だ。
社会における地位や身分が同じ集団。
［階級］ 24 0 1786

1917 産業**カクメイ**について学ぶ。
既成の制度や価値を根本的に変えること。
［革命］ 24 0 1786

1918 手厚い**カンゴ**体制を整える。
病人やけが人の世話をすること。
［看護］ 24 0 1786

1919 **キソウテンガイ**な発想。
思いもよらないほど変わっていること。
［奇想天外］ 24 0 1786

1920 **キョウコ**な協力関係を築く。
つよくしっかりしていて確かなさま。
［強固］ 24 0 1786

600 520

□1921 旅行に日傘を**ケイコウ**する。
身につけて持っていくこと。
[携行]
24 | 0 1786

□1922 現在の案で**ケッコウ**です。
満足できる状態であるさま。
[結構]
24 | 0 1786

□1923 **コウケツ**な人格を持つ人。
立派で欲に心を動かされないこと。
[高潔]
24 | 0 1786

□1924 **サイシン**の注意を払う。
こまかいところまでこころを配ること。
[細心]
24 | 0 1786

□1925 評価の**シャクド**を定める。
判断・評価などの基準。
[尺度]
24 | 0 1786

□1926 君の話は**シリメツレツ**だ。
ばらばらでまとまりのないこと。
[支離滅裂]
24 | 0 1786

□1927 何事にも**セイジツ**に対処する。
まごころがあって真面目なこと。
[誠実]
24 | 0 1786

□1928 彼は**セイヒン**な医者だ。
行いが正しいためにまずしいこと。
[清貧]
24 | 0 1786

□1929 新聞で新商品を**センデン**する。
品物の効用などを広めていくこと。
[宣伝]
24 | 0 1786

□1930 速度を**ソクテイ**する。
計器や装置を用いてはかること。
[測定]
24 | 0 1786

□1931 万全の**タイセイ**で試合に臨む。
物事に対処する身構え。
[態勢]
24 | 0 1786

□1932 火星**タンサ**機を打ち上げる。
さぐり調べること。
[探査]
24 | 0 1786

□1933 事故のため列車が**チエン**する。
予定よりおくれること。
[遅延]
24 | 0 1786

□1934 霊の存在を**ヒテイ**する。
偽りであるとすること。
[否定]
24 | 0 1786

□1935 ふきんを**ヒョウハク**する。
しろくすること。
[漂白]
24 | 0 1786

□1936 応接室に**フクセイ**画を飾る。
もとの物と同じように作ること。
[複製]
24 | 0 1786

□1937 友人に**イガイ**な場所で会った。
思いがけないこと。
[意外]
23 | 0 1885

□1938 初対面で**イキトウゴウ**する。
互いのきもちがぴったりあうこと。
[意気投合]
23 | 0 1885

□1939 監督に引退を**イリュウ**された。
なだめて思いとどまらせること。
[慰留]
23 | 0 1885

□1940 手彫りの**インカン**を買う。
はんこ。
[印鑑]
23 | 0 1885

600 540

1950 罪を正直に**コクハク**する。 思っていたことを打ち明けること。 〔告白〕
1949 福利**コウセイ**が充実した会社。 人間の暮らしを豊かなものにすること。 〔厚生〕
1948 容疑者を一斉に**ケンキョ**する。 犯罪の被疑者を取り調べること。 〔検挙〕
1947 **キンパク**した空気が漂う。 非常に差しせまっていること。 〔緊迫〕
1946 利益を**キントウ**に分配する。 差が全くなくひとしいこと。 〔均等〕
1945 エアコン市場の**カッキョウ**。 景気がいい様子。 〔活況〕
1944 実験前に**カセツ**を立てる。 かりに立てた理論。 〔仮説〕
1943 人類初の**カイキョ**だ。 胸がすくほどすばらしい行為。 〔快挙〕
1942 複雑**カイキ**な事件が起こる。 あやしく不思議なさま。 〔怪奇〕
1941 人工**エイセイ**を打ち上げる。 惑星の周囲を公転している天体。 〔衛星〕

1960 文芸同人誌を**ソウカン**する。 新聞や雑誌などを新たに発行すること。 〔創刊〕
1959 行動に**セイヤク**を受ける。 活動の自由を抑えること。 〔制約〕
1958 **ジョウヨ**物資を放出する。 あまり。 〔剰余〕
1957 異例の速さで**ショウシン**する。 地位がのぼること。 〔昇進〕
1956 紫外線を**ショウシャ**する。 てらすこと。 〔照射〕
1955 各国の**シュノウ**が集まる。 中心となる人。 〔首脳〕
1954 精神的な**ジュウソク**を求める。 みちたりること。 〔充足〕
1953 **ジッキョウ**中継で放送する。 ありのままの様子を伝えること。 〔実況〕
1952 夏目漱石に**シジ**した小説家。 ある人を先生として教えを受けること。 〔師事〕
1951 **シキュウ**ご連絡ください。 非常にいそぐこと。 〔至急〕

(各問: 23 | 0 / 1885)

1961 **タンドク**行動を禁止する。
ただ一つまたは一人であること。
［単独］ 23 | 0 1885

1962 利益を**ツイキュウ**する経営陣。
どこまでもおいかけもとめること。
［追求］ 23 | 0 1885

1963 文化祭で作品を**テンジ**する。
並べて一般に見せること。
［展示］ 23 | 0 1885

1964 家族**ドウハン**で赴任する。
一緒に連れ立って行くこと。
［同伴］ 23 | 0 1885

1965 **ドリョウ**の大きな人。
他人の言動を受け入れようとする性質。
［度量］ 23 | 0 1885

1966 売り上げが**バイゾウ**する。
二倍にふえること。
［倍増］ 23 | 0 1885

1967 **ヒソウ**な決意で試合に臨む。
かなしい中にもりりしさがあること。
［悲壮］ 23 | 0 1885

1968 薬の**フクサヨウ**に苦しむ。
薬物の、病気を治す働きとは別の働き。
［副作用］ 23 | 0 1885

1969 多数派に**フワライドウ**する。
むやみに他人の意見に従うこと。
［付和雷同］ 23 | 0 1885

1970 救急箱の薬を**ホジュウ**する。
不足をおぎなうこと。
［補充］ 23 | 0 1885

1971 両親との**ヤクソク**を果たす。
あらかじめ取り決めること。
［約束］ 23 | 0 1885

1972 経験を考慮して**ユウグウ**する。
手厚くもてなすこと。
［優遇］ 23 | 0 1885

1973 地域医療の**イッタン**を担う。
いち部分。
［一端］ 22 | 0 1997

1974 問題が**エンマン**に解決した。
調和がとれていて穏やかなこと。
［円満］ 22 | 0 1997

1975 失敗の**ゲンイン**を検証する。
物事や状態を引き起こす事柄。
［原因］ 22 | 0 1997

1976 記者会見で**ケンカイ**を述べる。
物事に対する価値判断や評価。
［見解］ 22 | 0 1997

1977 王妃は**コウキ**な家柄の出だ。
身分や家格などがたかくとうといこと。
［高貴］ 22 | 0 1997

1978 **シンキ**で社員を採用する。
あたらしいこと。
［新規］ 22 | 0 1997

1979 教育の**スイジュン**が高い国。
レベル。
［水準］ 22 | 0 1997

1980 業務**タボウ**につき急募する。
非常にいそがしいこと。
［多忙］ 22 | 0 1997

600 580

番号	問題	意味	解答		
□ 1981	美の**ゴンゲ**と言われる女優。	その特性の典型と思われる人。	権化	11 | 16	1533
□ 1982	技術を**ドンヨク**に吸収する。	むさぼって飽くことを知らないこと。	貪欲	13 | 14	1533
□ 1983	バイト代で学費を**マカナ**う。	やりくりする。	賄う	3 | 23	1611
□ 1984	理論と現実とが**カイリ**する。	そむきはなれること。	乖離	5 | 21	1611
□ 1985	**シロウト**離れした演技力だ。	経験の浅いひと。	素人	7 | 19	1611
□ 1986	流行は**スタ**れるのも早い。	行われなくなる。	廃れる	9 | 17	1611
□ 1987	**シンラツ**に批評される。	きわめて厳しいさま。	辛辣	11 | 15	1611
□ 1988	ここで**ザンジ**お待ちください。	しばらくの間。	暫時	12 | 14	1611
□ 1989	日本海側では**シグレ**が続く。	初冬のころ降る通り雨。	時雨	0 | 25	1699
□ 1990	事実を**ワイキョク**して言う。	わざとねじまげること。	歪曲	7 | 18	1699
□ 1991	趣味の**ハンチュウ**を出ない。	分類や認識のもととなる枠組み。	範疇	6 | 18	1786
□ 1992	タオルで汗を**ヌグ**う。	ふく。	拭う	8 | 16	1786
□ 1993	**ニュウワ**な笑顔が魅力的だ。	性質や態度がやさしく穏やかなさま。	柔和	9 | 15	1786
□ 1994	負けるのは**ヒツジョウ**だ。	そうなると決まっていること。	必定	11 | 13	1786
□ 1995	農業基盤が**ゼイジャク**になる。	もろくてよわいこと。	脆弱	0 | 23	1885
□ 1996	平家**シュウエン**の地を訪れる。	生命がおわること。	終焉	5 | 18	1885
□ 1997	**カワセ**相場が変動する。	現金を輸送せず資金移動をするしくみ。	為替	6 | 17	1885
□ 1998	**ミゾウ**の被害をもたらす。	今までに一度もなかったこと。	未曾有	2 | 20	1997
□ 1999	その独裁者は悪の**ケシン**だ。	抽象的な観念などがある形で現れたもの。	化身	11 | 11	1997
□ 2000	その**ツド**注意する。	そのたびごと。	都度	11 | 11	1997

入試漢字の出題パターン④

読み

読みの問題で出題されやすい熟語

「行（コウ・ギョウ・アン）」など複数の音読みがある漢字を含む漢字熟語や、「素人（しろうと）」「時雨（しぐれ）」といった熟字訓は、読みの問題として出題されることが多い。

読みの問題は記述式が主流

漢字の読みの問題については、客観式より記述式で出題されることが圧倒的に多く、七割以上が記述式での出題である。国公立大ではほぼすべての大学が記述式で出題している。

客観式の問題形式

読みの問題を客観式で出題する場合の出題形式には以下のものがある。

(1)読み方を選択する形式

単純に熟語や熟語中の漢字の読み方を選択肢の中から選ぶ問題形式であり、この形式での出題が最も多い。

(2)同じ読み方・違う読み方を選択する形式

(1)の形式の次に出題頻度が高いのは、「威力」と同じ読みをする漢字を「非力・力作・尽力・力士・力点」から選ぶなど、傍線部と同じ読み方をする熟語を選択肢の中から選ぶ形式である。問題と選択肢とで、比較する漢字が異なる場合や、傍線部と違う読み方をする熟語を選択肢の中から選ぶ場合も、この形式に含まれる。

(3)その他

漢字とその読み方の組み合わせが正しいもの、あるいは間違っているものを選択肢の中から選ぶ問題や、熟語中の一字の訓読みを選択肢の中から選ぶ問題などが出題されている。

ランク E

頻出語 1000

ランク E の総出題延べ数 18,782 回、3000 語の総出題延べ数 106,469 回
[平均出題延べ数　1 語につき 19 回]

「ランク E」で取り上げた 1000 語が、残りの 18%になります。ここまで覚えておけば差がつく漢字と言えます。自分の語彙力を増やすため、ぜひとも 3000 語マスターにチャレンジしてみましょう！

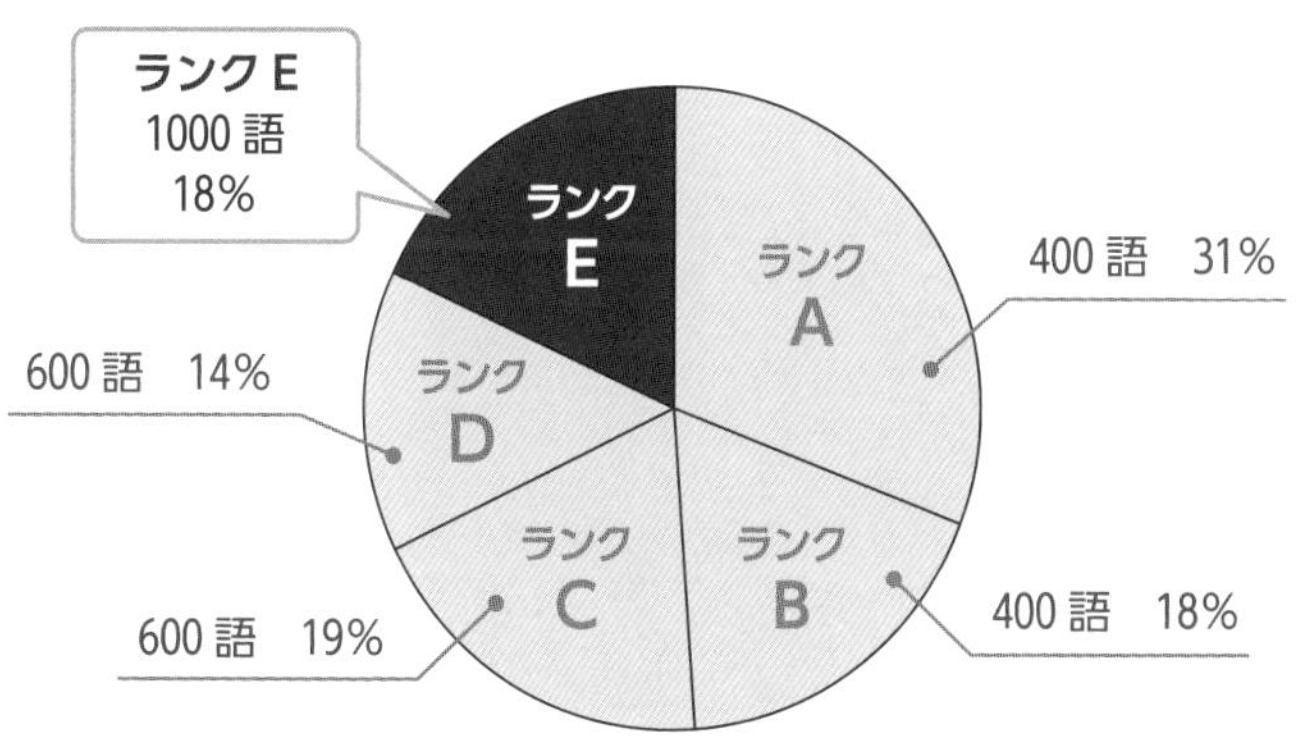

2001 夫婦で**シンク**を共にする。
つらくくるしいこと。
辛苦
17 5 1997

2002 問題の解決に**ナンジュウ**する。
物事がすらすらと運ばないこと。
難渋
17 5 1997

2003 若者らしい**ハキ**に欠ける。
意気込み。
覇気
17 5 1997

2004 今後は過度の冷房を**ヒカ**える。
節制する。
控える
17 5 1997

2005 **カブン**にして存じません。
自分の知識や経験が少ないこと。
寡聞
16 6 1997

2006 大軍を**トウギョ**する。
全体をまとめて支配すること。
統御
16 6 1997

2007 色の違いが**キワダ**つ。
他との区別がはっきりしていて目だつ。
際立つ
15 7 1997

2008 立派な**ソウテイ**の本。
本の表紙などの体裁を飾り整えること。
装丁
15 7 1997

2009 留学費用を**ネンシュツ**する。
苦労してひねりだすこと。
捻出
15 7 1997

2010 作文を何度も**スイコウ**する。
文章を吟味して練り直すこと。
推敲
13 9 1997

2011 君主に対して**ムホン**を起こす。
時の為政者に逆らって挙兵すること。
謀反
13 9 1997

2012 経費は増大の**イット**をたどる。
もっぱらその方向ひとすじ。
一途
16 5 2123

2013 船頭が**タク**みに舟を操る。
手際よくすぐれているさま。
巧み
16 5 2123

2014 **ゼンシン**的に改良される。
順を追ってだんだんにすすむこと。
漸進
15 6 2123

2015 外国語が上達する**ソジ**がある。
基礎。土台。
素地
15 6 2123

2016 **チュウシン**よりおわびします。
こころの奥底。
衷心
15 6 2123

2017 **ヒガ**の実力の差は明らかだ。
他人と自分。
彼我
15 6 2123

2018 ついに**ヒョウロウ**が尽きた。
陣中における軍隊の食べ物。
兵糧
15 6 2123

2019 入試に**ヒンシュツ**する英単語。
しきりに現れること。
頻出
15 6 2123

2020 記憶が**アザ**やかによみがえる。
はっきりしていて目立つさま。
鮮やか
14 7 2123

第102回

2021 果敢に海外進出を**クワダ**てる。
計画する。
［企てる］
14 | 7
2123

2022 **サッソク**返事を書き始める。
すぐさま。
［早速］
14 | 7
2123

2023 **ソウチョウ**な音楽が流れる。
厳かでおもおもしいさま。
［荘重］
14 | 7
2123

2024 感染症の**マンエン**を防ぐ。
はびこり広がること。
［蔓延］
14 | 7
2123

2025 **セイサン**な事件が起きる。
目をそらしたくなるほどむごたらしいさま。
［凄惨］
13 | 8
2123

2026 複雑な**ソウボウ**を呈する。
物事の様子。
［相貌］
13 | 8
2123

2027 卒業後は営業の仕事に**ツ**く。
ある場所や役目に身を置く。
［就く］
13 | 8
2123

2028 不用意な発言を**ツツシ**む。
過ちをおかさないように気をつける。
［慎む］
13 | 8
2123

2029 会社が多大な損害を**コウム**る。
災いなどを身に受ける。
［被る］
12 | 9
2123

2030 生き物を**セッショウ**するな。
いきものをころすこと。
［殺生］
12 | 9
2123

2031 **インサン**な事件が起こる。
暗く痛ましい感じ。
［陰惨］
16 | 4
2237

2032 一番と言って**カゴン**ではない。
いいすぎ。
［過言］
16 | 4
2237

2033 **カンダン**なく粉雪が降り続く。
あいだがとぎれること。
［間断］
16 | 4
2237

2034 **サイム**を整理する手続き。
借りたお金を返さなければならない義務。
［債務］
16 | 4
2237

2035 小説に**ソウワ**を散りばめる。
本筋とは直接関係のない短い話。
［挿話］
16 | 4
2237

2036 登校**トチュウ**に事故に遭う。
まだ目的地に到着しないうち。
［途中］
16 | 4
2237

2037 彼は**ナイセイ**的な人だ。
自分の言動などを深くかえりみること。
［内省］
16 | 4
2237

2038 長い夏休みを**ムイ**に過ごす。
何もしないでぶらぶらしていること。
［無為］
16 | 4
2237

2039 **ムジンゾウ**なエネルギー。
いくら取ってもなくならないこと。
［無尽蔵］
16 | 4
2237

2040 粒子が**ギョウシュウ**する。
固まりあつまること。
［凝集］
15 | 5
2237

□ 2041 **クエキ**を課せられる。
つらくくるしい労働。
〔苦役〕 15 | 5 2237

□ 2042 **ケンソン**した言葉遣い。
へりくだること。
〔謙遜〕 15 | 5 2237

□ 2043 世論の高まりに**コオウ**する。
互いにおうじ合って物事を行うこと。
〔呼応〕 15 | 5 2237

□ 2044 **ゼンダイミモン**の大失態。
これまでにきいたことがないような珍しいこと。
〔前代未聞〕 15 | 5 2237

□ 2045 探偵が**ソコウ**を調査する。
ふだんのおこない。
〔素行〕 15 | 5 2237

□ 2046 牛肉の**カタマリ**を切る。
ひとまとまり。
〔塊〕 14 | 6 2237

□ 2047 物事の**フンベツ**がつく年ごろ。
道理をよくわきまえていること。
〔分別〕 14 | 6 2237

□ 2048 **センス**を持って舞う。
おうぎ。
〔扇子〕 13 | 7 2237

□ 2049 祖父が**アイセキ**していた本。
気に入って大切にすること。
〔愛惜〕 12 | 8 2237

□ 2050 複数の仕事を同時に**カカ**える。
自分の負担になるものとして持つ。
〔抱える〕 12 | 8 2237

□ 2051 **ヨウサン**の盛んな地域。
かいこを飼い育て繭をとること。
〔養蚕〕 12 | 8 2237

□ 2052 景気回復の**キザ**しが見える。
物事が起こりそうな気配。
〔兆し〕 11 | 9 2237

□ 2053 **シッキ**の手入れのしかた。
うるしを塗って仕上げたうつわ。
〔漆器〕 11 | 9 2237

□ 2054 当選して**ウチョウテン**になる。
大得意であること。
〔有頂天〕 15 | 4 2378

□ 2055 東京と大阪を**オウカン**する。
行き来すること。
〔往還〕 15 | 4 2378

□ 2056 人口問題は**キッキン**の課題だ。
差し迫って重要なこと。
〔喫緊〕 15 | 4 2378

□ 2057 優雅な**キョソ**に見とれる。
立ち居振る舞い。
〔挙措〕 15 | 4 2378

□ 2058 権力を**ショウチュウ**に収める。
てのひらのなか。
〔掌中〕 15 | 4 2378

□ 2059 科学技術の**スイ**を集める。
えりすぐったもの。
〔粋〕 15 | 4 2378

□ 2060 悪の**ソウクツ**と言うべき場所。
盗賊や悪党のすみか。
〔巣窟〕 15 | 4 2378

第104回

□ 2061 **ソウジ**な図形の性質を覚える。
ある図形を拡大・縮小した関係にあること。
［相似］
15 | 4
2378

□ 2062 細く**ダコウ**した山道を進む。
曲がりくねっていくこと。
［蛇行］
15 | 4
2378

□ 2063 年末は特に**ハンボウ**を極める。
仕事が多くていそがしいこと。
［繁忙］
15 | 4
2378

□ 2064 **マモウ**したタイヤを交換する。
すり減ること。
［摩耗］
15 | 4
2378

□ 2065 **ロンシ**を明確にして書き直す。
議論の筋道。
［論旨］
15 | 4
2378

□ 2066 無駄な出費を**オサ**える。
動作や現象の実現を妨げる。
［抑える］
14 | 5
2378

□ 2067 洋食屋の**ガンソ**と呼ばれる店。
あることを最初に始めた人。
［元祖］
14 | 5
2378

□ 2068 葬儀に**クモツ**を贈る。
神仏にそなえるもの。
［供物］
14 | 5
2378

□ 2069 政界の**ジュウチン**の死去。
ある分野でおもきをなす人物。
［重鎮］
14 | 5
2378

□ 2070 最後に**セイギ**の味方が現れる。
人の道にかなっていてただしいこと。
［正義］
14 | 5
2378

□ 2071 **チョウモン**客が次々に訪れる。
遺族を訪れくやみを述べること。
［弔問］
14 | 5
2378

□ 2072 **トクシン**するまで読み込む。
納得すること。
［得心］
14 | 5
2378

□ 2073 **フキンシン**な発言をする。
つつしみのないこと。
［不謹慎］
14 | 5
2378

□ 2074 結晶が**セキシュツ**する。
液状の物質から固体が現れること。
［析出］
13 | 6
2378

□ 2075 平安女流文学の**ソウヘキ**。
優劣のつけがたい二つのすぐれたもの。
［双璧］
13 | 6
2378

□ 2076 梅の**カンバ**しい香り。
よいにおいがするさま。
［芳しい］
12 | 7
2378

□ 2077 **トクジツ**な人柄で信頼できる。
情にあつくまじめであること。
［篤実］
12 | 7
2378

□ 2078 どんな危険も**オカ**す覚悟だ。
困難なことをあえてする。
［冒す］
11 | 8
2378

□ 2079 書類の提出期限が**セマ**る。
近づく。
［迫る］
11 | 8
2378

□ 2080 **バクダイ**な財産を相続する。
きわめておおきいさま。
［莫大］
11 | 8
2378

2081 **アンノン**な日々を送る。 心静かに落ち着いていること。 ［安穏］ 10 9 2378

2082 フルートを**カナ**でる。 楽器を弾く。 ［奏でる］ 10 9 2378

2083 浴衣の**タンモノ**を購入する。 一反に仕上げてある織物。 ［反物］ 10 9 2378

2084 万物は**ルテン**するという考え。 移り変わって止まることがないこと。 ［流転］ 10 9 2378

2085 質問に**コウトウ**で答える。 直接くちで述べること。 ［口頭］ 14 4 2524

2086 車の**セジョウ**を確認する。 かぎをかけること。 ［施錠］ 14 4 2524

2087 **ソウバン**行き詰まるだろう。 おそかれはやかれ。 ［早晩］ 14 4 2524

2088 戸籍**トウホン**を取り寄せる。 もとの書物の全内容をうつしたもの。 ［謄本］ 14 4 2524

2089 賃料の支払いを**メンジョ**する。 義務や役目を果たさなくてもよいと許すこと。 ［免除］ 14 4 2524

2090 退職者の送別会を**モヨオ**す。 人を集めて行事などを行う。 ［催す］ 14 4 2524

2091 彼は**トクシ**家として有名だ。 社会事業などに熱心に協力すること。 ［篤志］ 13 5 2524

2092 祖父の遺骨を**マイソウ**する。 土中にほうむること。 ［埋葬］ 13 5 2524

2093 役者**ミョウリ**に尽きる。 ある立場にあることで自ずから受ける恩恵。 ［冥利］ 13 5 2524

2094 若手投手への期待が**フク**らむ。 規模が大きくなる。 ［膨らむ］ 12 6 2524

2095 優勝できれば**ホンモウ**です。 のぞみがかなって喜びを感じること。 ［本望］ 12 6 2524

2096 遅刻の理由を**キツモン**する。 厳しくといつめること。 ［詰問］ 11 7 2524

2097 記号的表象を**ソテイ**する。 存在するものとして立てること。 ［措定］ 11 7 2524

2098 冬場は温泉で**トウジ**する。 温泉に入って病気や怪我をなおすこと。 ［湯治］ 11 7 2524

2099 損失を**ホテン**する。 不足をおぎない埋めること。 ［補塡］ 11 7 2524

2100 学問の自由を**オカ**すな。 権利や権限を損なう。 ［侵す］ 10 8 2524

1000 100

第106回

- 2101 先生**セイキョ**の知らせが届く。
  目上の人が死ぬこと。
  逝去 (10 | 8 | 2524)
- 2102 年末に**ナンド**の整理をする。
  屋内の物置部屋。
  納戸 (10 | 8 | 2524)
- 2103 国王に**ハイエツ**する。
  身分の高い人に面会すること。
  拝謁 (10 | 8 | 2524)
- 2104 敵の**フトコロ**に飛び込む。
  物の内部。
  懐 (10 | 8 | 2524)
- 2105 各界の**リョウシュウ**が集まる。
  ある集団の代表となるような人物。
  領袖 (10 | 8 | 2524)
- 2106 現状を報告し指示を**アオ**ぐ。
  教えや命令などを求める。
  仰ぐ (13 | 4 | 2683)
- 2107 火の勢いが**オトロ**える。
  弱くなる。
  衰える (13 | 4 | 2683)
- 2108 **カセン**状態にある産業。
  少数の供給者が市場を支配している状態。
  寡占 (13 | 4 | 2683)
- 2109 統計をとって**キンジ**値を出す。
  ある数字に非常にちかいこと。
  近似 (13 | 4 | 2683)
- 2110 台風による**サイカ**に遭う。
  思いがけないわざわい。
  災禍 (13 | 4 | 2683)
- 2111 礼儀**サホウ**を身につける。
  物事のやり方。
  作法 (13 | 4 | 2683)
- 2112 昨年の台風の**サンカ**が残る。
  天災や人災によるいたましい不幸。
  惨禍 (13 | 4 | 2683)
- 2113 実家の**シキイ**が高い。
  門の内と外とを区切るためにしく横木。
  敷居 (13 | 4 | 2683)
- 2114 放射線を**シャヘイ**する。
  覆ったり他から見えなくしたりすること。
  遮蔽 (13 | 4 | 2683)
- 2115 政治犯が**シャメン**される。
  罪や過ちを許すこと。
  赦免 (13 | 4 | 2683)
- 2116 **ショウタイ**不明の人物。
  そのものの実際の姿。
  正体 (13 | 4 | 2683)
- 2117 遺跡の**ハックツ**調査をする。
  地中に埋もれているものをほり出すこと。
  発掘 (13 | 4 | 2683)
- 2118 **モウシュウ**にとらわれる。
  迷いから生じる余計な考え。
  妄執 (13 | 4 | 2683)
- 2119 **ロウカ**で友人とすれ違う。
  部屋と部屋をつなぐ細長い通路。
  廊下 (13 | 4 | 2683)
- 2120 **カセン**の整備計画を立てる。
  かわ。
  河川 (12 | 5 | 2683)

2121 彼は**ガンライ**無口なほうだ。 もともと。 〔元来〕 12|5 2683

2122 **フソン**な振る舞いをする。 おごりたかぶっている。 〔不遜〕 12|5 2683

2123 浮き草**カギョウ**を続ける。 生活を維持するための仕事。 〔稼業〕 11|6 2683

2124 機知に富んだ**センリュウ**。 十七音からなり風刺を基調とした定型の短詩。 〔川柳〕 11|6 2683

2125 静物を**ソビョウ**する。 デッサン。 〔素描〕 10|7 2683

2126 **ゴウジョウ**な子供を説得する。 意地を張ること。 〔強情〕 9|8 2683

2127 上司に**ツイショウ**を言う。 人にこびへつらうこと。 〔追従〕 9|8 2683

2128 日本語の**オンイン**変化。 音と響き。 〔音韻〕 12|4 2850

2129 彼の自信を打ち**クダ**く。 力を加えて固い物を細かくする。 〔砕く〕 12|4 2850

2130 近所の神社に**サンケイ**する。 寺や神社におまいりすること。 〔参詣〕 12|4 2850

2131 先輩に**シボ**の念を抱く。 恋いしたうこと。 〔思慕〕 12|4 2850

2132 安らかに**ジョウブツ**する。 死ぬこと。 〔成仏〕 12|4 2850

2133 調理の手間を**ハブ**く加工食品。 全体から一部を取り除く。 〔省く〕 12|4 2850

2134 ローマ帝国の**コウボウ**。 おこることとほろびること。 〔興亡〕 11|5 2850

2135 **キショウ**の激しい小型犬。 きだて。 〔気性〕 10|6 2850

2136 芸の**シンオウ**を極める。 非常におくぶかいさま。 〔深奥〕 10|6 2850

2137 **スナオ**に返事をする子供。 穏やかでひねくれていないさま。 〔素直〕 10|6 2850

2138 **ソウゴウ**を崩して喜ぶ。 表情。 〔相好〕 10|6 2850

2139 **エタイ**が知れない男。 本当の性質や姿。 〔得体〕 9|7 2850

2140 何事にも**マジメ**に取り組む。 誠実であること。 〔真面目〕 9|7 2850

1000 140

第108回

□ 2141 **キョシンタンカイ**に話し合う。 わだかまりなく穏やかな態度。 [虚心坦懐] 22｜1 1885

□ 2142 都会生活に**ゲンメツ**を感じる。 理想が崩れてがっかりすること。 [幻滅] 22｜1 1885

□ 2143 騒動について**チンシャ**する。 事情を述べてわびること。 [陳謝] 22｜1 1885

□ 2144 **レイゲン**あらたかな神社。 祈願に対して現れるききめ。 [霊験] 21｜2 1885

□ 2145 **セットウ**の疑いで捕まる。 他人の物をひそかにぬすみとること。 [窃盗] 20｜3 1885

□ 2146 伝染病の**ボクメツ**に尽力する。 完全にうちほろぼすこと。 [撲滅] 20｜3 1885

□ 2147 定年後は**オダ**やかに暮らす。 安らかに静まっているさま。 [穏やか] 19｜4 1885

□ 2148 **ダキ**すべき卑劣な行為。 つばを吐き捨てたくなるほど軽蔑すること。 [唾棄] 19｜4 1885

□ 2149 **ウチュウ**旅行も夢ではない。 すべての天体を含む空間の広がり。 [宇宙] 21｜1 1997

□ 2150 患者の歩行を**カイジョ**する。 そばに付き添い動作の手だすけをすること。 [介助] 21｜1 1997

□ 2151 新しい体育館が**カンセイ**する。 でき上がること。 [完成] 21｜1 1997

□ 2152 今後も**キョウコウ**路線を貫く。 つよく主張して屈しないこと。 [強硬] 21｜1 1997

□ 2153 **グンユウカッキョ**の時代。 英雄が各地に点在し互いに対立すること。 [群雄割拠] 21｜1 1997

□ 2154 子供の**ケンゼン**な発達を促す。 心身に悪いところがないさま。 [健全] 21｜1 1997

□ 2155 薬の**コウヨウ**を確認する。 ききめ。 [効用] 21｜1 1997

□ 2156 **ジゴウジトク**だと諦める。 自分の行為の結果を自分が受けること。 [自業自得] 21｜1 1997

□ 2157 株主を**ショウシュウ**する。 人を呼び出してあつめること。 [招集] 21｜1 1997

□ 2158 気温が**ジョウショウ**する。 あがっていくこと。 [上昇] 21｜1 1997

□ 2159 **ショクサン**興業を目標にする。 産業を盛んにすること。 [殖産] 21｜1 1997

□ 2160 他国への**シンリャク**を企てる。 他国に攻め入って領土などを奪うこと。 [侵略] 21｜1 1997

1000
160

□2161 政界に**センプウ**を巻き起こす。 社会の反響を呼ぶような突発的な出来事。 〔旋風〕 21｜1 1997

□2162 会費を一年間**タイノウ**する。 期限が過ぎてもおさめないこと。 〔滞納〕 21｜1 1997

□2163 **テツヤ**で数学の勉強をする。 一晩中寝ないでいること。 〔徹夜〕 21｜1 1997

□2164 出生率の**トウケイ**をとる。 集団の属性を数量的に把握すること。 〔統計〕 21｜1 1997

□2165 食料を**ビチク**しておく。 そなえてたくわえておくこと。 〔備蓄〕 21｜1 1997

□2166 横綱としての**ヒンカク**を保つ。 その物から感じられる気高さ。 〔品格〕 21｜1 1997

□2167 道で転んで足を**フショウ**した。 けがをすること。 〔負傷〕 21｜1 1997

□2168 **ホウショク**の時代に生きる。 あきるほどたべること。 〔飽食〕 21｜1 1997

□2169 逃走中の犯人を**ホバク**する。 とらえてしばること。 〔捕縛〕 21｜1 1997

□2170 最初に**メイシ**を交換する。 なまえや身分などを記した小形の紙。 〔名刺〕 21｜1 1997

□2171 近隣諸国との**ユウワ**を図る。 打ち解けて仲良くすること。 〔融和〕 21｜1 1997

□2172 **ヨダン**を許さない状況。 前もって結果などを決めること。 〔予断〕 21｜1 1997

□2173 学校まで**イッショ**に行く。 ともに同じ行動をするさま。 〔一緒〕 20｜2 1997

□2174 **インガオウホウ**だと諦める。 行為の善悪におうじてむくいが現れること。 〔因果応報〕 20｜2 1997

□2175 **ウヨキョクセツ**を経る。 事情が込み入っていていろいろ変わること。 〔紆余曲折〕 20｜2 1997

□2176 計画が**ウンサンムショウ**した。 あとかたもなくきえてなくなること。 〔雲散霧消〕 20｜2 1997

□2177 国の**ガイカク**団体に勤める。 物事のそとまわりにあるもの。 〔外郭〕 20｜2 1997

□2178 **カビ**な服装を好まない。 はなやかでうつくしいこと。 〔華美〕 20｜2 1997

□2179 海を**カンタク**してできた農地。 海岸などを陸地にすること。 〔干拓〕 20｜2 1997

□2180 政局を**ギガ**化して描く。 こっけいな絵。 〔戯画〕 20｜2 1997

第110回

- 2181 **キュウヘイ**を打ち破る。（古い習慣などの及ぼす害。）【旧弊】20 2 1997
- 2182 美の**キョクチ**とたたえられる。（到達し得る最上の状態。）【極致】20 2 1997
- 2183 生態系を**コウセイ**する。（いくつかを組み立てて一つにすること。）【構成】20 2 1997
- 2184 クラス**コンダン**会に参加する。（打ち解けて話し合うこと。）【懇談】20 2 1997
- 2185 来月から新規約を**シコウ**する。（法令の効力を発生させること。）【施行】20 2 1997
- 2186 **ジュクレン**した職人の技。（慣れて手際よく上手にできること。）【熟練】20 2 1997
- 2187 時効により**ショウメツ**する。（きえてなくなること。）【消滅】20 2 1997
- 2188 当面は事態を**セイカン**する。（物事の成り行きを黙って見守ること。）【静観】20 2 1997
- 2189 彼は**セイド**の高い仕事をする。（正確さや巧みさの程合い。）【精度】20 2 1997
- 2190 重厚で**ソウレイ**な社殿。（規模が大きくて美しいさま。）【壮麗】20 2 1997
- 2191 年長者を**ソンケイ**する気持ち。（とうとびうやまうこと。）【尊敬】20 2 1997
- 2192 兄に**タイコウ**意識を燃やす。（互いに張り合うこと。）【対抗】20 2 1997
- 2193 **トウキ**を集めるのが趣味だ。（焼き物。）【陶器】20 2 1997
- 2194 新しい**ハンロ**を開拓する。（商品を売りさばく方面。）【販路】20 2 1997
- 2195 高校生活を**マンゼン**と過ごす。（ぼんやりとしたさま。）【漫然】20 2 1997
- 2196 日本酒の**メイガラ**を指定する。（商品の名称。）【銘柄】20 2 1997
- 2197 **ユウモウ**な戦国武将。（性質がいさましく強いさま。）【勇猛】20 2 1997
- 2198 少し**ゴヘイ**がある言い方だ。（誤解を招きやすい言い方による害。）【語弊】19 3 1997
- 2199 刑の**シッコウ**を猶予する。（実際におこなうこと。）【執行】19 3 1997
- 2200 **ジュウライ**の二倍の速度。（以前から今まで。）【従来】19 3 1997

□ 2201 **ソウジョウ**効果をもたらす。 複数の要因が同時に働くこと。 〔相乗〕 19｜3 1997

□ 2202 **タイセイ**には影響がない。 おおよその状況。 〔大勢〕 19｜3 1997

□ 2203 太陽系惑星の新しい**テイギ**。 意味・内容を明確に限定すること。 〔定義〕 19｜3 1997

□ 2204 毎年白鳥が**トライ**する湖。 外国からわたってくること。 〔渡来〕 19｜3 1997

□ 2205 **ハスウ**は切り捨てる。 ある単位に満たない数。 〔端数〕 19｜3 1997

□ 2206 **ボウリャク**に長けた武将。 人をあざむくような計画。 〔謀略〕 19｜3 1997

□ 2207 反対する気は**モウトウ**ない。 少しも。 〔毛頭〕 19｜3 1997

□ 2208 満員電車で老人に席を**ユズ**る。 他人に与える。 〔譲る〕 19｜3 1997

□ 2209 突然顔面を**オウダ**された。 人をひどくなぐりつけること。 〔殴打〕 18｜4 1997

□ 2210 **ジュンプウマンパン**の人生。 物事が順調であること。 〔順風満帆〕 18｜4 1997

□ 2211 大臣に**ズイハン**して渡米する。 供としてつきしたがっていくこと。 〔随伴〕 18｜4 1997

□ 2212 **ノウリョウ**花火大会に行く。 工夫してすずしさを味わうこと。 〔納涼〕 18｜4 1997

□ 2213 市民登録を**マッショウ**する。 記載事項をけすこと。 〔抹消〕 18｜4 1997

□ 2214 父が大声で**イッカツ**する。 叱りつけること。 〔一喝〕 20｜1 2123

□ 2215 名作を**イッキョ**に上映する。 いちどにかためてやること。 〔一挙〕 20｜1 2123

□ 2216 モノクロで**インサツ**する。 多数の紙などにすり写すこと。 〔印刷〕 20｜1 2123

□ 2217 **ゲキテキ**な人生を送る。 ドラマチック。 〔劇的〕 20｜1 2123

□ 2218 **コウハン**な分野で活躍する。 力や勢いの及ぶ部分がひろいさま。 〔広範〕 20｜1 2123

□ 2219 成立した法律を**コウフ**する。 法令などを国民に知らせること。 〔公布〕 20｜1 2123

□ 2220 新聞の**ゴショク**を見つける。 印刷物にミスがあること。 〔誤植〕 20｜1 2123

1000 220

第112回

- 2221 けがからの**サイキ**を図る選手。 悪い状態から立ち直ること。 【再起】 20 1 2123
- 2222 **シュウイ**を山に囲まれた町。 物のまわり。 【周囲】 20 1 2123
- 2223 道路が**ジュウオウ**に走る。 たてとよこ。 【縦横】 20 1 2123
- 2224 日本列島を**ジュウダン**する。 南北の方向に通り抜けること。 【縦断】 20 1 2123
- 2225 一躍**シュウモク**の的となる。 多くの人の見る目。 【衆目】 20 1 2123
- 2226 **シュツジ**不明の美術品。 人の生まれ。でどころ。 【出自】 20 1 2123
- 2227 所得を税務署に**シンコク**する。 もうし出ること。 【申告】 20 1 2123
- 2228 出張旅費を**セイサン**する。 細かくけいさんし直すこと。 【精算】 20 1 2123
- 2229 社会保障**セイド**を見直す。 定められているきまり。 【制度】 20 1 2123
- 2230 通信費の**セツヤク**に努める。 無駄遣いをやめて切りつめること。 【節約】 20 1 2123
- 2231 **ダンガン**を銃にこめる。 鉄砲で撃ちだすたま。 【弾丸】 20 1 2123
- 2232 弟の**タンジョウ**祝いをする。 うまれること。 【誕生】 20 1 2123
- 2233 癖のない**タンパク**な味の魚。 あっさりしているさま。 【淡泊】 20 1 2123
- 2234 **ダンロ**に火を入れる。 火をたいて室内をあたためる装置。 【暖炉】 20 1 2123
- 2235 安全な原料を**チョウタツ**する。 必要な金品を取りそろえること。 【調達】 20 1 2123
- 2236 **トッピ**な行動をとる。 思いがけない感じがするさま。 【突飛】 20 1 2123
- 2237 **ヒンキャク**としてもてなす。 大事なきゃく。 【賓客】 20 1 2123
- 2238 年齢**フショウ**だと言われる。 くわしくわからないこと。 【不詳】 20 1 2123
- 2239 アメリカに**ボウメイ**する。 政治的な理由などで他国へ逃げること。 【亡命】 20 1 2123
- 2240 古い家屋を**カイタイ**する。 まとまっているものをばらばらにすること。 【解体】 19 2 2123

1000
240

番号	問題	意味	解答	
2241	大学教授**カンシュウ**の本。	著述・編集などを見て指導すること。	監修	19 2 / 2123
2242	**ガンメイ**な父を説得できない。	かたくなで道理のわからないこと。	頑迷	19 2 / 2123
2243	医薬品成分を**ガンユウ**する。	ふくみもつこと。	含有	19 2 / 2123
2244	日本文化の**キテイ**にある精神。	おおもととなる事柄。	基底	19 2 / 2123
2245	毎日**ケイコ**して上達する。	武芸や芸事を習うこと。	稽古	19 2 / 2123
2246	身に**サイヤク**が降りかかる。	わざわい。	災厄	19 2 / 2123
2247	絹糸を**センショク**する。	糸や布にいろをそめつけること。	染色	19 2 / 2123
2248	法的な**テンキョ**を示す。	しっかりしたよりどころ。	典拠	19 2 / 2123
2249	違反が**ハッカク**する。	隠していたことが明るみに出ること。	発覚	19 2 / 2123
2250	来月の収入を**ガイサン**する。	大まかにけいさんをすること。	概算	18 3 / 2123
2251	学者の**ゲンセツ**に耳を傾ける。	意見。	言説	18 3 / 2123
2252	戦いで**コウミョウ**を立てる。	手柄を立てて、なを上げること。	功名	18 3 / 2123
2253	欲望を**チョウコク**した人。	困難にうちかつこと。	超克	18 3 / 2123
2254	不当な**チョウバツ**を受ける。	こらしめばっすること。また、そのばつ。	懲罰	18 3 / 2123
2255	**ヘイソ**から健康に留意する。	ふだん。	平素	18 3 / 2123
2256	著作者の**リョウカイ**を得る。	事情を思いやって納得すること。	了解	18 3 / 2123
2257	再会して**カンルイ**にむせぶ。	心に深くかんじて流すなみだ。	感涙	17 4 / 2123
2258	つい悪い**クセ**が出る。	無意識的にしばしば行うちょっとした動作。	癖	17 4 / 2123
2259	**シュウギョウ**規則を改定する。	仕事につくこと。	就業	17 4 / 2123
2260	本番前に**セイシン**統一を図る。	心のはたらきや心の持ち方。	精神	17 4 / 2123

1000

260

第114回

□ 2261 豊かな自然を**マンキツ**する。
心ゆくまで味わうこと。
〔満喫〕 17 4 2123

□ 2262 彼の面目**ヤクジョ**たる演奏。
生き生きと現れているさま。
〔躍如〕 17 4 2123

□ 2263 **エイガ**を極め、滅びた都市。
世に時めき、さかえること。
〔栄華〕 19 1 2237

□ 2264 受験勉強から**カイホウ**される。
束縛を取り除いて自由にすること。
〔解放〕 19 1 2237

□ 2265 **カンセイ**の法則を理解する。
物体が速度を維持し続けようとする性質。
〔慣性〕 19 1 2237

□ 2266 **キカク**から外れた商品。
製品などに対して定めた基準。
〔規格〕 19 1 2237

□ 2267 とっさの**キテン**が利く。
その場に応じた心のはたらかせ方。
〔機転〕 19 1 2237

□ 2268 多くの**キュウエン**物資が届く。
困難な状況にある人をすくうこと。
〔救援〕 19 1 2237

□ 2269 **キョウゴウ**する他社の製品。
きそいあうこと。
〔競合〕 19 1 2237

□ 2270 **キョウテンドウチ**の結果。
世間をひどくおどろかすこと。
〔驚天動地〕 19 1 2237

□ 2271 **グウジ**が神社の歴史を語る。
神職の一つ。
〔宮司〕 19 1 2237

□ 2272 まさに**コウイン**矢のごとしだ。
年月。
〔光陰〕 19 1 2237

□ 2273 国宝の仏像を**コウカイ**する。
人々に入場・観覧などを許すこと。
〔公開〕 19 1 2237

□ 2274 父が**コンイ**にしている喫茶店。
親しくしているさま。
〔懇意〕 19 1 2237

□ 2275 事業計画を**サクテイ**する。
あれこれ考えて決めること。
〔策定〕 19 1 2237

□ 2276 長雨で**ジバン**が緩んでいる。
地殻の表層部。
〔地盤〕 19 1 2237

□ 2277 紳士と**シュクジョ**の集い。
レディー。
〔淑女〕 19 1 2237

□ 2278 西洋文明を**ジュヨウ**する。
うけ入れて、取り込むこと。
〔受容〕 19 1 2237

□ 2279 コップの水が**ジョウハツ**する。
液体がその表面で気化すること。
〔蒸発〕 19 1 2237

□ 2280 **ショセイ**術を身につける。
暮らしを立てていくこと。
〔処世〕 19 1 2237

1000
280

□ 2281 発熱した患者を**シンサツ**する。
医師が患者を調べ病状を判断すること。
［診察］ 19｜1 2237

□ 2282 窓が激しく**シンドウ**する。
揺れうごくこと。
［振動］ 19｜1 2237

□ 2283 陸上部への入部を**スス**める。
相手に誘いかける。
［勧める］ 19｜1 2237

□ 2284 参加者が**ソウゴ**理解を深める。
たがいに関係のある両方の側。
［相互］ 19｜1 2237

□ 2285 **ソンダイ**な態度をとる。
いばって偉そうな態度をとること。
［尊大］ 19｜1 2237

□ 2286 反乱軍を**チンアツ**する。
武力で押さえつけること。
［鎮圧］ 19｜1 2237

□ 2287 責任を**ツウセツ**に感じる。
身にしみて強く感じること。
［痛切］ 19｜1 2237

□ 2288 新しい環境に**テキオウ**する。
ある状況に合うこと。
［適応］ 19｜1 2237

□ 2289 交通**ドウトク**の意識を高める。
人々が正しく行為するための基準。
［道徳］ 19｜1 2237

□ 2290 お知恵を**ハイシャク**したい。
「借りること」の謙譲語。
［拝借］ 19｜1 2237

□ 2291 それは立派な**ハイシン**行為だ。
信頼や約束を裏切ること。
［背信］ 19｜1 2237

□ 2292 潜水艦が**フジョウ**する。
うかびあがること。
［浮上］ 19｜1 2237

□ 2293 工場と研究所を**ヘイセツ**する。
一緒に建物や機関をもうけること。
［併設］ 19｜1 2237

□ 2294 現場の状況を**ホウコク**する。
つげ知らせること。
［報告］ 19｜1 2237

□ 2295 **ユダン**したすきに捕まる。
見くびって注意を怠ること。
［油断］ 19｜1 2237

□ 2296 三歳未満の子を**ヨウイク**する。
子供をそだてること。
［養育］ 19｜1 2237

□ 2297 **レイコク**な仕打ちを受ける。
思いやりがなくむごいこと。
［冷酷］ 19｜1 2237

□ 2298 **アイセキ**の念に堪えない。
人の死などを悲しみおしむこと。
［哀惜］ 18｜2 2237

□ 2299 島と島の間に**カキョウ**する。
橋をかけること。
［架橋］ 18｜2 2237

□ 2300 領土を隣国に**カツジョウ**する。
所有物の一部を分けて与えること。
［割譲］ 18｜2 2237

1000
300

第116回

2301 裁判での**ギショウ**を禁じる。
事実ではないことを故意に言うこと。
偽証
18 | 2 2237

2302 **キテイ**の方針どおりに行う。
すでに決まっていること。
既定
18 | 2 2237

2303 **キョショク**に満ちた人生。
外見ばかりをかざること。
虚飾
18 | 2 2237

2304 一代で**キョマン**の富を築く。
非常に多いこと。
巨万
18 | 2 2237

2305 **ケンセイ**をほしいままにする。
力を持ちいきおいがあること。
権勢
18 | 2 2237

2306 試験前に**ゲンソ**記号を覚える。
同一原子だけから成る物質。
元素
18 | 2 2237

2307 彼の実力は**ジギ**に等しい。
子供の遊びごと。
児戯
18 | 2 2237

2308 市長が**シセイ**方針を示す。
政治を行うこと。
施政
18 | 2 2237

2309 **ジュンショク**した警察官。
つとめのために死ぬこと。
殉職
18 | 2 2237

2310 江戸時代の**ショカン**を読む。
手紙。
書簡
18 | 2 2237

2311 彼は母方の**シンセキ**だ。
血縁や婚姻による結びつきがある人。
親戚
18 | 2 2237

2312 彼の心情を**スイサツ**する。
想像したり考えたりすること。
推察
18 | 2 2237

2313 **セイサイ**に欠ける演技。
生き生きとした様子。
精彩
18 | 2 2237

2314 **テットウテツビ**考えを貫く。
最初から最後まで貫くさま。
徹頭徹尾
18 | 2 2237

2315 主将が部員を**トウソツ**する。
集団をまとめてひきいること。
統率
18 | 2 2237

2316 民間人を**トウヨウ**する。
人を官職などに取り立てること。
登用
18 | 2 2237

2317 **ドヒョウ**際でうっちゃる。
相撲をとる規定の場所。
土俵
18 | 2 2237

2318 患部に薬を**トフ**する。
ぬりつけること。
塗布
18 | 2 2237

2319 天才だったらと**ムソウ**する。
当てもないことを思い描くこと。
夢想
18 | 2 2237

2320 **ヨウトウクニク**も甚だしい。
見かけと実質が一致しないこと。
羊頭狗肉
18 | 2 2237

2321 生徒を博物館に**インソツ**する。
多くの人をひき連れて行くこと。
引率 17|3 2237

2322 深い**エンコン**による犯罪。
うらみ。
怨恨 17|3 2237

2323 被告人が**カイゴ**の情を深める。
自分の過ちを反省すること。
悔悟 17|3 2237

2324 日米の首脳が**カイダン**する。
対面して話し合うこと。
会談 17|3 2237

2325 **カンダン**の差が激しい。
さむさとあたたかさ。
寒暖 17|3 2237

2326 **コウショウ**されてきた民話。
くちからくちへと言い伝えること。
口承 17|3 2237

2327 貴重な資料の**サンイツ**を防ぐ。
ちらばってなくなること。
散逸 17|3 2237

2328 病気で**シヤ**が狭くなる。
目で見ることのできる範囲。
視野 17|3 2237

2329 無病**ソクサイ**を祈願する。
健康であること。
息災 17|3 2237

2330 **チョウゾウ**を展示する美術館。
彫刻して作った像。
彫像 17|3 2237

2331 **ヤクドウ**感あふれる文章。
いきいきとして勢いがあること。
躍動 17|3 2237

2332 大国に**レイゾク**する小国。
支配を受けて、言いなりになること。
隷属 17|3 2237

2333 最終回に**イッシ**を報いる。
一本の矢。
一矢 18|1 2378

2334 思わず**エイタン**の声を漏らす。
声を出して感動すること。
詠嘆 18|1 2378

2335 会社の金を**オウリョウ**する。
不法に自分の物とすること。
横領 18|1 2378

2336 大雨警報が**カイジョ**された。
制限や禁止をなくして元の状態に戻すこと。
解除 18|1 2378

2337 **カッショク**に焼けた肌。
黒っぽい茶色。
褐色 18|1 2378

2338 **カモツ**列車が通過する。
輸送の対象となる物品。
貨物 18|1 2378

2339 航空**カンセイ**官になりたい。
航空機の離着陸の指示などをすること。
管制 18|1 2378

2340 日本への**キト**につく。
かえり道。
帰途 18|1 2378

1000 340

第118回

番号	問題	意味	解答
2341	若いのに**キトク**な人だ。	言行や心がけがとくにすぐれて感心なさま。	奇特
2342	**キョウアク**な事件が相次ぐ。	残忍でひどいことでも平気でやること。	凶悪
2343	**キョウレツ**な色彩を用いる。	つよくて激しいさま。	強烈
2344	業務の負担を**ケイゲン**する。	負担などをへらしてかるくすること。	軽減
2345	木造住宅を**ケンチク**する。	建物をつくり上げること。	建築
2346	**コウセイ**刷りで確認する。	原稿と比べ合わせて誤りをただすこと。	校正
2347	**コタン**の境地に至る。	俗っぽさがなく、あっさりしていること。	枯淡
2348	紛らわしい語を**シキベツ**する。	物事の相違を見分けること。	識別
2349	歌手としての**シシツ**を備える。	生まれつきの性質や才能。	資質
2350	**ジシャク**で回るおもちゃ。	鉄を引きつける程度の磁気を帯びた物体。	磁石
2351	名旅館で**シフク**の時を過ごす。	きわめて幸せなこと。	至福
2352	新幹線の**シャショウ**になる。	電車やバスの車内の事務を取り扱う者。	車掌
2353	新しい職場に**ジュンノウ**する。	環境や境遇の変化に合わせること。	順応
2354	**ジョウジョウ**を考慮する。	実際の事情。	情状
2355	文学全集を**ショカ**に並べる。	本棚。	書架
2356	画集を見て**シンビ**眼を養う。	うつくしさを見極めること。	審美
2357	会員相互の**シンボク**を図る。	互いにしたしみ合い、仲良くすること。	親睦
2358	**ソウサク**ダンスを踊る。	芸術をつくり出すこと。	創作
2359	財産を息子に**ゾウヨ**する。	金品を人におくること。	贈与
2360	**ソゲキ**訓練を行う。	銃などでねらいうつこと。	狙撃

(各問: 18 | 1 / 2378)

1000 360

2361 師匠の教えを**タイゲン**する。
観念を実物として形に表すこと。
体現
18 1 2378

2362 後の話は**ダソク**であった。
付け加える必要のないもの。
蛇足
18 1 2378

2363 **チョウヘイ**制度のある国。
国家が国民を軍務につかせること。
徴兵
18 1 2378

2364 識者の**テイゲン**を聞き入れる。
意見や考えを会議などに出すこと。
提言
18 1 2378

2365 **ハカク**の待遇を受ける。
通例をやぶって並外れていること。
破格
18 1 2378

2366 鏡で光が**ハンシャ**する。
物に当たってはねかえること。
反射
18 1 2378

2367 不適切な対応を**ヒナン**される。
他人の欠点などをとがめること。
非難
18 1 2378

2368 無人島に**ヒョウチャク**する。
水面にただよっていた物が流れつくこと。
漂着
18 1 2378

2369 **フウリン**を軒下につるす。
かぜに吹かれると快い音を出す小さな鐘。
風鈴
18 1 2378

2370 **ブタイ**に上がって緊張する。
演劇などを行うための場所。
舞台
18 1 2378

2371 **ボウシ**を目深にかぶる。
頭にかぶるもの。
帽子
18 1 2378

2372 友人の家を**ホウモン**する。
他人の家などをたずねること。
訪問
18 1 2378

2373 担当者が説明を**ホソク**する。
付けたしておぎなうこと。
補足
18 1 2378

2374 猫に関する**メイシン**が多い。
科学的根拠のない言い伝えや信仰。
迷信
18 1 2378

2375 担当者に**モウセイ**を求める。
厳しい態度で自己の過ちを悔いること。
猛省
18 1 2378

2376 任用資格**ヨウケン**を満たす。
肝要な事柄。
要件
18 1 2378

2377 **ヨキ**した以上の出来ばえだ。
あらかじめ見積もっておくこと。
予期
18 1 2378

2378 専門科目を**リシュウ**する。
習いおさめること。
履修
18 1 2378

2379 彼の小説は**カサク**ぞろいだ。
出来ばえのよいさくひん。
佳作
17 2 2378

2380 貨物船が**キテキ**を鳴らす。
鉄道車両や船舶の合図音を発生させる装置。
汽笛
17 2 2378

第120回

- □ 2381 自分の**キョウガイ**を嘆く。 身の上。 【境涯】 17｜2 2378
- □ 2382 **キョダイ**な船が寄港する。 非常におおきいこと。 【巨大】 17｜2 2378
- □ 2383 **ゲンエイ**におびえて生きる。 まぼろし。 【幻影】 17｜2 2378
- □ 2384 女王陛下の**ゴエイ**をする。 身辺に付き添って守ること。 【護衛】 17｜2 2378
- □ 2385 反対派が**シュクセイ**された。 厳しく取り締まって不正な者を除くこと。 【粛清】 17｜2 2378
- □ 2386 **ショウガイ**営業を担当する。 外部と連絡や交渉をすること。 【渉外】 17｜2 2378
- □ 2387 **タイレツ**を組んで行進する。 一団を組んで作ったれつ。 【隊列】 17｜2 2378
- □ 2388 水道が**フッキュウ**する。 もとの状態にもどすこと。 【復旧】 17｜2 2378
- □ 2389 許しがたい**ボウキョ**だ。 荒々しい振る舞い。 【暴挙】 17｜2 2378
- □ 2390 宴会の**ヨキョウ**の練習をする。 おもしろみを添えるために行う演芸。 【余興】 17｜2 2378
- □ 2391 旅行で**ケンブン**を広げる。 実際にみたりきいたりすること。 【見聞】 16｜3 2378
- □ 2392 **ショム**課に配属される。 種々雑多な仕事。 【庶務】 16｜3 2378
- □ 2393 怪しい男を**ジンモン**する。 といただすこと。 【尋問】 16｜3 2378
- □ 2394 **テンペンチイ**の前触れ。 自然界に起こる普段見られない現象。 【天変地異】 16｜3 2378
- □ 2395 上司の命令に**ハイハン**する。 そむくこと。 【背反】 16｜3 2378
- □ 2396 みそは**ハッコウ**食品だ。 微生物の作用で特定の物質を生成する現象。 【発酵】 16｜3 2378
- □ 2397 内心では**ユウエツ**感を抱く。 他人よりすぐれていること。 【優越】 16｜3 2378
- □ 2398 相手に**インドウ**を渡す一撃。 死者が悟りを得るように法語を唱えること。 【引導】 17｜1 2524
- □ 2399 現地**カイサン**を希望する。 集まっていた人が別れ散ること。 【解散】 17｜1 2524
- □ 2400 出品を**カンショウ**する。 積極的にすすめること。 【勧奨】 17｜1 2524

1000
400

□2401 **キショクマンメン**の表情。 よろこびを顔じゅうに表すこと。 [喜色満面] 17 1 2524

□2402 **キョシュ**をして発言する。 てをあげること。 [挙手] 17 1 2524

□2403 **ケイキョモウドウ**を叱る。 かるはずみな行動をすること。 [軽挙妄動] 17 1 2524

□2404 **ゴウカイ**なホームランを打つ。 規模が大きく気持ちのよいさま。 [豪快] 17 1 2524

□2405 内部**コクハツ**により発覚する。 悪事や不正をあばくこと。 [告発] 17 1 2524

□2406 **サコク**政策をとった理由。 国が外国との交流を極端に制限すること。 [鎖国] 17 1 2524

□2407 被災現場を**シサツ**する。 現地に行って実際の様子を見ること。 [視察] 17 1 2524

□2408 書道の**シハン**資格を取る。 学問や技芸を教える人。 [師範] 17 1 2524

□2409 無駄な皮下**シボウ**を落とす。 常温で固体の油脂。 [脂肪] 17 1 2524

□2410 敵の**シュウゲキ**を受けた。 不意をついて攻めること。 [襲撃] 17 1 2524

□2411 **ジュントウ**に勝ち進む。 そうであるのがあたり前であるさま。 [順当] 17 1 2524

□2412 電子**ショセキ**で読む。 本。 [書籍] 17 1 2524

□2413 とりあえず応急**ショチ**を施す。 病気やけがの手当てをすること。 [処置] 17 1 2524

□2414 株価の**シンプク**が大きい。 ふりはば。 [振幅] 17 1 2524

□2415 **シンミ**になって世話をする。 細やかな心遣いをすること。 [親身] 17 1 2524

□2416 **ゼンエイ**的な手法を用いる。 芸術活動で先進的傾向を持つこと。 [前衛] 17 1 2524

□2417 地震で**ソウギョウ**が停止する。 機械などを動かして仕事をすること。 [操業] 17 1 2524

□2418 話題の映画は**タイガイ**見た。 ほとんど。 [大概] 17 1 2524

□2419 資本主義**タイセイ**を築く。 社会組織の様式。 [体制] 17 1 2524

□2420 走る前に準備**タイソウ**をする。 健康の保持などを目的とした規則的な運動。 [体操] 17 1 2524

1000 420

第122回

2430 注意してもバジトウフウだ。（人の意見や批評を聞き流すこと。）〔馬耳東風〕 17 1 2524

2429 江戸バクフの成立と滅亡。（武家政権の組織。）〔幕府〕 17 1 2524

2428 ハクジョウな仕打ちを受ける。（思いやりの気持ちがないこと。）〔薄情〕 17 1 2524

2427 バクガはビールの原料だ。（オオムギのめを出させたもの。）〔麦芽〕 17 1 2524

2426 ハイグウシャが相続する財産。（夫婦の一方から見た他方。）〔配偶者〕 17 1 2524

2425 ネンチャク力の強いテープ。（ねばりつくこと。）〔粘着〕 17 1 2524

2424 システムをトウゴウする。（二つ以上のものを一つにすること。）〔統合〕 17 1 2524

2423 ダンジョウをゆっくり歩く。（演壇や教壇などのうえ。）〔壇上〕 17 1 2524

2422 労働時間をタンシュクする。（みじかくちぢめること。）〔短縮〕 17 1 2524

2421 海外赴任に妻をタイドウする。（一緒に連れていくこと。）〔帯同〕 17 1 2524

2440 死体イキの疑いで逮捕する。（置き去りにすること。）〔遺棄〕 16 2 2524

2439 鉄板のヨウセツ作業を行う。（材料の接合法の一種。）〔溶接〕 17 1 2524

2438 遊びより勉強をユウセンする。（他よりさきに扱うこと。）〔優先〕 17 1 2524

2437 決定的瞬間をモクゲキする。（現場に居合わせて実際に見ること。）〔目撃〕 17 1 2524

2436 ムミカンソウな文章になる。（おもしろみやあじわいがないこと。）〔無味乾燥〕 17 1 2524

2435 財宝がマイゾウされている。（うめて隠すこと。）〔埋蔵〕 17 1 2524

2434 輝かしい実績をホコる陸上部。（そのことを名誉とする。）〔誇る〕 17 1 2524

2433 新事業へフセキを打つ。（将来のために手配りしておくこと。）〔布石〕 17 1 2524

2432 会場にフオンな空気が漂う。（おだやかでないこと。）〔不穏〕 17 1 2524

2431 ハンカ街で待ち合わせる。（人が多く集まり、にぎわうさま。）〔繁華〕 17 1 2524

1000
440

- 2441 幼児語などを**イソウ**語という。 場合によって、言葉の違いが起こる現象。 〔位相〕 16 | 2 2524
- 2442 今回だけは**カンベン**してやる。 他人の誤りを許すこと。 〔勘弁〕 16 | 2 2524
- 2443 子供の素朴な**ギモン**に答える。 うたがい尋ねること。 〔疑問〕 16 | 2 2524
- 2444 分譲地を一**クカク**購入する。 土地などを仕切ってくぎること。 〔区画〕 16 | 2 2524
- 2445 **コウセイ**な判断を期待する。 かたよりがなくただしいこと。 〔公正〕 16 | 2 2524
- 2446 党の**コウリョウ**を発表する。 物事の最も大切なところ。 〔綱領〕 16 | 2 2524
- 2447 **サイフ**のひもが緩む。 金銭を入れて持ち歩く袋。 〔財布〕 16 | 2 2524
- 2448 **ジゲン**の低い話はやめる。 物事を考えるときの立場や程度。 〔次元〕 16 | 2 2524
- 2449 **シコウ**の精神が宿る。 この上なくすぐれていること。 〔至高〕 16 | 2 2524
- 2450 **ジッケン**の結果を予想する。 実際に試み、考え方の正否を調べること。 〔実験〕 16 | 2 2524
- 2451 **シュウアク**な争いが続く。 けがらわしく憎むべきさま。 〔醜悪〕 16 | 2 2524
- 2452 **シュミ**の陶芸に没頭する。 楽しみとして愛好するもの。 〔趣味〕 16 | 2 2524
- 2453 臨時国会を**ショウシュウ**する。 人を呼び出してあつめること。 〔召集〕 16 | 2 2524
- 2454 **シンショク**を共にした仲間。 日常生活。 〔寝食〕 16 | 2 2524
- 2455 恐竜がいた**タイコ**の地球。 大昔。 〔太古〕 16 | 2 2524
- 2456 厳かに**タクセン**を下す。 神のお告げ。 〔託宣〕 16 | 2 2524
- 2457 物価高騰の**ヨウイン**を探る。 どうしても欠かせない原因。 〔要因〕 16 | 2 2524
- 2458 結論は**ヨクジツ**まで持ち越す。 あくるひ。 〔翌日〕 16 | 2 2524
- 2459 **ロウデン**による火災。 目的の回路以外に電流が流れること。 〔漏電〕 16 | 2 2524
- 2460 **カン**をはたらかせて動く。 直感的に感じ取り、判断する能力。 〔勘〕 15 | 3 2524

1000

460

2461 **キョム**感に襲われる。
何もなくむなしいこと。
［虚無］
15 | 3 2524

2462 友人にまで**ケイベツ**される。
劣ったものと見なしてばかにすること。
［軽蔑］
15 | 3 2524

2463 活躍して**コウセイ**に名を残す。
のちの時代。
［後世］
15 | 3 2524

2464 **タイゲンソウゴ**を吐く。
実力不相応なことをいうこと。
［大言壮語］
15 | 3 2524

2465 **チスイ**対策を推進する。
河川を改良・保全すること。
［治水］
15 | 3 2524

2466 人生の**ヒアイ**を感じさせる。
かなしくあわれなこと。
［悲哀］
15 | 3 2524

2467 彼の言い訳は**フンパン**物だ。
おかしくてたまらない出来事。
［噴飯］
15 | 3 2524

2468 **ホンイ**を促す手紙を送る。
一度決心したことを変えること。
［翻意］
15 | 3 2524

2469 商品を売って**リエキ**を得る。
事業などで得るもうけ。
［利益］
15 | 3 2524

2470 **イゴ**将棋部に入部する。
ごを打つこと。
［囲碁］
16 | 1 2683

2471 **イチイタイスイ**の距離。
狭いみずの流れを隔てて近接していること。
［一衣帯水］
16 | 1 2683

2472 教室から体育館へ**イドウ**する。
場所から場所へうつること。
［移動］
16 | 1 2683

2473 自治体が**カッスイ**対策をする。
雨が降らず水がかれること。
［渇水］
16 | 1 2683

2474 神経が**カビン**になっている。
刺激などを強く感じすぎること。
［過敏］
16 | 1 2683

2475 よく鍛えた**ガンケン**な体。
体が強くて丈夫なこと。
［頑健］
16 | 1 2683

2476 食事をしながら**カンダン**する。
打ち解けて楽しく話し合うこと。
［歓談］
16 | 1 2683

2477 托鉢(たくはつ)僧に**キシャ**する。
よろこんで寺社や貧しい人に寄付すること。
［喜捨］
16 | 1 2683

2478 葬儀で**キジョウ**に振る舞う。
きもちをしっかりと保つさま。
［気丈］
16 | 1 2683

2479 芸能界に**キセイ**している。
他のものを頼っていきていくこと。
［寄生］
16 | 1 2683

2480 先人の忠告を**キョシン**に聞く。
先入観を持たず素直に受け入れること。
［虚心］
16 | 1 2683

□2481 狐が登場する**グウワ**を読む。
動物などのはなしとして表した教訓的な物語。
［寓話］ 16｜1 2683

□2482 **ケイカイ**に操作できる。
動きのすばやいこと。
［軽快］ 16｜1 2683

□2483 港で**ケンエキ**を受ける。
感染症予防のため検査などをすること。
［検疫］ 16｜1 2683

□2484 役人が**シフク**を肥やす。
自分の利益、財産。
［私腹］ 16｜1 2683

□2485 失敗が続き**ジボウジキ**になる。
やけになること。
［自暴自棄］ 16｜1 2683

□2486 イベントを**シュサイ**する。
中心となって会合や行事などを行うこと。
［主催］ 16｜1 2683

□2487 **シュンビン**な動きを見せる。
行動がすばやいさま。
［俊敏］ 16｜1 2683

□2488 テニス部に**ショゾク**する。
団体に一員として加わっていること。
［所属］ 16｜1 2683

□2489 **セイヤク**書を取り交わす。
必ず守るとちかうこと。
［誓約］ 16｜1 2683

□2490 反対する親を**セットク**する。
よく話して相手に受け入れさせること。
［説得］ 16｜1 2683

□2491 **センスイ**して魚を捕まえる。
みずの中にもぐること。
［潜水］ 16｜1 2683

□2492 **ソウタイ**評価で成績をつける。
他との関係の上にあること。
［相対］ 16｜1 2683

□2493 **ソザイ**にこだわる洋菓子店。
もとになる物。
［素材］ 16｜1 2683

□2494 学生時代に**タンリョク**を練る。
物事に動じない心。
［胆力］ 16｜1 2683

□2495 意見を**チョウシュ**する。
聞きとること。
［聴取］ 16｜1 2683

□2496 経済が**チンタイ**する原因。
活気がなく、動きが見られないこと。
［沈滞］ 16｜1 2683

□2497 来場者に粗品を**テイ**する。
差し出す。
［呈する］ 16｜1 2683

□2498 産業界を**テイヘン**で支える。
社会の下層階級のたとえ。
［底辺］ 16｜1 2683

□2499 母校の**デントウ**を引き継ぐ。
長い間つたえられたしきたり。
［伝統］ 16｜1 2683

□2500 ほっと**トイキ**を漏らす。
ためいき。
［吐息］ 16｜1 2683

第126回

- 2501 **トウキ**的な取引を行う。
相場の変動で生じる差益を得ようとする行為。
［投機］ 16 1 2683
- 2502 主役が**トウジョウ**する。
舞台などに現れること。
［登場］ 16 1 2683
- 2503 友人と**トホ**で通学する。
あるくこと。
［徒歩］ 16 1 2683
- 2504 **ナイユウガイカン**の状況だ。
国内の心配事と外国から受ける心配事。
［内憂外患］ 16 1 2683
- 2505 道路用地を**バイシュウ**する。
かいとること。
［買収］ 16 1 2683
- 2506 真情の**ハツロ**した作品。
心のうちが外にあらわれること。
［発露］ 16 1 2683
- 2507 **ヒタン**の涙にくれる選手の姿。
かなしみなげくこと。
［悲嘆］ 16 1 2683
- 2508 放送局の**ヒットウ**株主となる。
名前を連ねた中の第一番目。
［筆頭］ 16 1 2683
- 2509 従業員に有給休暇を**フヨ**する。
授けあたえること。
［付与］ 16 1 2683
- 2510 公園に**フンスイ**がある。
みずがふき出るようにした装置。
［噴水］ 16 1 2683
- 2511 **ヘンゲンジザイ**の演技力。
出没や変化が思いのままであること。
［変幻自在］ 16 1 2683
- 2512 今年は稲が**ホウサク**だ。
収穫が多いこと。
［豊作］ 16 1 2683
- 2513 **ホウヨウ**力のある男性。
広い心で相手を受け入れること。
［包容］ 16 1 2683
- 2514 彼は**ユウショウ**候補の一人だ。
競技や競争で第一位になること。
［優勝］ 16 1 2683
- 2515 改正案は**ヨウニン**しがたい。
許してみとめること。
［容認］ 16 1 2683
- 2516 経済界が活気を**オ**びる。
ある性質や傾向を含み持つこと。
［帯びる］ 15 2 2683
- 2517 **オンネン**がこもった目つき。
相手を深くうらむ気持ち。
［怨念］ 15 2 2683
- 2518 女性に**カタク**して書いた日記。
他の物事をかりて言い表すこと。
［仮託］ 15 2 2683
- 2519 **ガデンインスイ**な理論。
自分に好都合なように取り計らうこと。
［我田引水］ 15 2 2683
- 2520 車好きの友人に**カンカ**される。
考え方や行動に影響を与えること。
［感化］ 15 2 2683

1000
520

□ 2521 **カンビ**な旋律に身を委ねる。
うっとりした気持ちにさせること。
［甘美］ 15 | 2 2683

□ 2522 募集**キカン**が終了する。
一定の時点から他の一定の時点までのあいだ。
［期間］ 15 | 2 2683

□ 2523 **キドアイラク**を表に出す。
さまざまな人間の感情。
［喜怒哀楽］ 15 | 2 2683

□ 2524 体力の**キョクゲン**に挑戦する。
これ以上ないというところ。
［極限］ 15 | 2 2683

□ 2525 本来の**ケンゲン**を越えた行為。
その立場のものが持つ力の範囲。
［権限］ 15 | 2 2683

□ 2526 出雲大社に**サンパイ**する。
寺社にまいって神仏をおがむこと。
［参拝］ 15 | 2 2683

□ 2527 **ジャッカン**十八歳で優勝した。
年齢の若いこと。
［弱冠］ 15 | 2 2683

□ 2528 **ジュンジョ**よく並べる。
ある基準に従った並び方。
［順序］ 15 | 2 2683

□ 2529 複数の**ジョウケン**を満たす。
物事の成立・実現に必要な事柄。
［条件］ 15 | 2 2683

□ 2530 **ジョウシキ**に外れた行動。
人が共通に持つ知識や判断力。
［常識］ 15 | 2 2683

□ 2531 **ジンギ**を重んじる国民性。
道徳上守るべき筋道。
［仁義］ 15 | 2 2683

□ 2532 複雑な**シンキョウ**を語る。
その時の気持ち。
［心境］ 15 | 2 2683

□ 2533 優勝の**セイサン**は十分にある。
うまくいく見込み。
［成算］ 15 | 2 2683

□ 2534 作家の**セイタン**百周年を祝う。
うまれること。
［生誕］ 15 | 2 2683

□ 2535 雇用を**ソウシュツ**する。
新しくつくりだすこと。
［創出］ 15 | 2 2683

□ 2536 現状を**ダハ**するための戦略。
うちやぶること。
［打破］ 15 | 2 2683

□ 2537 **トクベツ**な配慮をする。
普通一般と区別されているさま。
［特別］ 15 | 2 2683

□ 2538 トランプを使って行う**トバク**。
金品をかけて勝負を争うこと。
［賭博］ 15 | 2 2683

□ 2539 傷口を**ホウゴウ**してもらう。
手術や外傷の切り口をぬいあわせること。
［縫合］ 15 | 2 2683

□ 2540 **ホリョ**を収容した建物が残る。
戦争などで敵にとらえられた人。
［捕虜］ 15 | 2 2683

1000

540

第128回

2541 車の故障で**オウジョウ**した。
困り果てること。
［往生］
14｜3 2683

2542 **カコ**の事例を参考にする。
すぎさった時。
［過去］
14｜3 2683

2543 息子に**カトク**を譲る。
相続すべき家の跡目。
［家督］
14｜3 2683

2544 二人は**ケツエン**関係にある。
血のつながっている親族。
［血縁］
14｜3 2683

2545 **スイキョウ**にも程がある。
物好き。
［酔狂］
14｜3 2683

2546 身体の**セイミョウ**な仕組み。
非常に細かく巧みであるさま。
［精妙］
14｜3 2683

2547 正直で**セイレン**な人物。
心がきよく欲がないこと。
［清廉］
14｜3 2683

2548 銅の**ゾクセイ**を説明する。
そのものに備わっている性質や特徴。
［属性］
14｜3 2683

2549 物質の化学**ソセイ**。
いくつかの要素からくみ立てること。
［組成］
14｜3 2683

2550 駅までの距離を**ハカ**る。
長さ・高さ・広さ・温度などを数量で表す。
［測る］
14｜3 2683

2551 コンクリートが**レッカ**する。
品質や性能が以前より低下すること。
［劣化］
14｜3 2683

2552 **カンゼン**に形が一致する。
欠けたところがまったくないこと。
［完全］
15｜1 2850

2553 彼への**ギネン**を解消する。
うたがわしく思う気持ち。
［疑念］
15｜1 2850

2554 彼とは**キュウチ**の間柄だ。
古くからのしり合い。
［旧知］
15｜1 2850

2555 **クワ**しい地図を用意する。
細かいところまでよく知っている。
［詳しい］
15｜1 2850

2556 **コウゲンレイショク**を嫌う。
たくみな言葉で人にこびへつらうこと。
［巧言令色］
15｜1 2850

2557 偉そうに**コウシャク**を垂れる。
物事の道理などを説いて聞かせること。
［講釈］
15｜1 2850

2558 **コクサイ**交流を活発にする。
いくつかの国に関係していること。
［国際］
15｜1 2850

2559 **コグンフントウ**の活躍。
助けがない状態で一人で懸命に戦うこと。
［孤軍奮闘］
15｜1 2850

2560 常識を**コンテイ**から覆す。
おおもと。
［根底］
15｜1 2850

1000
560

□2561 不良**サイケン**の処理を行う。
借金の返済を請求できる権利。
［債権］ 15 1 2850

□2562 地獄の**サタ**も金次第。
物事の是非や善悪を論じて決めること。
［沙汰］ 15 1 2850

□2563 **シャクリョウ**の余地はない。
決定や処分に当たり事情を考慮すること。
［酌量］ 15 1 2850

□2564 **ショウフク**しがたい提案だ。
要求などを受け入れて従うこと。
［承服］ 15 1 2850

□2565 朝礼で社訓を**ショウワ**する。
最初の人に続いて同じ言葉をとなえること。
［唱和］ 15 1 2850

□2566 その言葉は**シンジツ**だ。
本当のこと。
［真実］ 15 1 2850

□2567 **シンミョウ**な面持ちで控える。
態度がおとなしく素直なこと。
［神妙］ 15 1 2850

□2568 寝る前に机の上を**セイリ**する。
ととのえてきちんとすること。
［整理］ 15 1 2850

□2569 市場**センユウ**率が高い。
自分の所有とすること。
［占有］ 15 1 2850

□2570 人材をすぐって**ソカク**する。
内閣を組織すること。
［組閣］ 15 1 2850

□2571 **タイギメイブン**を欠く。
行動の基準となる道理。
［大義名分］ 15 1 2850

□2572 考え方が**タイキョク**にある。
反対側のきわまり。
［対極］ 15 1 2850

□2573 **タイボウ**の雨が降り始めた。
まちのぞむこと。
［待望］ 15 1 2850

□2574 お使いをして**ダチン**をもらう。
簡単な雑用に対して与える金品。
［駄賃］ 15 1 2850

□2575 **タンゴ**の節句の由来を調べる。
五月五日の節句。
［端午］ 15 1 2850

□2576 歴史を**タンボウ**する旅。
現場に行ってさぐり歩くこと。
［探訪］ 15 1 2850

□2577 寝坊して**チコク**する。
決められた時間におくれること。
［遅刻］ 15 1 2850

□2578 平安文学を**ツイキュウ**する。
学問などを尋ねきわめること。
［追究］ 15 1 2850

□2579 人生を**テイカン**する。
本質をはっきり見極めること。
［諦観］ 15 1 2850

□2580 資料を**テイジ**すると効果的だ。
差し出して見せること。
［提示］ 15 1 2850

1000
580

第130回

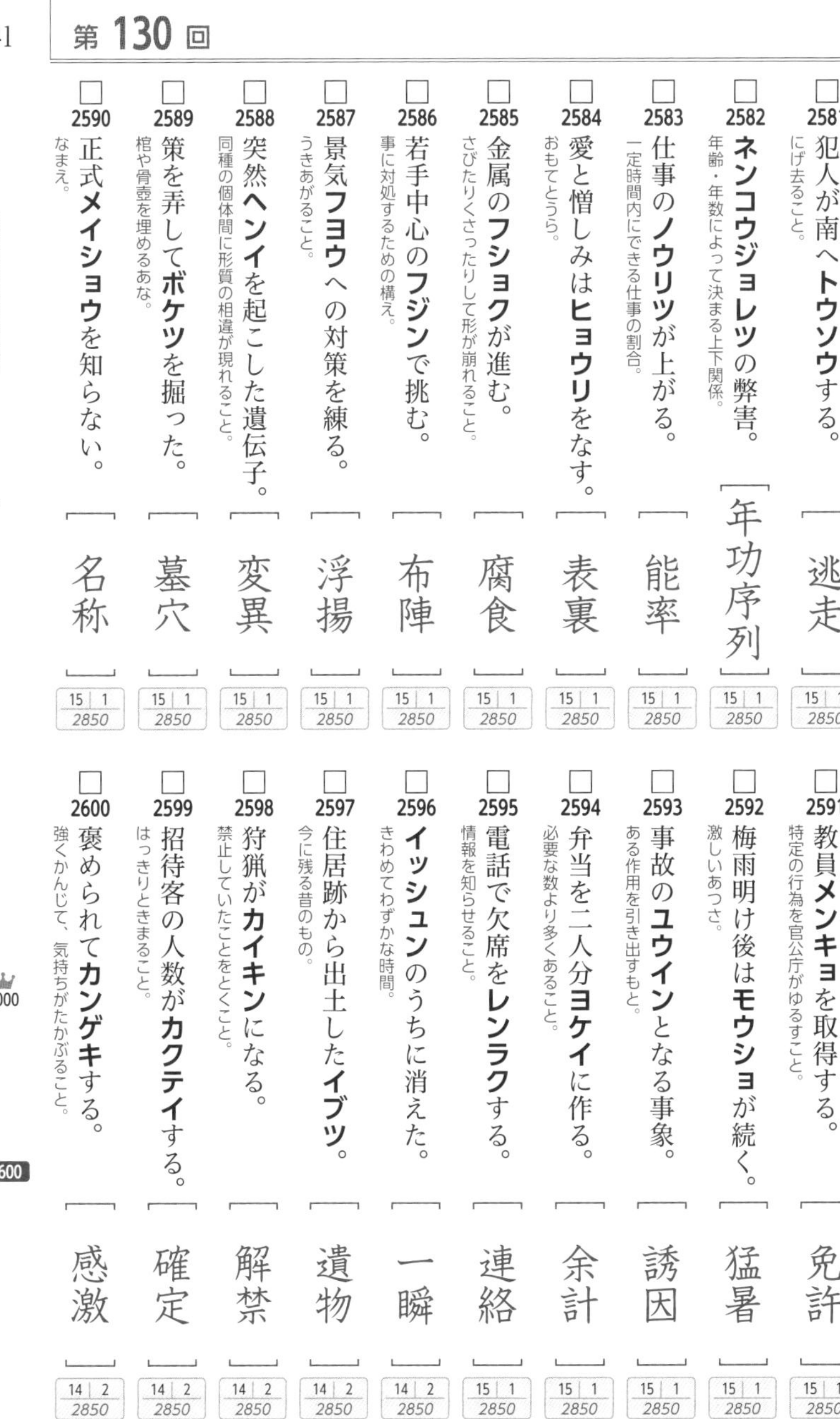

番号	問題	意味	解答	
2581	犯人が南へ**トウソウ**する。	にげ去ること。	逃走	15 1 2850
2582	**ネンコウジョレツ**の弊害。	年齢・年数によって決まる上下関係。	年功序列	15 1 2850
2583	仕事の**ノウリツ**が上がる。	一定時間内にできる仕事の割合。	能率	15 1 2850
2584	愛と憎しみは**ヒョウリ**をなす。	おもてとうら。	表裏	15 1 2850
2585	金属の**フショク**が進む。	さびたりくさったりして形が崩れること。	腐食	15 1 2850
2586	若手中心の**フジン**で挑む。	事に対処するための構え。	布陣	15 1 2850
2587	景気**フヨウ**への対策を練る。	うきあがること。	浮揚	15 1 2850
2588	突然**ヘンイ**を起こした遺伝子。	同種の個体間に形質の相違が現れること。	変異	15 1 2850
2589	策を弄して**ボケツ**を掘った。	棺や骨壺を埋めるあな。	墓穴	15 1 2850
2590	正式**メイショウ**を知らない。	なまえ。	名称	15 1 2850

番号	問題	意味	解答	
2591	教員**メンキョ**を取得する。	特定の行為を官公庁がゆるすこと。	免許	15 1 2850
2592	梅雨明け後は**モウショ**が続く。	激しいあつさ。	猛暑	15 1 2850
2593	事故の**ユウイン**となる事象。	ある作用を引き出すもと。	誘因	15 1 2850
2594	弁当を二人分**ヨケイ**に作る。	必要な数より多くあること。	余計	15 1 2850
2595	電話で欠席を**レンラク**する。	情報を知らせること。	連絡	15 1 2850
2596	**イッシュン**のうちに消えた。	きわめてわずかな時間。	一瞬	14 2 2850
2597	住居跡から出土した**イブツ**。	今に残る昔のもの。	遺物	14 2 2850
2598	狩猟が**カイキン**になる。	禁止していたことをとくこと。	解禁	14 2 2850
2599	招待客の人数が**カクテイ**する。	はっきりときまること。	確定	14 2 2850
2600	褒められて**カンゲキ**する。	強くかんじて、気持ちがたかぶること。	感激	14 2 2850

2601 中小**キギョウ**に勤める。 営利目的で継続的に経済活動を行う組織体。 [企業] 14|2 2850

2602 **キョウネン**九十八の大往生。 死んだときの年齢。 [享年] 14|2 2850

2603 **ケイガ**の至りに存じます。 よろこび祝うこと。 [慶賀] 14|2 2850

2604 **ケンボウジュッスウ**を弄する。 人を欺くための計略。 [権謀術数] 14|2 2850

2605 温故知新を**ザユウ**の銘とする。 手近な所。 [座右] 14|2 2850

2606 **ジキショウソウ**な判断だ。 行うにはまだはやすぎること。 [時期尚早] 14|2 2850

2607 友人の行動を**ジャスイ**する。 他人の言動を悪い方に推測すること。 [邪推] 14|2 2850

2608 **ショカツ**の警察署に相談する。 ある範囲を担当、管理すること。 [所轄] 14|2 2850

2609 安いが**ソアク**な商品。 大ざっぱで質がわるいこと。 [粗悪] 14|2 2850

2610 働き盛りの**ソウネン**期。 最も元気盛んな働き盛りのとしごろ。 [壮年] 14|2 2850

2611 人生を**タッカン**している。 細部にとらわれず、真理や道理を悟ること。 [達観] 14|2 2850

2612 **ツウレツ**な批判を受ける。 非常に激しいさま。 [痛烈] 14|2 2850

2613 **ビョウショウ**に伏している。 やまいのとこ。 [病床] 14|2 2850

2614 末っ子を**ヘンアイ**する母親。 かたよってあいすること。 [偏愛] 14|2 2850

2615 子供服の**ホウセイ**工場。 ぬって作ること。 [縫製] 14|2 2850

2616 美しい**ヨウボウ**の女性。 顔かたち。 [容貌] 14|2 2850

2617 法律によって**ヨクシ**する。 おさえつけてやめさせること。 [抑止] 14|2 2850

2618 **レイコン**不滅という考え方。 たましい。 [霊魂] 14|2 2850

2619 **レンキンジュツ**の知識を得る。 鉄や銅などからきんを作る技。 [錬金術] 14|2 2850

2620 勝負を**アセ**ると失敗する。 急ごうと思っていらだつ。 [焦る] 13|3 2850

□ 2621 文化の本質を**カイメイ**する。
わからない事柄をときあかすこと。
解明 13｜3 2850

□ 2622 親戚にお**セイボ**を贈る。
年末の贈り物。
歳暮 13｜3 2850

□ 2623 **ブナン**な選択をする。
すぐれてもいないが、欠点もないこと。
無難 13｜3 2850

□ 2624 相手に**モンク**を言う。
言い分や苦情。
文句 13｜3 2850

□ 2625 現実に**リッキャク**した政策。
よってたつ場を定めること。
立脚 13｜3 2850

□ 2626 研修会で**ギジュツ**を磨く。
物事を巧みにしとげる方法や手段。
技術 14｜1 2986

□ 2627 裁縫は**コンキ**のいる仕事だ。
物事を我慢強く続ける気力。
根気 14｜1 2986

□ 2628 **ジケン**の現場へ向かう。
人々の関心をひくできごと。
事件 14｜1 2986

□ 2629 火の**シマツ**が大災害を防ぐ。
処理。
始末 14｜1 2986

□ 2630 切手を**シュウシュウ**する。
あつめること。
収集 14｜1 2986

□ 2631 料理を見て**ショクシ**が動く。
ひとさしゆび。
食指 14｜1 2986

□ 2632 **セイカク**な判断が要求される。
少しも間違いがないこと。
正確 14｜1 2986

□ 2633 新天地で再起を**ハカ**る。
画策する。
図る 14｜1 2986

□ 2634 予算の**ホウシン**を決める。
目ざす道筋。
方針 14｜1 2986

□ 2635 二人の個性に**ユウレツ**はない。
すぐれていることと、おとっていること。
優劣 14｜1 2986

□ 2636 温暖な**キコウ**で育った果物。
ある地域の長期間の天候。
気候 13｜2 2986

□ 2637 挿絵が**キョウシュ**を添える。
味わい深いおもしろみ。
興趣 13｜2 2986

□ 2638 流派の奥義を**クデン**する。
くちでつたえること。
口伝 13｜2 2986

□ 2639 洗濯機の**チョウシ**が悪い。
動いたり働いたりする具合。
調子 13｜2 2986

□ 2640 高校時代からの**メイユウ**。
かたい約束を結んだとも。
盟友 13｜2 2986

1000
640

2641 インシツな嫌がらせを受ける。 かげでこそこそしているさま。 陰湿 22|0 1997

2642 日本海エンガンの漁港。 陸地の、海・川・湖にそったところ。 沿岸 22|0 1997

2643 瀬戸内のオンダンな気候。 気候などがあたたかなこと。 温暖 22|0 1997

2644 オントウな結果に落ち着いた。 無理なく道理にかなっていること。 穏当 22|0 1997

2645 当面のカダイを確認する。 解決しなければならない事柄。 課題 22|0 1997

2646 誠にカンガンの至りです。 このうえなく恥ずかしいこと。 汗顔 22|0 1997

2647 一年の計はガンタンにあり。 元日の朝。 元旦 22|0 1997

2648 キショウテンケツで話す。 漢詩の構成法の一つ。 起承転結 22|0 1997

2649 公園でキュウケイする。 一時止めてやすむこと。 休憩 22|0 1997

2650 人命キュウジョに尽力する。 すくいたすけること。 救助 22|0 1997

2651 資料の閲覧をキョカする。 願いをゆるすこと。 許可 22|0 1997

2652 キンキョウを報告する。 ちかごろの様子。 近況 22|0 1997

2653 市役所はコウキョウの建物だ。 おおやけ。 公共 22|0 1997

2654 諸悪のコンゲンを突き止める。 おおもと。 根源 22|0 1997

2655 シャメンを転がり落ちる。 ななめに傾いているめん。 斜面 22|0 1997

2656 ジョウキョウを把握する。 その時々の様子。 状況 22|0 1997

2657 ショウジュンを合わせる。 ねらいを定めること。 照準 22|0 1997

2658 大臣のショクセキを果たす。 行うべきと認識される物事。 職責 22|0 1997

2659 シンシ服売り場で働く。 成人の男性。 紳士 22|0 1997

2660 保証人が返済のセキムを負う。 果たさねばならない事柄。 責務 22|0 1997

1000
660

2661 患部を水で**センジョウ**する。
あらってきれいにすること。
[洗浄]
22 | 0 1997

2662 **ソウショウ**して「乙」という。
共通点のある個々のものをまとめて呼ぶこと。
[総称]
22 | 0 1997

2663 病気との**ソウゼツ**な戦い。
きわめて勇ましく激しいこと。
[壮絶]
22 | 0 1997

2664 **ソウドウ**が持ち上がる。
大勢の人がさわぎたてて秩序が乱れること。
[騒動]
22 | 0 1997

2665 女性の国王が**ソクイ**する。
君主のくらいにつくこと。
[即位]
22 | 0 1997

2666 **ソクセキ**のみそ汁を作る。
手間をかけずにすぐできること。
[即席]
22 | 0 1997

2667 一度の失敗が**チメイ**傷となる。
いのちにかかわること。
[致命]
22 | 0 1997

2668 **チョウレイボカイ**の政策。
方針などがすぐに変更されて定まらないこと。
[朝令暮改]
22 | 0 1997

2669 **ハロウ**注意報が解除される。
なみ。
[波浪]
22 | 0 1997

2670 常に**ヒニク**な口調で話す。
遠回しに意地悪を言ったりすること。
[皮肉]
22 | 0 1997

2671 慢性的な**ヒロウ**を感じる。
つかれ。
[疲労]
22 | 0 1997

2672 人口が東京に**ヘンザイ**する。
ある場所にかたよってあること。
[偏在]
22 | 0 1997

2673 **ホウテイ**内の被告の様子。
裁判が行われる場所。
[法廷]
22 | 0 1997

2674 法律の不備を**ホカン**する。
不十分なところをおぎなうこと。
[補完]
22 | 0 1997

2675 今年は**イジョウ**に雨が多い。
普通と違っていること。
[異常]
21 | 0 2123

2676 **カクショウ**が得られない。
たしかな裏づけ。
[確証]
21 | 0 2123

2677 **カンキョウ**をそそる雪景色。
特別な関心やおもしろみがわくこと。
[感興]
21 | 0 2123

2678 **カンコンソウサイ**のマナー。
一般に、慶弔の儀式。
[冠婚葬祭]
21 | 0 2123

2679 **カンセン**道路を整備する。
鉄道・道路・電話などの主要な線。
[幹線]
21 | 0 2123

2680 雑誌の**カントウ**を飾る。
書物の最初の部分。
[巻頭]
21 | 0 2123

2681 **カンボウ**の症状が見られる。 風邪。 感冒 21 0 2123

2682 紙幣の**ギゾウ**を防止する。 にせものをつくること。 偽造 21 0 2123

2683 演繹(えんえき)的思考と**キノウ**的思考。 個々の事例から一般的な法則を導き出すこと。 帰納 21 0 2123

2684 **キョウハク**観念にとらわれる。 あることを無理に押しつけること。 強迫 21 0 2123

2685 **ケイショウ**地を車で走る。 けしきがすぐれていること。 景勝 21 0 2123

2686 著名人の**コウエン**会に行く。 多くの人に対して題目に従って話すこと。 講演 21 0 2123

2687 百円**コウカ**を手渡す。 コイン。 硬貨 21 0 2123

2688 両軍が**ゴエツドウシュウ**した。 仲の悪い者どうしが居合わせること。 呉越同舟 21 0 2123

2689 患者に病名を**コクチ**する。 つげてしらせること。 告知 21 0 2123

2690 彼女は公私**コンドウ**をしない。 区別すべきものをおなじに扱うこと。 混同 21 0 2123

2691 なんとか資金を**サンダン**する。 苦労して方法を考えて都合をつけること。 算段 21 0 2123

2692 **ショウガクキン**を支給する。 学生に金銭を貸与する制度。 奨学金 21 0 2123

2693 説明を一部**ショウリャク**する。 簡単にするために一部をはぶくこと。 省略 21 0 2123

2694 二階に父の**ショサイ**を作る。 読んだり書いたりするための部屋。 書斎 21 0 2123

2695 転籍の**ジレイ**が交付される。 役職などの任免の際に本人に渡す文書。 辞令 21 0 2123

2696 彼の**ジントク**のなせる業だ。 そのひとの身についている品性。 人徳 21 0 2123

2697 広い敷地を**ソクリョウ**する。 器具を用いて面積などをはかること。 測量 21 0 2123

2698 仲間と**ダンケツ**して戦う。 多くの人が一つにまとまること。 団結 21 0 2123

2699 **ダンペン**的な記憶しかない。 あるまとまったものの、切れ端。 断片 21 0 2123

2700 一つ年上の彼は**チクバ**の友だ。 たけをうまに見立てた子供のおもちゃ。 竹馬 21 0 2123

第136回

□2701 哲学的な思索に**チンセン**する。 深く没入すること。 [沈潜] 21 0 2123

□2702 **トッキョ**の申請にかかる費用。 新規の発明を独占できる権利。 [特許] 21 0 2123

□2703 ガラスの**ハヘン**が飛び散る。 壊れたもののかけら。 [破片] 21 0 2123

□2704 **ヒボン**な才能の持ち主だ。 普通より特にすぐれていること。 [非凡] 21 0 2123

□2705 **フヘンフトウ**の立場を守る。 公平・中立の立場をとること。 [不偏不党] 21 0 2123

□2706 **フンコツサイシン**して働く。 全力を尽くして事にあたること。 [粉骨砕身] 21 0 2123

□2707 当初の予定を**ヘンコウ**する。 かえ改めること。 [変更] 21 0 2123

□2708 敵をレーダーで**ホソク**する。 とらえること。 [捕捉] 21 0 2123

□2709 生活と**ミッセツ**な関係がある。 深い関係にあること。 [密接] 21 0 2123

□2710 ガラスの保存**ヨウキ**に入れる。 物を入れるうつわ。 [容器] 21 0 2123

□2711 出席の**イシ**を確認する。 何かをしたい気持ち。 [意志] 20 0 2237

□2712 **イッキトウセン**の選手だ。 能力が人並み以上に高いこと。 [一騎当千] 20 0 2237

□2713 悲しい**エイガ**を見て涙を流す。 シネマ。ムービー。 [映画] 20 0 2237

□2714 年内は休まず**エイギョウ**する。 利益のために商売をすること。 [営業] 20 0 2237

□2715 世界情勢を**ガイカン**する。 物事を大まかに見渡すこと。 [概観] 20 0 2237

□2716 **カクチョウ**高い文章を味わう。 芸術作品などが持つ気高さ。 [格調] 20 0 2237

□2717 行政**キコウ**を改善する。 会社や団体などの組織。 [機構] 20 0 2237

□2718 水を**キュウシュウ**する素材。 すいとること。 [吸収] 20 0 2237

□2719 犯行を認める**キョウジュツ**。 尋問に答えて事実をのべること。 [供述] 20 0 2237

□2720 指導者としての**キリョウ**。 ある事をするのにふさわしい能力や人徳。 [器量] 20 0 2237

□ 2721 名言や**ケイク**を集めた本。 短く巧みに真理をついた言葉。 警句 20 0 2237

□ 2722 **コウゾウ**上の欠陥が見つかる。 機械や組織などの内部の組み立て。 構造 20 0 2237

□ 2723 **コクショ**への対策をとる。 ひどくあついこと。 酷暑 20 0 2237

□ 2724 爪をとぐ猫の**シュウセイ**。 一般的に見られる行動の特徴。 習性 20 0 2237

□ 2725 野菜の**シュッカ**量が減る。 商品を市場にだすこと。 出荷 20 0 2237

□ 2726 大学で**シンソウ**心理学を学ぶ。 奥ふかくに隠れている部分。 深層 20 0 2237

□ 2727 技術のめざましい**シンテン**。 物事がのびひろがること。 進展 20 0 2237

□ 2728 ビルを**セイソウ**する仕事。 きれいにそうじすること。 清掃 20 0 2237

□ 2729 野菜の**ソクセイ**栽培が盛んだ。 人工的に早く生長させること。 促成 20 0 2237

□ 2730 **タサイ**な商品をそろえる。 変化や種類がおおいこと。 多彩 20 0 2237

□ 2731 **チュウショウ**記事に抗議する。 根拠のない悪口で他人をきずつけること。 中傷 20 0 2237

□ 2732 勝敗予想が**テキチュウ**する。 うまく当たること。 的中 20 0 2237

□ 2733 商売の**テッソク**を学ぶ。 変えることのできない決まり。 鉄則 20 0 2237

□ 2734 反乱軍を**トウバツ**する。 軍隊を送り反抗する者を攻めうつこと。 討伐 20 0 2237

□ 2735 **トッカン**工事で橋を架ける。 短期間で一気にしあげること。 突貫 20 0 2237

□ 2736 **ハイケイ**　早春の候、 手紙の初めに書く挨拶の語。 拝啓 20 0 2237

□ 2737 家具の**ハイチ**を考える。 それぞれ適当な所に割り当てておくこと。 配置 20 0 2237

□ 2738 学校の**フウキ**を守る。 社会の秩序を保つための規律。 風紀 20 0 2237

□ 2739 仕事に**フカケツ**な知識。 なくてはならないこと。 不可欠 20 0 2237

□ 2740 **フクスイ**盆に返らず。 容器からこぼれたみず。 覆水 20 0 2237

1000 740

第138回

No.	問題	意味	解答	正答率	順位
2741	**フモウ**な論争に終止符を打つ。	なんの成果も見られないこと。	不毛	20 0	2237
2742	全員で作業を**ブンタン**する。	わけて受け持つこと。	分担	20 0	2237
2743	紛失した本を**ベンショウ**する。	他人に与えた損害を金品でつぐなうこと。	弁償	20 0	2237
2744	新聞で大々的に**ホウドウ**する。	新聞などで広く一般に知らせること。	報道	20 0	2237
2745	態度を**ホリュウ**する。	決定をしばらく先延ばしにすること。	保留	20 0	2237
2746	別れた恋人に**ミレン**が残る。	心残り。	未練	20 0	2237
2747	単純**メイカイ**な答弁だ。	筋道があきらかでわかりやすいこと。	明快	20 0	2237
2748	**リロセイゼン**とした演説。	考えや話の筋道がととのっているさま。	理路整然	20 0	2237
2749	**レイテツ**なものの見方をする。	感情に動かされることなく物事を見通すこと。	冷徹	20 0	2237
2750	地区優勝の**ロウホウ**に沸く。	喜ばしい知らせ。	朗報	20 0	2237
2751	**イッタン**留学先から帰国する。	ひとたび。ひとまず。	一旦	19 0	2378
2752	品質向上に**エイイ**努める。	気持ちを集中させて努めること。	鋭意	19 0	2378
2753	駅の**カイサツ**口に集合する。	駅の出入り口などで切符の確認をすること。	改札	19 0	2378
2754	**カダン**にひまわりを植える。	土を盛り上げて草花を植えた所。	花壇	19 0	2378
2755	展示品は一見の**カチ**がある。	ねうち。	価値	19 0	2378
2756	**カンコ**の声を上げて出迎える。	喜んで大きな声を上げること。	歓呼	19 0	2378
2757	母校へ蔵書を**キゾウ**する。	金品をおくり与えること。	寄贈	19 0	2378
2758	小遣いを福祉団体に**キフ**する。	金品を贈ること。	寄付	19 0	2378
2759	納税は国民の**ギム**の一つだ。	人が当然しなければならないつとめ。	義務	19 0	2378
2760	**キンセイ**のとれた体を作る。	釣り合いがとれてととのっていること。	均整	19 0	2378

1000
760

2761 文明の**ゲンリュウ**を訪ねる。
物事の起こり。
源流

2762 無死満塁の**コウキ**を逸する。
チャンス。
好機

2763 旅先で**コウグウ**を受ける。
手あつくもてなすこと。
厚遇

2764 無条件で敵に**コウフク**する。
負けを認めて敵に従うこと。
降伏

2765 音楽の**サイノウ**を持つ。
生まれつき持っていた資質。
才能

2766 雲が晴れて**シカイ**が開ける。
目で見通すことのできる範囲。
視界

2767 人気作家が**ジジョデン**を書く。
じぶんで書いたじぶんの伝記。
自叙伝

2768 **ジュウキョ**用の洗剤を使う。
すむ場所や家。
住居

2769 運転技術に**シュウジュク**する。
繰り返して上手になること。
習熟

2770 過大に**シュウショク**して話す。
かざりたてること。
修飾

2771 地域の**シュウゾク**を調べる。
ならわし。
習俗

2772 パソコンの**シュウヘン**機器。
あるもののまわり。
周辺

2773 新記録を**ジュリツ**する。
しっかりとうちたてること。
樹立

2774 雑草を根こそぎ**ジョキョ**する。
邪魔なものを取りのぞくこと。
除去

2775 **ジョバン**から優位に立つ。
物事のはじめの段階。
序盤

2776 **ショヨ**の条件から導いた結果。
他からあたえられているもの。
所与

2777 **シンボウエンリョ**を巡らす。
先のことまで考えたふかいはかりごと。
深謀遠慮

2778 名誉会員に**スイキョ**する。
適しているとすすめること。
推挙

2779 制度廃止を**セイガン**する。
こいねがうこと。
請願

2780 料亭で得意先を**セッタイ**する。
客をもてなすこと。
接待

1000 780

第140回

□2781 市長**センキョ**が行われる。
投票などによってえらび出すこと。
〔選挙〕 19 0 2378

□2782 国王による**センセイ**政治。
上に立つ人が独断で事を処理すること。
〔専制〕 19 0 2378

□2783 高校三年生を**タンニン**する。
学級や教科を受け持つこと。
〔担任〕 19 0 2378

□2784 **チンシモッコウ**して決める。
だまって深くかんがえること。
〔沈思黙考〕 19 0 2378

□2785 柔らかい**ヒッチ**で書く。
書画や文章の書きぶり。
〔筆致〕 19 0 2378

□2786 **フカ**価値が高い商品を作る。
つけくわえること。
〔付加〕 19 0 2378

□2787 祖母から**フシギ**な話を聞く。
常識では解釈できないこと。
〔不思議〕 19 0 2378

□2788 **フソク**の事態に備える。
思いがけないこと。
〔不測〕 19 0 2378

□2789 借りた本を**ヘンキャク**する。
持ち主にかえすこと。
〔返却〕 19 0 2378

□2790 **ユウユウジテキ**の生活だ。
思うままに暮らすこと。
〔悠悠自適〕 19 0 2378

□2791 サッカー選手が**イセキ**する。
所属をほかへうつすこと。
〔移籍〕 18 0 2524

□2792 新製品の発売を**エンキ**する。
日のべすること。
〔延期〕 18 0 2524

□2793 喉に**エンショウ**を起こす。
体の一部に腫れや痛みを起こすこと。
〔炎症〕 18 0 2524

□2794 **オウダン**歩道を並んで渡る。
よこぎること。
〔横断〕 18 0 2524

□2795 **オウボウ**な上司に気を遣う。
力にまかせて無法な行いをすること。
〔横暴〕 18 0 2524

□2796 雪景色の美しさに**オドロ**く。
意外なことに出会ってびっくりする。
〔驚く〕 18 0 2524

□2797 **オンキョウ**設備のよいホール。
おとのひびき。
〔音響〕 18 0 2524

□2798 本社ビルを**カイチク**する。
建物の全部または一部をつくり直すこと。
〔改築〕 18 0 2524

□2799 彼の当選は**カクジツ**だ。
たしかで、間違いのないこと。
〔確実〕 18 0 2524

□2800 必要事項を**カクニン**する。
はっきりたしかめること。
〔確認〕 18 0 2524

1000
800

□ 2801 最初は**ガクフ**を見て歌う。
楽曲を一定の約束に従い書き表したもの。
[楽譜]

□ 2802 意中の人の**カンシン**を得る。
喜ぶ気持ち。
[歓心]

□ 2803 **キチ**に富んだ会話を好む。
その場に応じて頭が活発にはたらくこと。
[機知]

□ 2804 受付で**キチョウ**する。
帳簿や帳面に必要事項を書き入れること。
[記帳]

□ 2805 **キホン**に忠実に動く。
よりどころとなる大もと。
[基本]

□ 2806 苦しい**キョウチュウ**を語る。
心に思っていること。
[胸中]

□ 2807 **キョウヨウ**を身につける。
心の豊かさや広い知識。
[教養]

□ 2808 **ギワク**の解明を急ぐ。
真偽や正・不正についてのうたがい。
[疑惑]

□ 2809 自転車の部品が**ケッソン**する。
一部分がかけてなくなること。
[欠損]

□ 2810 **ゲンジョウ**に不満はない。
今のありさま。
[現状]

□ 2811 二つの大臣を**ケンム**する。
二つ以上のつとめをかねること。
[兼務]

□ 2812 実験の結果を**コウサツ**する。
よく調べてかんがえること。
[考察]

□ 2813 選挙日程を**コクジ**する。
一般に広く知らせること。
[告示]

□ 2814 隣国と**ゴケイ**関係を築く。
たがいに特別な便宜や利益を与え合うこと。
[互恵]

□ 2815 **サンシスイメイ**の地。
景色の美しいこと。
[山紫水明]

□ 2816 交通事故の**サンジョウ**を憂う。
むごたらしいありさま。
[惨状]

□ 2817 故郷の名産品を**ジマン**する。
よさを得意げに示すこと。
[自慢]

□ 2818 責任逃れに**シュウシ**する。
はじめからおわりまで続くこと。
[終始]

□ 2819 温泉旅館に**シュクハク**する。
自分の家以外にとまること。
[宿泊]

□ 2820 書類を原簿と**ショウゴウ**する。
てらしあわせて調べること。
[照合]

(各問 18 | 0 / 2524)

第142回

2830 企画書を**テイシュツ**する。 文書などを差しだして見せること。 提出 18 0 2524

2829 犯人の逃走車を**ツイセキ**する。 逃げる者のあとをおいかけること。 追跡 18 0 2524

2828 校舎の**タイシン**性を高める。 地震にたえて破損しないこと。 耐震 18 0 2524

2827 祖父から戦争**タイケン**を聞く。 実際に自分でやること。 体験 18 0 2524

2826 時代の変化に**ソクオウ**する。 その場の状況などにうまく合うこと。 即応 18 0 2524

2825 登山用の**ソウビ**を準備する。 目的に応じた用具をそろえること。 装備 18 0 2524

2824 **ソウゴウ**点で赤組が勝つ。 別々のものを一つにまとめること。 総合 18 0 2524

2823 **セツド**ある行動を心がける。 行き過ぎのない適当な程合い。 節度 18 0 2524

2822 人気**ゼッチョウ**期に引退する。 最高のところ。 絶頂 18 0 2524

2821 近くの寺で**ジョヤ**の鐘をつく。 おおみそかのよる。 除夜 18 0 2524

2840 **ムビョウソクサイ**を祈る。 病気もせず健康であること。 無病息災 18 0 2524

2839 **ヘイキン**を上回る速度。 いくつかの数や量の中間的な値。 平均 18 0 2524

2838 **フクム**規律を遵守する。 事務や業務に従事すること。 服務 18 0 2524

2837 物事の**ヒョウソウ**だけ見る。 うわべ。 表層 18 0 2524

2836 **ヒミツ**を守る義務がある。 他人に知られないようにすること。 秘密 18 0 2524

2835 本番に向け準備**バンタン**整う。 ある物事についてのすべての事柄。 万端 18 0 2524

2834 **ネンガン**の優勝を果たす。 強く望むこと。 念願 18 0 2524

2833 議題を徹底的に**トウロン**する。 互いに意見を出して述べ合うこと。 討論 18 0 2524

2832 **ドウコウイキョク**の作品。 見かけは違うが内容はほぼおなじであること。 同工異曲 18 0 2524

2831 **トウゲイ**教室に通う。 焼き物を作る技芸。 陶芸 18 0 2524

STEP 3 ランクE

書き取りのみ出題される語⑪

No.	問題	意味	解答	データ
2841	**メンミツ**な調査を実施する。	細かい点までくわしいこと。	綿密	18 | 0 2524
2842	法の**モウテン**を突く。	うっかり見落としてしまう事柄。	盲点	18 | 0 2524
2843	敵に**ユウモウカカン**に挑む。	恐れず思い切って実行すること。	勇猛果敢	18 | 0 2524
2844	好きなものを**レッキョ**する。	一つ一つ数え上げること。	列挙	18 | 0 2524
2845	敗戦に**イキショウチン**する。	元気をなくしてしょげること。	意気消沈	17 | 0 2683
2846	**イチガイ**に悪いとは言えない。	おしなべて。	一概	17 | 0 2683
2847	家族そろって**オウエン**する。	味方となって元気づけること。	応援	17 | 0 2683
2848	病状が**カイホウ**に向かう。	病気などがよくなりつつある状態。	快方	17 | 0 2683
2849	高校では**ガッショウ**部に入る。	多人数で歌うこと。	合唱	17 | 0 2683
2850	**カンジャ**の容態が急変する。	病気にかかって治療を受ける人。	患者	17 | 0 2683
2851	恋愛映画を見て**カンドウ**する。	深い感銘を受けて心を強くうごかされること。	感動	17 | 0 2683
2852	補修工事が**カンリョウ**する。	すっかり終わること。	完了	17 | 0 2683
2853	**ギジ**の進行を妨げる。	集まって意見を述べ合うこと。	議事	17 | 0 2683
2854	米ドルを**キジク**通貨とする。	物事の中心となるところ。	基軸	17 | 0 2683
2855	**キュウキュウ**病院を受診する。	急場の難儀をすくうこと。	救急	17 | 0 2683
2856	膝の**クッシン**運動をする。	曲げたりのばしたりすること。	屈伸	17 | 0 2683
2857	**コウドウ**に生徒が集まる。	式や講演などを行う建物。	講堂	17 | 0 2683
2858	駅の**コウナイ**が混雑する。	建物や敷地の中。	構内	17 | 0 2683
2859	運転免許証を**コウフ**する。	公の機関が書類などを発行すること。	交付	17 | 0 2683
2860	旧製品と**ゴカン**性がある。	取りかえること。取りかえ可能なこと。	互換	17 | 0 2683

1000

860

第144回

番号	問題	意味	解答	記録
2861	結婚式の**シカイ**を務める。	進行をつかさどること。	司会	17 0 2683
2862	**ジスイ**して食費を節約する。	じぶんで食事を作ること。	自炊	17 0 2683
2863	**シャクゼン**としない説明。	疑いや迷いが解けてすっきりするさま。	釈然	17 0 2683
2864	写真を**シャクヨウ**する。	使うために他からかりること。	借用	17 0 2683
2865	都市**シュウエン**部の文化。	物のまわり。	周縁	17 0 2683
2866	皆の意見を**シュウヤク**する。	あつめて整理しまとめること。	集約	17 0 2683
2867	患者を病院に**シュウヨウ**する。	人や物を一定の場所や施設に入れること。	収容	17 0 2683
2868	**ジョウザイ**が飲み込めない。	医薬品を一定の形状に圧縮したもの。	錠剤	17 0 2683
2869	危険な**ジョウタイ**にある。	ある時点でのありさま。	状態	17 0 2683
2870	厳しい**シレン**が待ち受ける。	決心などの強さを厳しくためすこと。	試練	17 0 2683
2871	**シンシュク**する布を用意する。	のびちぢみ。	伸縮	17 0 2683
2872	**ジンチクムガイ**の改革案。	他にがいを与える可能性がないこと。	人畜無害	17 0 2683
2873	車両の**セイビ**を怠らない。	すぐ役立つようにととのえること。	整備	17 0 2683
2874	**ソクテンキョシ**を旨とする。	私心を捨て、自然の道理に従って生きること。	則天去私	17 0 2683
2875	室内の空気が**タイリュウ**する。	進行や移動をしないでとまること。	滞留	17 0 2683
2876	**タクバツ**した才能を持つ作家。	他よりもはるかにすぐれていること。	卓抜	17 0 2683
2877	転倒して頭部を**ダボク**する。	体をうったりたたいたりすること。	打撲	17 0 2683
2878	入札**ダンゴウ**を禁止する。	話しあうこと。	談合	17 0 2683
2879	国に**チンジョウ**する方針だ。	政治家に実情を訴えること。	陳情	17 0 2683
2880	市役所に**テンキョ**届を出す。	引っ越すこと。	転居	17 0 2683

1000
880

2881 購入した土地を**トウキ**する。
一定の事項を一定の公簿に書き入れること。
登記
17 0 2683

2882 工場の**ハイキ**をきれいにする。
内部のくうきを外へ除き去ること。
排気
17 0 2683

2883 新しいお部屋を**ハイケン**する。
「見る」の謙譲語。
拝見
17 0 2683

2884 組織改革に**バンユウ**を振るう。
向こう見ずのいさましさ。
蛮勇
17 0 2683

2885 世界の**ヒキョウ**を紹介する。
まだ一般によく知られていない地域。
秘境
17 0 2683

2886 **ヒョウジュン**的な大きさ。
最もふつうであること。
標準
17 0 2683

2887 **ヒルイ**なき美しさ。
くらべるもの。
比類
17 0 2683

2888 **フクシン**の友に相談する。
深く信頼すること。
腹心
17 0 2683

2889 二年ぶりに現役に**フッキ**する。
もとの位置・状態などに戻ること。
復帰
17 0 2683

2890 車を**ヘイレツ**して走らせる。
二つ以上のものがならぶこと。
並列
17 0 2683

2891 仮名を漢字に**ヘンカン**する。
かえること。
変換
17 0 2683

2892 交通**ホウキ**を遵守する。
法律と規則。
法規
17 0 2683

2893 親が子供の**ボウハテイ**となる。
外海からの波浪をふせぐために築く構造物。
防波堤
17 0 2683

2894 本番で**ホンリョウ**を発揮する。
そのものの特質。
本領
17 0 2683

2895 防犯ブザーが**メイドウ**する。
大きな音をたてて揺れうごくこと。
鳴動
17 0 2683

2896 美容師を**ヨウセイ**する学校。
やしない育てること。
養成
17 0 2683

2897 箱の**ヨウセキ**を求める。
入れ物の中を満たす分量。
容積
17 0 2683

2898 参加団体から**リダツ**する。
抜け出ること。
離脱
17 0 2683

2899 **イッシンフラン**に勉強する。
集中して他に注意を奪われないでいるさま。
一心不乱
16 0 2850

2900 社長が**インセキ**辞任する。
責任を取ること。
引責
16 0 2850

1000
900

第146回

□2901 飛行機の**カクノウ**庫。
物を入れおさめること。
格納
16 | 0 2850

□2902 道路の**カクフク**工事を行う。
道路などのはばを広げること。
拡幅
16 | 0 2850

□2903 **カクリョウ**名簿を発表する。
内閣を構成する各大臣。
閣僚
16 | 0 2850

□2904 自分の力を**カシン**していた。
実際よりも高く評価して頼ること。
過信
16 | 0 2850

□2905 都会の**カタスミ**で生きる。
目立たない端。
片隅
16 | 0 2850

□2906 将来は博士**カテイ**に進みたい。
ある期間に割り当てた仕事や学科。
課程
16 | 0 2850

□2907 クラス会の**カンジ**をする。
会などの世話役。
幹事
16 | 0 2850

□2908 **キョウサン**企業を募る。
ある計画を助けたり援助したりすること。
協賛
16 | 0 2850

□2909 高校の**キョウユ**を目ざす。
正教員の正称。
教諭
16 | 0 2850

□2910 全力を**ケイチュウ**する。
一つの事に集中すること。
傾注
16 | 0 2850

□2911 部長の**ケッサイ**を仰ぐ。
長たる者が部下の案の採否をきめること。
決裁
16 | 0 2850

□2912 生産量が**ゲンショウ**する。
へってすくなくなること。
減少
16 | 0 2850

□2913 通行人が**コウキ**の目を向ける。
珍しいことに強く興味をもつこと。
好奇
16 | 0 2850

□2914 近所の寺の**コジ**来歴を調べる。
昔から伝えられていることがら。
故事
16 | 0 2850

□2915 **コンチュウ**を捕まえる。
トンボ・セミ・チョウなど。
昆虫
16 | 0 2850

□2916 植物を**サイシュウ**する。
とりあつめること。
採集
16 | 0 2850

□2917 国際社会から**シダン**される。
非難して排斥すること。
指弾
16 | 0 2850

□2918 **ショウカク**試験に合格する。
階級などが上がること。
昇格
16 | 0 2850

□2919 胃薬を**ジョウビ**している。
つねにそなえておくこと。
常備
16 | 0 2850

□2920 対象から**ジョガイ**する。
そとに取りのけること。
除外
16 | 0 2850

2921 家族全員で**ショクタク**を囲む。
食事をするための台。
［食卓］ 16 0 2850

2922 **シンシュツキボツ**な子供。
自由自在に現れたり隠れたりすること。
［神出鬼没］ 16 0 2850

2923 出処**シンタイ**について悩む。
すすむこととしりぞくこと。
［進退］ 16 0 2850

2924 植物**ズカン**で名前を調べる。
絵や写真を主にして物事を解説した書物。
［図鑑］ 16 0 2850

2925 **セイゲン**速度を守って走る。
ある範囲から出ないよう抑えること。
［制限］ 16 0 2850

2926 世界経済に**ダゲキ**を与える。
すぐに立ち直れないような痛手や損害。
［打撃］ 16 0 2850

2927 会合への参加を**ダシン**する。
相手の意向を前もって確かめること。
［打診］ 16 0 2850

2928 **ダンカイ**を追って説明する。
物事の順序や区切り。
［段階］ 16 0 2850

2929 **タンチョウ**な日々を過ごす。
変化に乏しいこと。
［単調］ 16 0 2850

2930 市民が集まり**トウギ**する。
意見を述べ合うこと。
［討議］ 16 0 2850

2931 一人旅をする**ドキョウ**がない。
物事を恐れない心。
［度胸］ 16 0 2850

2932 過去の過ちを**ハクジョウ**する。
隠さないで申し述べること。
［白状］ 16 0 2850

2933 交通安全の**ヒョウゴ**を掲げる。
スローガン。
［標語］ 16 0 2850

2934 **フイ**の出来事に動揺する。
思いがけないこと。
［不意］ 16 0 2850

2935 株式の**ヘイゴウ**を提案する。
あわせて一つにすること。
［併合］ 16 0 2850

2936 **メイキョウシスイ**の心境だ。
心が澄みきって静かであること。
［明鏡止水］ 16 0 2850

2937 **メンジュウフクハイ**の性向。
したがうそぶりをして心中ではそむくこと。
［面従腹背］ 16 0 2850

2938 **ユウソウ**な太鼓の音が響く。
いさましく元気なこと。
［勇壮］ 16 0 2850

2939 事件の**ヨハ**で風評に苦しむ。
ある事柄が周囲に及ぼす影響。
［余波］ 16 0 2850

2940 首相が欧州を**レキホウ**する。
いろいろな土地や人をたずねること。
［歴訪］ 16 0 2850

1000
940

2941 巨大な権力に**アラガ**う。
さからう。
［抗う］ 4 18 1997

2942 日本の夏を**イロド**る花火。
興趣を添える。
［彩る］ 6 16 1997

2943 最近の音楽事情に**ウト**い。
知識や理解が不十分である。
［疎い］ 11 11 1997

2944 人格の**トウヤ**を目的とする。
性質や才能を円満に育て上げること。
［陶冶］ 11 11 1997

2945 自分なりに**フエン**して話す。
例などをあげて、事柄を詳しく説明すること。
［敷衍］ 4 17 2123

2946 **ケウ**な出来事に遭遇する。
めったにないさま。
［希有］ 6 15 2123

2947 とんでもない**シロモノ**だった。
評価の対象としての人や物。
［代物］ 6 15 2123

2948 上達の**ゴクイ**を伝授する。
核心となる大切な事柄。
［極意］ 7 14 2123

2949 事故で車の流れが**トドコオ**る。
物事が順調に進まない。
［滞る］ 7 14 2123

2950 机の**カタワ**らに立つ。
そばに近い所。
［傍ら］ 8 13 2123

2951 故障した車を**ケンイン**する。
大きな力でひっぱること。
［牽引］ 9 12 2123

2952 戸の**スキマ**から風が吹き込む。
物と物のあいだの空いている所。
［隙間］ 9 12 2123

2953 与党と野党が**キッコウ**する。
同等のものどうしが張り合うこと。
［拮抗］ 10 11 2123

2954 先人の業績を**ライサン**する。
褒めたたえること。
［礼賛］ 10 11 2123

2955 肌を**シュウレン**する化粧水。
引き締まること。
［収斂］ 3 17 2237

2956 母親が幼い子を**イツク**しむ。
かわいがって大事にする。
［慈しむ］ 6 14 2237

2957 時代の**スウセイ**を見極める。
成り行き。
［趨勢］ 6 14 2237

2958 社会の**アンネイ**を維持する。
世の中が平穏無事なこと。
［安寧］ 7 13 2237

2959 今年の夏は**コト**に暑い。
格別に。
［殊に］ 8 12 2237

2960 **スジョウ**の知れない人物。
人の成育した境遇。
［素性］ 8 12 2237

1000
960

2961 **ヘイゼイ**と異なる態度。（ふだん。いつも。）［平生］ 8 12 2237

2962 家族で祖母の**サイゴ**を看取る。（死に際。）［最期］ 10 10 2237

2963 職権を**ランヨウ**する。（一定の基準や限度を超えて使うこと。）［濫用］ 4 15 2378

2964 情報が一気に**デンパ**する。（広くつたわること。）［伝播］ 5 14 2378

2965 **モッパ**らのうわさになる。（一つの事に集中するさま。）［専ら］ 5 14 2378

2966 **イガタ**にはめるような教育。（一定のかた・枠。）［鋳型］ 6 13 2378

2967 擦り傷を**オオギョウ**に痛がる。（おおげさなこと。）［大仰］ 7 12 2378

2968 **コントン**とした状態にある。（物事が入りまじってはっきりしないさま。）［混沌］ 7 12 2378

2969 流通業界の**トウタ**が著しい。（悪いものを除き去ること。）［淘汰］ 8 11 2378

2970 重苦しい**ドンテン**の朝。（くもり空。）［曇天］ 8 11 2378

2971 銀座**カイワイ**を歩く。（そのあたり一帯。）［界隈］ 9 10 2378

2972 修学旅行の計画を**ネ**る。（さらによいものにするために手を加える。）［練る］ 9 10 2378

2973 二国間に**アツレキ**が生じる。（仲が悪くなること。）［軋轢］ 0 18 2524

2974 **シニセ**旅館に泊まる。（代々同じ商売をしている格式のある店。）［老舗］ 3 15 2524

2975 天下を**ス**べる者となる。（多くのものを一つにまとめて支配する。）［統べる］ 4 14 2524

2976 川を挟んで両軍が**タイジ**する。（双方が向き合ったまま動かないこと。）［対峙］ 4 14 2524

2977 後輩に悪事を**ソソノカ**す。（おだてて悪い方へ誘う。）［唆す］ 5 13 2524

2978 多くの歴史小説を**アラワ**す。（書物を書いて出版する。）［著す］ 7 11 2524

2979 たまには**ゼイタク**がしたい。（必要以上に金銭を使うこと。）［贅沢］ 7 11 2524

2980 和服に合わせて**タビ**を履く。（主として和装のときに履く袋状の履き物。）［足袋］ 7 11 2524

1000 980

第150回

No.	問題	意味	答え	出題
2981	信長の**ゾウリ**を懐で温める。	鼻緒のついた平底のはきもの。	草履	8 10 2524
2982	犬は**キュウカク**が鋭い。	においのかんかく。	嗅覚	9 9 2524
2983	新興国が市場を**セッケン**する。	激しい勢いで勢力範囲を広げること。	席巻	9 9 2524
2984	豪華なドレスを**ヨソオ**う。	身なりや外観を整える。	装う	9 9 2524
2985	待合室で**シバラ**く待つ。	少しの間。	暫く	3 14 2683
2986	**ナゴリ**惜しい卒業式となる。	別れるときの心のこり。	名残	3 14 2683
2987	**ケイケン**な祈りをささげる。	神仏などをうやまい慎むさま。	敬虔	6 11 2683
2988	窓に**コウシ**を取り付ける。	細い材を碁盤の目のように組んだ建具。	格子	6 11 2683
2989	緑**シタタ**る山々。	みずみずしい魅力にあふれている。	滴る	7 10 2683
2990	彼の提案を**ゼニン**する。	よいとみとめること。	是認	7 10 2683
2991	貴族が**ダイリ**に参上する。	天皇の居所を中心とする御殿。	内裏	7 10 2683
2992	彼はかなり**コウオ**が激しい。	すききらい。	好悪	8 9 2683
2993	**ショウヨウ**たる態度をとる。	危急の場合にも落ち着いていて慌てないさま。	従容	8 9 2683
2994	世間を**ヤユ**するような歌詞。	からかうこと。	揶揄	2 14 2850
2995	**イヤオウ**なしに行かされる。	拒絶と承諾。	否応	4 12 2850
2996	彼が名人と呼ばれる**ユエン**。	理由。	所以	4 12 2850
2997	**ウヤウヤ**しい態度をとる。	丁寧で礼儀正しい。	恭しい	6 10 2850
2998	**ゲダツ**の境地に至る。	苦悩から抜け出ること。	解脱	6 10 2850
2999	昔の**オモカゲ**は今やない。	あるものを思い起こさせる様子。	面影	8 8 2850
3000	**ブアイ**制で給料をもらう。	仕事量や取引高に応じた手数料や報酬。	歩合	8 8 2850

1000

入試漢字の出題パターン⑤

書き取りのみ・読みの比重が高い

書き取りのみ─読みは容易だが、重要語が多い

本書の「書き取りのみ出題される語」のパートに分類されている漢字熟語が、過去十年間書き取り問題のみで出題され、読みの問題での出題がなかった語となる。本書の「書き取りのみ出題される語」六八〇語は、すべて常用漢字で、そのうち小学校卒業までに学習する漢字（教育漢字）が七割近くを占めている。

「書き取りのみ出題される語」の上位には、「契約」「核心」「対照」「概念」「抵抗」など、いずれも読むことは難しくないが、評論文などでよく目にする重要語が並んでいる。このパートに分類されている漢字熟語は、確実に書けるようにしておこう。

読みの比重が高い─読みと意味は覚える

本書で取り上げた漢字熟語の中で、過去十年間、書き取りの問題での出題がなく、読みの問題のみで出題された語は、「時雨（しぐれ）」「脆弱（ぜいじゃく）」「軋轢（あつれき）」の三語のみであるが、読みの問題での出題の割合が八五パーセントを超える語には、ほかに「賄（まかな）う」「未曽有（みぞう）」「収斂（しゅうれん）」「揶揄（やゆ）」がある。

入試漢字では、書き取り問題が読みの問題より圧倒的に多く出題される。その中で、読みの比重が高い語に区分けされる語には、常用漢字表外の漢字など、記述することが容易ではない漢字熟語が多くなるという特徴がある。常用漢字表外の漢字は、書けることは必須ではないが、入試頻出の常用漢字表外の漢字を含む熟語には、文章読解において重要になる語が多いので、読みと意味は必ず覚えるようにしよう。

語彙資料編

同音異義語（120語）

異字同訓（120語）

四字熟語（40語）

慣用表現（192語）

ことわざ（120語）

故事成語（120語）

「語彙資料編」では、入試で問われやすい「同音異義語」「異字同訓」や、高校生が身につけておくべき語彙である「四字熟語」「慣用表現」「ことわざ」「故事成語」を取り上げました。覚えやすいように整理していますので、効率よく語彙力を身につけましょう！

- □1 父の**アイセキ**した万年筆。 気に入って大切にすること。 p.114 2049 【愛惜】
- □2 親友の死を**アイセキ**する。 死を悲しみおしむこと。 p.126 2298 【哀惜】
- □3 **イギ**を申し立てる。 ある意見と反対の意見や考え。 p.31 510 【異議】
- □4 参加することに**イギ**がある。 その事柄にふさわしい価値。 p.65 1159 【意義】
- □5 **イギ**を正して式に臨む。 作法にかなった重々しい振る舞い。 p.103 1869 【威儀】
- □6 **イシ**の強い人。 何かをする気持ち。 p.147 2711 【意志】
- □7 亡き父の**イシ**を継ぐ。 故人の生前のこころざし。 【遺志】
- □8 **イシ**の疎通を欠く。 おもい。 【意思】
- □9 今日は**イジョウ**に暑い。 普通と違っていること。 p.145 2675 【異常】
- □10 店内に**イジョウ**はない。 普通と違ったありさま。 【異状】

- □11 人事**イドウ**の季節だ。 地位や勤務が変わること。 p.75 1342 【異動】
- □12 バスで**イドウ**する。 場所をうつること。 p.135 2472 【移動】
- □13 本文の**イドウ**を調べる。 ことなったところ。 【異同】
- □14 学生時代を**カイコ**する。 過去に思いを巡らす。 p.21 344 【回顧】
- □15 従業員を**カイコ**する。 やとっていた人をやめさせること。 p.65 1156 【解雇】
- □16 **カイコ**趣味がある。 昔をなつかしく思うこと。 p.70 1247 【懐古】
- □17 病人を**カイホウ**する。 病人などの世話をすること。 p.15 234 【介抱】
- □18 運動場を**カイホウ**する。 出入り自由にすること。 p.76 1376 【開放】
- □19 人質が**カイホウ**される。 束縛を取り除いて自由にすること。 p.125 2264 【解放】
- □20 怪我が**カイホウ**に向かう。 病気などがよくなりつつある状態。 p.154 2848 【快方】

□ 21 **カクシン**を突く質問。
物事の本質をなしている大切な部分。
p.23 382
［核心］

□ 22 勝利を**カクシン**する。
しんじて疑わないこと。
p.34 578
［確信］

□ 23 **カクシン**的な新製品。
従来の方法などを改めること。
p.66 1162
［革新］

□ 24 文芸賞で**カサク**に選ばれる。
出来ばえのよいさくひん。
p.130 2379
［佳作］

□ 25 **カサク**で知られる小説家。
少ししかつくらないこと。
［寡作］

□ 26 作業の**カテイ**を説明する。
一連の道筋。
p.42 728
［過程］

□ 27 大学で教職**カテイ**をとる。
ある期間に割り当てた仕事や学科。
p.157 2906
［課程］

□ 28 皆の注意を**カンキ**する。
呼びおこすこと。
p.7 62
［喚起］

□ 29 **カンキ**して躍り上がる。
非常によろこぶこと。
p.28 450
［歓喜］

□ 30 窓を開けて**カンキ**する。
くうきを入れかえること。
p.75 1343
［換気］

□ 31 内政に**カンショウ**する。
他者に立ち入って従わせようとすること。
p.7 79
［干渉］

□ 32 オペラを**カンショウ**する。
芸術作品を味わうこと。
p.11 142
［鑑賞］

□ 33 **カンショウ**材を詰める。
物の間の不和を和らげること。
p.19 309
［緩衝］

□ 34 **カンショウ**的な気分。
物悲しくなること。
p.35 599
［感傷］

□ 35 退職を**カンショウ**する。
すすめること。
p.131 2400
［勧奨］

□ 36 熱帯魚を**カンショウ**する。
見て楽しむこと。
［観賞］

□ 37 人生を**カンショウ**する。
物事の本当の姿を見ること。
［観照］

□ 38 政治に**カンシン**がある。
気にかけて興味を持つこと。
p.94 1697
［関心］

□ 39 **カンシン**できない態度。
深くこころにかんじること。
p.101 1825
［感心］

□ 40 彼女の**カンシン**を買う。
喜ぶ気持ち。
p.152 2802
［歓心］

□41 **キセイ**概念を取り除く。
すでにできていること。
p.10 128
［既成］

□42 **キセイ**服では大きすぎる。
前もって作ってあること。
［既製］

□43 社内**キテイ**に従う。
物事のやり方のきまり。
p.53 918
［規定］

□44 **キテイ**の方針に従う。
すでに決まっていること。
p.127 2302
［既定］

□45 戦争の**キョウイ**にさらす。
おびやかしおどかすこと。
p.7 69
［脅威］

□46 **キョウイ**的な記録が出る。
おどろくほどすばらしいさま。
p.30 492
［驚異］

□47 **クジュウ**に満ちた表情。
くるしくつらい思いをすること。
p.28 453
［苦渋］

□48 **クジュウ**を飲まされる。
つらい経験。
［苦汁］

□49 **ケイセイ**が逆転する。
その時その時の状態などの関係。
p.95 1701
［形勢］

□50 人格を**ケイセイ**する。
かたちをなすこと。
［形成］

□51 上司の**ケッサイ**を仰ぐ。
長たる者が部下の案の採否をきめること。
p.157 2911
［決裁］

□52 手形で**ケッサイ**する。
お金を支払うこと。
［決済］

□53 新車の購入を**ケントウ**する。
よく調べて考えること。
p.13 200
［検討］

□54 互いの**ケントウ**をたたえる。
一生懸命たたかうこと。
p.73 1316
［健闘］

□55 まるで**ケントウ**違いだ。
未知の事柄について立てたみこみ。
p.98 1761
［見当］

□56 贈り物を**コウカン**する。
取りかえること。
p.29 480
［交換］

□57 他校と**コウカン**会を開く。
お互いに楽しむこと。
［交歓］

□58 **コウキ**を粛正する。
国家を治める基本となる規律。
p.98 1762
［綱紀］

□59 **コウキ**な生まれの女性。
身分がたかくとうといこと。
p.108 1977
［高貴］

□60 この試合最大の**コウキ**だ。
チャンス。
p.150 2762
［好機］

□61 大学で**コウギ**を受ける。
学問の内容を解説すること。
p.42 724
［講義］

□62 不当な扱いに**コウギ**する。
反対の意見を主張すること。
p.44 774
［抗議］

□63 運転免許を**コウシン**する。
改めてあたらしくすること。
p.16 256
［更新］

□64 無線**コウシン**がとだえる。
連絡をかわすこと。
［交信］

□65 **コウソク**時間の長い仕事。
行動の自由を制限すること。
p.8 96
［拘束］

□66 心筋**コウソク**を予防する。
ふさがること。
［梗塞］

□67 法律が**シコウ**される。
法令の効力を発生させること。
p.121 2185
［施行］

□68 新たな方法を**シコウ**する。
ためしにやってみること。
［試行］

□69 政府の**シモン**機関。
意見を尋ね求めること。
p.26 419
［諮問］

□70 口頭**シモン**を受ける。
しけんのためにとうこと。
［試問］

□71 **シュウシュウ**がつかない。
乱れた事態などを鎮めること。
p.20 334
［収拾］

□72 情報を**シュウシュウ**する。
取りあつめること。
p.143 2630
［収集］

□73 銀行に**シュウショク**する。
仕事につくこと。
p.66 1167
［就職］

□74 名詞を**シュウショク**する語。
かざりたてること。
p.150 2770
［修飾］

□75 劇団を**シュサイ**する。
中心となって全体をまとめること。
p.65 1150
［主宰］

□76 新聞社**シュサイ**の展覧会。
中心となって会合や行事を行うこと。
p.136 2486
［主催］

□77 会の**シュシ**に賛同する。
行動のもとにある考えやねらい。
p.53 912
［趣旨］

□78 論文の**シュシ**をまとめる。
中心となる事柄。
［主旨］

□79 友人を母に**ショウカイ**する。
人と人とのなかだちをすること。
p.14 201
［紹介］

□80 身元を**ショウカイ**する。
問い合わせて確かめること。
p.59 1039
［照会］

□81 万国博覧会を**ショウチ**する。
まねき寄せること。
p.36 604
［招致］

□82 無理を**ショウチ**で依頼する。
わかっていること。
p.75 1352
［承知］

□83 科学の**シンコウ**を図る。
物事が盛んになること。
p.20 325
［振興］

□84 守護神として**シンコウ**する。
しんじてあがめること。
p.102 1857
［信仰］

□85 議事の**シンコウ**を妨げる。
物事をはかどらせること。
［進行］

□86 **シンチョウ**な態度で臨む。
注意深く大事をとること。
p.9 111
［慎重］

□87 意味**シンチョウ**な発言。
意味ぶかく含みがあること。
［深長］

□88 才能を**シンチョウ**する。
のばすこと。
［伸長］

□89 現金を**スイトウ**する。
だしいれすること。
p.5 37
［出納］

□90 **スイトウ**にお茶を入れる。
みずなどを入れて携帯する容器。
［水筒］

□91 借金を**セイサン**する。
貸し借りを整理すること。
p.104 1898
［清算］

□92 経費を**セイサン**する。
細かくけいさんし直すこと。
p.123 2228
［精算］

□93 **セイサン**は全くない。
うまくいく見込み。
p.138 2533
［成算］

□94 ハンドルを**ソウサ**する。
あやつって動かすこと。
p.15 240
［操作］

□95 殺人事件を**ソウサ**する。
さがして調べること。
p.73 1320
［捜査］

□96 技術の発展を**ソガイ**する。
妨げること。
p.13 189
［阻害］

□97 自己**ソガイ**の状態に陥る。
うとんじること。
p.19 319
［疎外］

□98 **タイショウ**的な性格。
他とてらし合わせること。
p.23 383
［対照］

□99 学生を**タイショウ**とした本。
はたらきかけの目標とするもの。
p.36 620
［対象］

□100 左右**タイショウ**の絵。
二つの形が互いに向き合う関係にあること。
p.44 780
［対称］

□101 責任を**ツイキュウ**する。
食い下がって問い詰めること。
p.84 1488
［追及］

□102 利益を**ツイキュウ**する。
おいもとめること。
p.108 1962
［追求］

□103 真理を**ツイキュウ**する。
学問などを尋ねきわめること。
p.140 2578
［追究］

□104 電子書籍が**フキュウ**する。
広く行き渡ること。
p.10 133
［普及］

□105 **フキュウ**の名作。
長く後世に残ること。
p.14 217
［不朽］

□106 経営再建に**フシン**する。
ひどくこころを使うこと。
p.31 508
［腐心］

□107 新しい家を**フシン**する。
建築や土木の工事を行うこと。
p.48 811
［普請］

□108 挙動**フシン**な人物。
疑わしく思うこと。
p.55 946
［不審］

□109 成績**フシン**で思い悩む。
勢いがよくないこと。
p.74 1339
［不振］

□110 政治への**フシン**感が高まる。
しんじないこと。
［不信］

□111 心の**ヘイコウ**を保つ。
釣り合いがとれて安定を保っていること。
p.5 28
［平衡］

□112 無茶な要求に**ヘイコウ**する。
うんざりすること。
p.90 1601
［閉口］

□113 二試合を**ヘイコウ**して行う。
同時におこなうこと。
［並行］

□114 全国に**ヘンザイ**する民話。
広く行き渡ってあること。
p.76 1371
［遍在］

□115 人口が都市に**ヘンザイ**する。
ある場所にかたよってあること。
p.145 2672
［偏在］

□116 連帯**ホショウ**人になる。
確かであると請け合うこと。
p.32 540
［保証］

□117 社会**ホショウ**制度。
責任を持って守ること。
p.43 742
［保障］

□118 損害を**ホショウ**する。
損害を埋め合わすこと。
p.61 1077
［補償］

□119 忠告を心に**メイキ**する。
心に刻みこむこと。
p.96 1736
［銘記］

□120 連絡先を**メイキ**する。
はっきりと書くこと。
［明記］

□1 夜が**ア**けて朝になる。 あかるくなる。 ［明］
□2 時間を**ア**けてもらう。 からにする。 ［空］
□3 窓を**ア**けて風を入れる。 閉じていたものをひらく。 ［開］
□4 日ごとに**アタタ**かくなる。 気温がほどよく高い。 ［暖］
□5 **アタタ**かい料理をいただく。 物の温度がほどよく高い。 ［温］
□6 今年の夏はとても**アツ**い。 気温が高い。 ［暑］
□7 手**アツ**いもてなしを受ける。 人情が深い。 ［厚］
□8 **アツ**いお風呂に入りたい。 物や体などの温度が高い。 ［熱］
□9 頭を下げて**アヤマ**る。 間違いなどをわびる。 ［謝］
□10 目測を**アヤマ**る。 まちがえる。 ［誤］

□11 金遣いが**アラ**い。 穏やかさがない。 ［荒］
□12 網の目が**アラ**い。 細かくない。 ［粗］
□13 喜びを言葉で**アラワ**す。 考えや感情を言葉などで表現する。 ［表］
□14 民話を集めて書物を**アラワ**す。 書物などを世に出す。 p.160 2978 ［著］
□15 とうとう本性を**アラワ**した。 姿や本質を表に出して示す。 ［現］
□16 雨の日は膝が**イタ**む。 心や体に苦しみを感じる。 ［痛］
□17 知人の死を**イタ**む。 人の死を嘆き悲しむ。 p.77 1392 ［悼］
□18 暑さで果物が**イタ**む。 物にきずがつく。食品が腐る。 ［傷］
□19 義士の**ウ**ち入り。 相手を攻め滅ぼす。 ［討］
□20 いのししを猟銃で**ウ**つ。 銃弾などを発射する。 ［撃］

□21 板書をノートに**ウツ**す。
もとの文章や絵をそっくりに表す。
［写］

□22 画像をスクリーンに**ウツ**す。
姿や影を他の物に投影する。
［映］

□23 窓側に席を**ウツ**す。
動いて別の場所へ行く。
［移］

□24 罪を**オカ**す。
法律や道徳などに反する。
［犯］

□25 危険を**オカ**して行く。
困難なことをあえて行う。
p.115 2078
［冒］

□26 病魔に**オカ**される。
次第に入り込む。他人の権利を損なう。
p.116 2100
［侵］

□27 成功を**オサ**める。
きちんと中に入れる。安定させる。
［収］

□28 税金を**オサ**める。
きちんと入れてしまう。終わりにする。
［納］

□29 領地を**オサ**める。
国家などを支配する。
［治］

□30 ラテン語を**オサ**める。
学問などを身につける。
［修］

□31 音楽にのって**オド**る。
音楽に合わせて体を動かす。
［踊］

□32 興奮して胸が**オド**る。
勢いよくとびはねる。わくわくする。
［躍］

□33 家庭を**カエリ**みる余裕がない。
後ろをふりかえる。気にかける。
p.45 796
［顧］

□34 わが身を**カエリ**みる。
自らの行いを振り返ってよく考える。
［省］

□35 髪型を**カ**える。
異なる状態や性質にする。
［変］

□36 明日は振り**カ**え休日だ。
別の新しいものにする。
［替］

□37 書面をもって挨拶に**カ**える。
役目を他のものにさせる。
［代］

□38 電車を乗り**カ**える。
別のもので同じことをする。
［換］

□39 梅の花が**カオ**る。
よいにおいがする。
［香］

□40 風**カオ**る五月。
よいにおいや雰囲気が漂う。
［薫］

□41 やかんを火に**カ**ける。
物をぶら下げる。上にのせる。
〔掛〕

□42 川に橋を**カ**ける。
二つの物の間に渡す。
〔架〕

□43 社運を**カ**けた大事業。
困難を覚悟で事にあたる。
〔賭〕

□44 命を**カ**けて守る。
争いごとの引き合いに出す。
〔懸〕

□45 野原を**カ**ける馬。
人や動物が走る。
〔駆〕

□46 クラスの団結が**カタ**い。
しっかりしていて形が変わらない。
〔固〕

□47 モデルの表情が**カタ**い。
こわばっている。石や金属が外力に強い。
〔硬〕

□48 彼は口が**カタ**い。
信用できる。中身が詰まっている。
〔堅〕

□49 洗濯物が**カワ**く。
水分や湿気がなくなる。
〔乾〕

□50 喉が**カワ**いた。
喉がからからになる。
〔渇〕

□51 気の**キ**いた贈り物。
十分なはたらきをする。
〔利〕

□52 痛み止めの薬が**キ**く。
ききめがある。
〔効〕

□53 二人の仲を**サ**く。
一つになっていたものを二つ以上に断ち切る。
〔裂〕

□54 特別に時間を**サ**く。
一部を分けて他に当てる。
〔割〕

□55 日傘を**サ**して歩く。
かざす。光が当たる。ある現象が現れる。
〔差〕

□56 鼻を**サ**すような嫌な臭い。
強く刺激する。先のとがったものを突き入れる。
〔刺〕

□57 花瓶に花を**サ**す。
細長いものを突き通すように入れる。
〔挿〕

□58 西を**サ**して進む。
方向をさし示す。
〔指〕

□59 眠気を**サ**ます。
眠りや迷いから意識を正常な状態に戻す。
〔覚〕

□60 湯を**サ**ます。
熱いものの熱気をとる。
〔冷〕

□61 展示品には**サワ**らない。
手などでふれる。
［触］

□62 気に**サワ**る言い方をされる。
差し支える。
［障］

□63 雑巾を**シボ**る。
ねじって水分を取る。
［絞］

□64 牛の乳を**シボ**る。
強く押しつけて水分を取る。
［搾］

□65 友人に入部を**スス**める。
相手に誘いかける。
p.126 2283
［勧］

□66 良書を**スス**める。
よい点をあげて採用を促す。
［薦］

□67 予定どおり工事を**スス**める。
物事をはかどらせる。
［進］

□68 祖父母と一緒に**ス**む。
一定の場所を定めて生活する。
［住］

□69 用事が**ス**む。
物事が終わる。
［済］

□70 川の水が**ス**む。
濁りや曇りなくきれいになる。
［澄］

□71 川に**ソ**って歩く。
長いものをつたって行く。
［沿］

□72 病院に付き**ソ**う。
相手のそばにいる。
［添］

□73 各部屋に消火器を**ソナ**える。
前もって用意しておく。
［備］

□74 霊前に花を**ソナ**える。
神仏などに物をささげる。
［供］

□75 快刀乱麻を**タ**つ。
続いているものを途中で遮る。
［断］

□76 はさみで生地を**タ**つ。
布や紙を寸法に合わせて切る。
［裁］

□77 雪山で消息を**タ**つ。
続いているものを終わりにする。
［絶］

□78 新しい職に**ツ**く。
ある場所や役目に身を置く。
p.113 2027
［就］

□79 自分の席に**ツ**く。
ある場所に達する。
［着］

□80 雲を**ツ**くような大男。
つき破る勢いで向かう。
［突］

81 言動を**ツツシ**む。 過ちをおかさないように気をつける。 〔慎〕
82 **ツツシ**んで祝意を表する。 恭しくかしこまる。 〔謹〕
p.113 2028
83 問題の解決に**ツト**める。 力を尽くして事にあたる。 〔努〕
84 会議の議長を**ツト**める。 与えられた役目を果たす。 〔務〕
85 父は銀行に**ツト**めている。 仕事に従事する。 〔勤〕
86 読んでいない本を**ツ**む。 重なって高くなる。 〔積〕
87 悪の芽を**ツ**む。 指先で挟み取る。 〔摘〕
88 例題を何度も**ト**く。 ほどく。ほぐす。答えを出す。 〔解〕
89 絵の具を水で**ト**く。 固形物を液状にする。 〔溶〕
90 人の道を**ト**く。 道理などを教え諭す。 〔説〕

91 水中で息を**ト**める。 動かなくする。やめる。 〔止〕
92 友達を家に**ト**める。 宿を貸す。 〔泊〕
93 服のボタンを**ト**める。 動かないように固定する。 〔留〕
94 勉強して資格を**ト**る。 自分のものにする。 〔取〕
95 会社で事務を**ト**る。 職務にあたる。 〔執〕
96 猫がねずみを**ト**る。 つかまえる。 〔捕〕
97 記念写真を**ト**る。 カメラなどで写す。 〔撮〕
98 会議で決を**ト**る。 必要なものを入れて集める。 〔採〕
99 **ナラ**うより慣れろ。 教えを受けて身につける。 〔習〕
100 前例に**ナラ**う。 手本としてまねる。 〔倣〕
p.77 1381

□101 世界の平和を**ノゾ**む。 願う。遠くから眺める。 ［望］
□102 決勝戦に**ノゾ**む。 目の前にする。立ち向かう。 p.83 1461 ［臨］
□103 生徒の個性を**ノ**ばす。 さらに長く広くする。 ［伸］
□104 出発を明日に**ノ**ばす。 時間や日時を遅らせる。 ［延］
□105 タイミングを**ハカ**る。 時間や数量をまとめて調べ数える。 ［計］
□106 土地の面積を**ハカ**る。 長さ・高さ・広さ・温度などをはかる。 p.139 2550 ［測］
□107 風呂上がりに体重を**ハカ**る。 かさ・重さなどをはかる。 ［量］
□108 合理化を**ハカ**る。 物事を企てる。 p.143 2633 ［図］
□109 会社の乗っ取りを**ハカ**る。 相談して悪事をたくらむ。 ［謀］
□110 議案を委員会に**ハカ**る。 ほかの人に相談する。 ［諮］

□111 ほうきで落ち葉を**ハ**く。 ほうきでごみを取り除く。 ［掃］
□112 友人に弱音を**ハ**く。 体内のものを口から外へ出す。 ［吐］
□113 新しい靴を**ハ**く。 はきものを足につける。 ［履］
□114 心地よい風が**フ**く。 風が起こる。 ［吹］
□115 火山が煙を**フ**く。 勢いよく外へ出る。 ［噴］
□116 タオルで汗を**フ**く。 紙や布で汚れをぬぐう。 ［拭］
□117 **ヤサ**しい声がする。 思いやりがある。 ［優］
□118 **ヤサ**しい問題を出す。 物事がたやすくできる。 ［易］
□119 進路のことで思い**ワズラ**う。 精神的に悩み苦しむ。 ［煩］
□120 大病を**ワズラ**う。 病気になる。 ［患］

□1 **アイマイモコ**とした状態。
物事がはっきりせずぼんやりしているさま。
〔曖昧模糊〕

□2 **イキショウテン**の勢い。
意気込みが天をつくほど盛んなさま。
〔意気衝天〕

□3 失敗して**イキソソウ**する。
意気込みがくじけ弱ること。
〔意気阻喪〕

□4 **イチジツセンシュウ**の思い。
ひどく待ち遠しく思うさま。
〔一日千秋〕

□5 **イチレンタクショウ**の仲間。
行動、運命をともにすること。
〔一蓮托生〕

□6 目標に**イチロマイシン**する。
目的達成のために、ひたすら進むこと。
〔一路邁進〕

□7 小説を**イッキカセイ**に書く。
ひといきに仕事を完成すること。
〔一気呵成〕

□8 **イッショクソクハツ**の関係。
非常に緊迫した状態のこと。
〔一触即発〕

□9 **イフウドウドウ**と行進する。
威厳があって立派であるさま。
〔威風堂堂〕

□10 **ガシンショウタン**の末の合格。
目的を遂げるために苦心すること。
〔臥薪嘗胆〕

□11 **カッカソウヨウ**の感がある。
はがゆくじれったいこと。
〔隔靴搔痒〕

□12 **キョウミシンシン**で見学する。
関心が尽きないさま。
〔興味津津〕

□13 **ケンキョウフカイ**な言い分。
強引に理屈をこじつけること。
〔牽強付会〕

□14 **ケンドチョウライ**を期する。
一度失敗した者が勢力を盛り返すこと。
〔捲土重来〕

□15 **ケンニンフバツ**の精神。
じっとこらえて心のぐらつかないこと。
〔堅忍不抜〕

□16 **ゴウホウライラク**な性格。
度量が広く小事にこだわらないこと。
〔豪放磊落〕

□17 **コシタンタン**と上位を狙う。
じっとチャンスを狙うこと。
〔虎視眈眈〕

□18 味が**コンゼンイッタイ**となる。
全体が溶け合って一つのものになること。
〔渾然一体〕

□19 **サンカンシオン**の季節。
寒い日が三日続くと暖かい日が四日続く気象。
〔三寒四温〕

□20 最高傑作だと**ジガジサン**した。
自分で自分のことを褒めること。
〔自画自賛〕

□21 理論が**ジカドウチャク**する。
同じ人の言動や文章が矛盾すること。
［自家撞着］

□22 **シシフンジン**の働きをする。
激しい勢いで物事に対処するさま。
［獅子奮迅］

□23 **シソウケンゴ**な人だ。
志をしっかりと定めて変えないこと。
［志操堅固］

□24 **シュウジンカンシ**の的となる。
大勢の人が見ていること。
［衆人環視］

□25 **シンシンキエイ**の学者。
その分野に新しく現れて勢いがあること。
［新進気鋭］

□26 **ジンセキミトウ**の秘境。
まだ誰も足を踏み入れたことのない場所。
［人跡未踏］

□27 互いに**セッサタクマ**する。
仲間どうしで競い合って向上すること。
［切磋琢磨］

□28 **ゼンジンミトウ**の記録。
まだ誰も到達していないこと。
［前人未到］

□29 **タキボウヨウ**の時代。
事が多くて真実をつかみにくいこと。
［多岐亡羊］

□30 **ダンイホウショク**の社会。
満ち足りた暮らし。
［暖衣飽食］

□31 **チョトツモウシン**する若者。
目標に向かってはげしい勢いで突き進むこと。
［猪突猛進］

□32 **バリゾウゴン**を浴びせる。
口を極めた悪口。
［罵詈雑言］

□33 **フウコウメイビ**な観光地。
自然の景色が美しいこと。
［風光明媚］

□34 **フグタイテン**の敵と見なす。
この世に共存できないほど深く憎むこと。
［不倶戴天］

□35 **ヘンゲンセキゴ**も漏らすまい。
わずかな言葉。一言。
［片言隻語］

□36 敗戦に**ボウゼンジシツ**する。
あっけにとられて、気が抜けてしまうこと。
［茫然自失］

□37 **ムチモウマイ**にも程がある。
愚かで物事の道理を知らないこと。
［無知蒙昧］

□38 **メンボクヤクジョ**たる活躍。
その人らしい特徴が表れ、評価が高まるさま。
［面目躍如］

□39 **ユイガドクソン**の態度。
世界で自分がいちばん尊い存在だということ。
［唯我独尊］

□40 **ユウズウムゲ**な発想。
考え方や行動が自由であること。
［融通無碍］

□ 1 約束を守らない弟には□**が尽きる。**

□ 2 彼の言い訳に□**が塞がらない。**

□ 3 すぐに□**を取る**のは悪い癖だ。

□ 4 一度**味を**□とやめられない。

□ 5 法の□**をくぐる**巧妙な手口。

□ 6 全く予期せぬ出来事に□**を食う。**

□ 7 彼の横柄な態度に**怒り心頭に**□。

□ 8 授賞式の参列者が**威儀を**□。

□ 9 彼はクラスの中で□**を放つ**存在だ。

□ 10 **至れり**□のもてなしを受けた。

□ 11 音楽界では誰もが□**置く**人物だ。

□ 12 ここで失敗したら□**の終わり**だ。

語句	意味
愛想（あいそ）	すっかり嫌になる。
開いた口（あいたくち）	あきれて何も言えない。
揚げ足（あげあし）	人の言い間違いを取り上げてからかう。
占める（しめる）	一度経験したことのうまみを忘れない。
網の目（あみのめ）	法律などの規制から逃れる。
泡（あわ）	ひどくうろたえて慌てる。
発する（はっする）	激しく怒る。
正す（ただす）	礼儀正しく重々しい態度をとる。
異彩（いさい）	特別に目立ってすぐれて見える。
尽くせり（つくせり）	よく行き届いている。
一目（いちもく）	自分よりすぐれている者に対して一歩譲る。
一巻（いっかん）	物事の結末がついてしまう。

□13 選手たちは□**乱**(みだ)**れず**行進する。
［一糸(いっし)］
秩序正しく整然としている。

□14 三連戦の最後に何とか□**を報**(むく)**いる**。
［一矢(いっし)］
相手の攻撃に反撃を加えて、わずかでも仕返しをする。

□15 現在の医療制度に□**を投**(とう)**じる**。
［一石(いっせき)］
反響を呼ぶ問題を投げかける。

□16 見込みのない弟子に□**を渡**(わた)**す**。
［引導(いんどう)］
最後の宣告をして諦めさせる。

□17 景気悪化の報道に国民が□**立**(た)**つ**。
［浮(う)き足(あし)］
不安やおそれで落ち着かなくなる。

□18 □**を引**(ひ)**かれる**思いで引退した。
［後(うし)ろ髪(がみ)］
心残りがしてなかなか思い切れない。

□19 人に□**を指**(さ)**される**行動はするな。
［後(うし)ろ指(ゆび)］
陰で悪口を言われる。

□20 仕事もせず趣味に□**を抜**(ぬ)**かす**青年。
［現(うつつ)］
ある物事に心を奪われて夢中になる。

□21 先生の話を聞き、思わず□**を正**(ただ)**す**。
［襟(えり)］
気持ちを引き締める。

□22 簡単な報告書を出して□**を濁**(にご)**す**。
［お茶(ちゃ)］
いい加減にその場をごまかす。

□23 次回は必ず**汚名**(おめい)**を**□つもりだ。
［そそぐ］
悪評や不名誉を消し去る。

□24 古い家は建て替えられ□**も形**(かたち)**もない**。
［影(かげ)］
跡形もない。

□ 25 父親の権力を□**に着る**横柄な息子。
笠(かさ)
権威を利用して他人に圧力を加える。

□ 26 無意識のうちに詐欺の□**を担ぐ**。
片棒(かたぼう)
ある企ての一部に協力する。

□ 27 そんな言い方をしたら□**が立つ**。
角(かど)
物事が円満に行かなくなる。

□ 28 目的のためには**金に**□**を付けない**。
糸目(いとめ)
惜しげもなく金を使う。

□ 29 彼女の演奏技術には□**を脱ぐ**。
兜(かぶと)
降参する。

□ 30 相手を□**無きまで**打ちのめす。
完膚(かんぷ)
無傷の部分がないほど徹底的に。

□ 31 彼は**気が**□大切な友人だ。
置(お)けない
遠慮したりする必要がない。

□ 32 性急に動かず□**が熟する**のを待つ。
機(き)
物事を始めるのに最適の状況となる。

□ 33 早急な対応で他社の□**を制する**。
機先(きせん)
先に行動して相手を抑える。

□ 34 彼は**機転が**□ので司会を任せる。
利(き)く
その場に応じた考えや行動ができる。

□ 35 **気も**□で仕事が手に付かない。
そぞろ
あることが気になって落ち着かない。

□ 36 ノーベル賞を受賞して□**を浴びる**。
脚光(きゃっこう)
人々から注目される。

□37 彼の主張は政府見解と□を**一**（いっ）**にする。**
□38 聴衆の心の□**に触**（ふ）**れる**スピーチ。
□39 欠点を指摘されて□**も出**（で）**ない。**
□40 画廊で見た一枚の絵に□**付**（づ）**けになる。**
□41 七時までに帰宅するように**釘**（くぎ）**を**□。
□42 事実を隠すため皆で□**を合**（あ）**わせる。**
□43 不得意科目が原因で**苦杯**（くはい）**を**□。
□44 彼と□**を共**（とも）**にする**覚悟で結婚する。
□45 会場に集まった若者に□**を飛**（と）**ばす。**
□46 取材依頼を**けんも**□に断られた。
□47 担当者と**口角**（こうかく）□**を飛**（と）**ばす**論議となる。
□48 社員全員の努力が□**を奏**（そう）**する。**

答	意味
軌（き）	立場や方法が同じである。
琴線（きんせん）	人の心の奥深くに触れて、感動や共鳴を呼び起こす。
ぐうの音（ね）	一言も反論ができない。
釘（くぎ）	その場から動けなくなる。
刺す（さ）	前もって念を押しておく。
口裏（くちうら）	他の人と話の筋道を合わせて言う。
嘗める（な）	つらい経験をする。
苦楽（くらく）	苦しみも楽しみも一緒に経験する。
檄（げき）	自分の主張を広く人々に訴える。
ほろろ	人の頼みや相談ごとを無愛想に拒絶する。
泡（あわ）	激しく議論する。
功（こう）	事が成就する。

□49 担当者の不十分な答弁に□**を煮**(に)**やす**。
業(ごう)
事が思うように進まず、いらいらする。

□50 子供の将来のために**心**(こころ)**を**□**にする**。
鬼(おに)
相手のために非情な態度をとる。

□51 今後の動向については**言葉**(ことば)**を**□。
濁(にご)す
都合が悪いことを曖昧に言う。

□52 社長自らが展示会の**采配**(さいはい)**を**□。
振(ふ)る
人やチームに指図をする。

□53 不適切な発言にすっかり**座**(ざ)**が**□。
白(しら)ける
その場の人々の興味がそがれる。

□54 **策**(さく)**を**□とかえって失敗する。
弄(ろう)する
必要以上に策略を用いる。

□55 難問すぎて専門家も□**を投**(な)**げる**。
匙(さじ)
成功の見込みが立たず断念する。

□56 童顔なので年齢を十歳若く□**を読**(よ)**む**。
鯖(さば)
都合のいいように数をごまかす。

□57 迷惑をかけたので実家は□**が高**(たか)**い**。
敷居(しきい)
相手に対して負い目があり、家に入りにくい状態。

□58 **下**(した)**にも**□もてなしを受けた。
置(お)かない
非常に丁寧にもてなす。

□59 詐欺に遭い、悔しくて□**を踏**(ふ)**む**。
地団駄(じだんだ)
怒りや悔しさで激しく地を踏みつける。

□60 決断しきれない彼に□**を切**(き)**らす**。
痺(しび)れ
待ち疲れていらいらする。

番号	例文	答え	意味
□61	職権を濫用して□**を肥**（こ）**やす。**	私腹（しふく）	公の地位を利用して、利益をむさぼる。
□62	若さゆえに世間に対して□**に構**（かま）**える。**	斜（しゃ）	物事に正面から立ち向かわず、皮肉やからかいの態度をとる。
□63	不毛な論争にそろそろ**終止符**（しゅうしふ）**を**□。	打（う）つ	物事に決着をつける。
□64	直接対決で□**を決**（けっ）**する**こととなる。	雌雄（しゆう）	戦って勝負をつける。
□65	交渉役として彼に**白羽**（しらは）**の矢**（や）**が**□。	立（た）つ	多くの中から抜擢される。
□66	この期に及んでまだ□**を切**（き）**る**のか。	白（しら）	わざと知らないふりをする。
□67	電車内で騒ぐ若者を□**で見**（み）**る。**	白（しろ）い目（め）	軽蔑した冷淡な目つきで見る。
□68	裁判で**白黒**（しろくろ）**を**□必要がある。	つける	決着をつける。
□69	若手俳優たちが舞台に**心血**（しんけつ）**を**□。	注（そそ）ぐ	全身全霊を注いであることに打ち込む。
□70	長年の苦労が一瞬で□**に帰**（き）**する。**	水泡（すいほう）	努力が無駄になる。
□71	汚職事件を週刊誌が□**抜**（ぬ）**く。**	すっぱ	隠し事や秘密を不意に暴く。
□72	皆が喜ぶ案を出すとは□**に置**（お）**けない。**	隅（すみ）	思いのほか力量があって侮れない。

番号	問題	答え	意味
□73	野球部が昨年初戦敗退の（　）**を果(は)たす。**	雪辱(せつじょく)	失った名誉を取り戻す。
□74	趣味に熱中しすぎて**前後(ぜんご)を**（　）。	忘(わす)れる	自分の置かれている状況がわからなくなる。
□75	国の未来は若者の（　）**に掛(か)かる。**	双肩(そうけん)	成否や勝敗などが中心的な人物の活躍にかかる。
□76	久しぶりに孫の顔を見て（　）**を崩(くず)す。**	相好(そうごう)	笑いで表情が和らぐ。
□77	子供がつく嘘(うそ)はすぐ**底(そこ)が**（　）。	割(わ)れる	隠そうとしていることがすぐ相手に見破られる。
□78	今日見た映画は**ぞっと**（　）内容だ。	しない	あまり感心しない。
□79	美術部に勧誘されたが**袖(そで)に**（　）。	する	冷淡に扱う。
□80	感動的な映画を見て**袖(そで)を**（　）。	絞(しぼ)る	ひどく泣く。
□81	外面のいい兄とは（　）**が合(あ)わない。**	反(そ)り	気が合わない。
□82	精密機械の性能には（　）**を押(お)す。**	太鼓判(たいこばん)	絶対に確かであるのを保証する。
□83	一人でできることは**高(たか)が**（　）。	知(し)れる	程度や限度がわかる。
□84	全員に賛同してもらえると**高(たか)を**（　）。	括(くく)る	大したことはないだろうと甘く見積もる。

- □ 85 君に頼りきりでは僕の□**が無(な)い**。　［立(た)つ瀬(せ)］　立場を失って面目が立たない。
- □ 86 強い口調で上司に**盾(たて)を**□者もいる。　［突(つ)く］　反抗する。
- □ 87 金銭感覚の違いで親友と□**を分(わ)かつ**。　［袂(たもと)］　行動をともにしてきた人と別れる。
- □ 88 昼夜□**の滲(にじ)むよう**な努力を重ねた。　［血(ち)］　苦しくつらい努力をする。
- □ 89 幻の逸品を入手するため□**になる**。　［血眼(ちまなこ)］　目的の達成に夢中になる。
- □ 90 **血(ち)も**□**も無(な)い**仕打ちを受ける。　［涙(なみだ)］　思いやりの気持ちがない。
- □ 91 兄とことあるごとに□**突(つ)き合(あ)わせる**。　［角(つの)］　仲が悪くて衝突する。
- □ 92 平気で遅刻するとは□**が厚(あつ)い**。　［面(つら)の皮(かわ)］　ずうずうしい。あつかましい。
- □ 93 百戦錬磨のプロを□**に取(と)る**。　［手玉(てだま)］　人を自分の思いどおりに操る。
- □ 94 未熟者の私などが□**ではない**。　［出(で)る幕(まく)］　何かを言ったり、したりする場面ではない。
- □ 95 あの俳優の人気は□**知(し)らず**だ。　［天井(てんじょう)］　物価・相場がどこまで高くなるかわからないこと。
- □ 96 初優勝して**天(てん)にも**□**心地(ここち)**だ。　［昇(のぼ)る］　非常にうれしい気持ちのたとえ。

- □97 恋愛と仕事とを［　　］**に掛**(か)**ける。**
  - 天秤(てんびん)
  - 優劣や軽重を比べる。
- □98 九月に入って暑さが［　　］**を越**(こ)**す。**
  - 峠(とうげ)
  - 物事の絶頂の時が過ぎる。
- □99 のん気な態度に**毒気**(どっけ)**を**［　　］**。**
  - 抜(ぬ)かれる
  - びっくりして呆然(ぼうぜん)とする。
- □100 ［　　］**もない**発言に全員が驚いた。
  - 突拍子(とっぴょうし)
  - 並み外れて風変わりである。
- □101 ［　　］**を落**(お)**とす勢**(いきお)**い**で勝ち進む。
  - 飛(と)ぶ鳥(とり)
  - 威勢が盛んである。
- □102 話題の新製品が［　　］**ように売**(う)**れる。**
  - 飛(と)ぶ
  - 大変よく売れる。
- □103 一人きりで道に迷って［　　］**に暮**(く)**れる。**
  - 途方(とほう)
  - どうしてよいか手段に迷う。
- □104 ずっと無愛想で［　　］**もない。**
  - 取(と)り付(つ)く島(しま)
  - 相手が素っ気なくて近づけない。
- □105 ［　　］**に足**(た)**りない**質問ばかりしている。
  - 取(と)る
  - 問題として取り上げる価値もない。
- □106 **鳴**(な)**かず**［　　］の時期も毎日練習した。
  - 飛(と)ばず
  - 何の活躍もしないでいること。
- □107 世界的に**名**(な)**が**［　　］企業に就職したい。
  - 通(とお)る
  - 有名である。
- □108 宿題が終わらず、先生に**泣**(な)**きを**［　　］。
  - 入(い)れる
  - 泣きついて許しを求める。

- □109 （　）**も黙(だま)る**世界王者が入場する。　**泣(な)く子(こ)**　どんな人も押さえつけてしまう力を持った状態。
- □110 彼に毎日手紙を送ったが**梨(なし)の**（　）だ。　**礫(つぶて)**　音沙汰がない。
- □111 オリンピック開催地に（　）**を上(あ)げる**。　**名乗(なの)り**　立候補する。
- □112 決勝戦に敗れ、**涙(なみだ)に**（　）選手たち。　**暮(く)れる**　ひどく泣き悲しむ。
- □113 政府への批判が（　）**を潜(ひそ)める**。　**鳴(な)り**　しばらく活動がとだえる。
- □114 彼は実業家として**名(な)を**（　）。　**揚(あ)げる**　有名になる。
- □115 大学の創設者として**名(な)を**（　）。　**残(のこ)す**　名声を後世に伝える。
- □116 新入社員には**荷(に)が**（　）役目だ。　**重(おも)い**　責任が重い。
- □117 **煮(に)ても**（　）**ても食(く)えない**やつだ。　**焼(や)い**　相手がしたたかで、手に負えず持て余す。
- □118 洋服の値札を見て（　）**を踏(ふ)む**。　**二(に)の足(あし)**　どうしようかと迷う。
- □119 自分勝手な要求に（　）**が継(つ)げない**。　**二(に)の句(く)**　あきれて次に言う言葉が出てこない。
- □120 彼の（　）**を演(えん)じる**羽目になった。　**二(に)の舞(まい)**　前の人と同じ失敗を繰り返す。

□121 問題を解決してやっと**荷(に)を**□。

□122 保身のため、部下に□**を着(き)せる**。

□123 **根(ね)も**□**もない**うわさを立てられる。

□124 プロの選手も□**を上(あ)げる**厳しい練習。

□125 秘密を口外しないよう**念(ねん)を**□。

□126 ホームランで反撃の□**を上(あ)げる**。

□127 駅前の開発計画を□**に戻(もど)す**。

□128 政策が景気の低迷に□**を掛(か)ける**。

□129 □**をふむ**思いで試験を切り抜けた。

□130 怠け者で**箸(はし)にも**□**にも掛(か)からない**。

□131 頑張るよう後輩に□**を掛(か)ける**。

□132 失敗続きで□**塞(ふさ)がり**の状態だ。

下(お)ろす	責任を果たす。
濡(ぬ)れ衣(ぎぬ)	無実の罪に陥れる。
葉(は)	何の根拠もない、全くのでたらめ。
音(ね)	弱音を吐く。降参する。
押(お)す	相手に十分に確かめる。
狼煙(のろし)	事のきっかけとなる行動を起こす。
白紙(はくし)	元の状態に戻す。
拍車(はくしゃ)	事の成り行きを一段と進める。
薄氷(はくひょう)	きわめて危ない。
棒(ぼう)	どうにも取り扱いようがない。
発破(はっぱ)	強い言葉で励ます。
八方(はっぽう)	手の打ちようがないこと。

□133 今後のために若い人に□**を持(も)たせる。**

□134 休日は田舎の別荘で□**を伸(の)ばす。**

□135 特定の生徒が校内で□**を利(き)かせる。**

□136 仲間どうしの酒の席で□**を外(はず)す。**

□137 全員が□**で押(お)したよう**な返事をする。

□138 **日(ひ)が**□下積み時代の思い出。

□139 大儲(おおもう)けして□**で暮(く)らす**のが夢だ。

□140 奇襲攻撃で相手に□**吹(ふ)かせる。**

□141 温かいお茶を飲んで□**入(い)れる。**

□142 彼は□**では行(い)かない**相手だ。

□143 単身で海外へ渡り□**揚(あ)げる。**

□144 母校の後輩のために□**脱(ぬ)ぐ。**

語	意味
花(はな)	相手を立てる。
羽根(はね)	のびのびと思うように振る舞う。
幅(はば)	威勢を張る。いばる。
羽目(はめ)	調子に乗りすぎて度を越す。
判(はん)	同じことの繰り返しで、変化のないさま。
当(あ)たらない	下積みで貧しい。
左団扇(ひだりうちわ)	何の苦労もなく安楽に暮らす。
一泡(ひとあわ)	相手の不意を突いて驚きうろたえさせる。
一息(ひといき)	ちょっと休憩する。
一筋縄(ひとすじなわ)	普通のやり方では処理できない。
一旗(ひとはた)	新しく事業などを起こす。
一肌(ひとはだ)	本気になって他人に力を貸す。

No.	例文	答え	意味
□145	言い訳をしても**火（ひ）に**［　］**を注（そそ）ぐ**だけだ。	油（あぶら）	一段と激しい勢いにする。
□146	祭りが終わり**火（ひ）の**［　］**よう**な広場。	消（き）えた	活気を失って寂しくなる。
□147	長年の研究がようやく［　］**を見（み）る。**	日（ひ）の目（め）	不遇だったものが世に認められるようになる。
□148	有力校が優勝を争い［　］**を散（ち）らす。**	火花（ひばな）	互いに激しく争う。
□149	二週間の選挙戦が［　］**を切（き）る。**	火蓋（ひぶた）	戦いや競技を開始する。
□150	改めて言われなくても［　］**も承知（しょうち）**だ。	百（ひゃく）	十分よく知っている。
□151	この事件は政治腐敗の［　］**の一角（いっかく）**だ。	氷山（ひょうざん）	表面に現れている事柄は全体の一部である。
□152	電車内で大声でしゃべり［　］**を買（か）う。**	顰蹙（ひんしゅく）	良識に反する言動をして人から嫌われる。
□153	**懐（ふところ）が**［　］ので何も買えない。	寒（さむ）い	所持金が少ない。
□154	説明には［　］**に落（お）ちない**点がある。	腑（ふ）	心の底から納得できない。
□155	**弁（べん）が**［　］のを買われて交渉役となる。	立（た）つ	話し方がうまい。
□156	何の［　］**もない**話で盛り上がる。	変哲（へんてつ）	普通のものと変わりがない。

□157 為政者に批判の**矛先**(ほこさき)**を**［　　］。
向(む)ける
ある物事や人を攻撃の対象とする。

□158 ［　　］**が冷**(さ)**める**まで姿を隠す。
ほとぼり
事件などに関する世間の関心が薄れる。

□159 若いころから［　　］**を惜**(お)**しまず**働いた。
骨身(ほねみ)
労力や面倒を嫌がらないこと。

□160 似たような事例は**枚挙**(まいきょ)**に**［　　］**がない**。
遑(いとま)
数え上げられないほど多い。

□161 誰にでも［　　］**が差**(さ)**す**瞬間はある。
魔(ま)
普段では考えられない悪心を起こす。

□162 空き時間が長すぎて**間**(ま)**が**［　　］。
持(も)てない
時間を取り繕えずに持て余す。

□163 昔の恋人と会い、**間**(ま)**が**［　　］思いをする。
悪(わる)い
きまりが悪い。

□164 三十年続いた長期政権の**幕**(まく)**を**［　　］。
引(ひ)く
物事を終わらせる。

□165 **待**(ま)**てど**［　　］相手が来ない。
暮(く)らせど
いくら長く待っても実現しないさま。

□166 彼の意見は常に**的**(まと)**を**［　　］ものだ。
射(い)る
要点を正しく捉える。

□167 勉強は志望校対策に**的**(まと)**を**［　　］。
絞(しぼ)る
目的や対象を一つに決める。

□168 ［　　］**で首**(くび)**を絞**(し)**めるよう**に追いつめる。
真綿(まわた)
遠回しにじわじわ痛めつける。

番号	問題	答え	意味
□169	一人で全部できると［　］**を切**(き)**る**。	見得(みえ)	自分を誇示する態度をとる。
□170	恋人の前では［　］**を張**(は)**る**人が多い。	見栄(みえ)	必要以上によく見せようとする。
□171	料理の腕前では［　］**に出**(で)**る者**(もの)**がない**。	右(みぎ)	誰よりもすぐれている。
□172	初めての場所で［　］**もわからない**。	右(みぎ)も左(ひだり)	その土地や社会の様子が全くわからない。
□173	長年の不満を**水**(みず)**に**［　］ことにした。	流(なが)す	いざこざをなかったことにする。
□174	会場は**水**(みず)**を**［　］**よう**になった。	打(う)った	集まった人々が静まりかえる。
□175	二人の友情に第三者が**水**(みず)**を**［　］。	差(さ)す	うまくいっているのに邪魔をする。
□176	恋人に**三日**(みっか)**に**［　］手紙を書く。	あげず	ひっきりなしに。
□177	請求書の内容には**身**(み)**に**［　］**がある**。	覚(おぼ)え	思い当たる記憶がある。
□178	祖母の苦労話が**身**(み)**に**［　］。	つまされる	他人の不幸が自分のことのように思われる。
□179	せっかくの好意を［　］**にする**。	無下(むげ)	台なしにする。無駄にする。
□180	欲を出して［　］**を折**(お)**る**羽目になる。	無駄骨(むだぼね)	苦労したことが何の役にも立たない。

番号	問題	答え	意味
181	無傷だったのは［　］**の幸い**だ。	物怪（もっけ）	想像もしていなかった幸運。
182	ここでやめたら［　］**も子（こ）もない**。	元（もと）	これまでの苦労が何にもならない。
183	その作戦は［　］**の剣（つるぎ）**で注意が必要だ。	諸刃（もろは）	効果をもたらす可能性と危険性を併せ持つ。
184	相次ぐ不祥事で批判の［　］**に立（た）つ**。	矢面（やおもて）	非難や攻撃を正面から受ける。
185	［　］**から棒（ぼう）**に話を切り出されて驚いた。	藪（やぶ）	だしぬけである。
186	**矢（や）も**［　］**もたまらず**家を飛び出した。	盾（たて）	勢いがついて抑えきれない。
187	親の遺産を［　］**のように使（つか）う**。	湯水（ゆみず）	金銭などをあるに任せて無駄遣いすること。
188	非常に［　］**に適（かな）う**考え方だと思う。	理（り）	理屈や道理に合う。
189	相手を言い負かして［　］**を下（さ）げる**。	溜飲（りゅういん）	胸のつかえが取れ、気が晴れる。
190	会社を解雇されて［　］**に迷（まよ）う**。	路頭（ろとう）	生活の手段がなくなり、ひどく困る。
191	給料が安くても［　］**も振（ふ）らず**働く。	脇目（わきめ）	集中して行う。
192	先生に肩をたたかれ［　］**に返（かえ）る**。	我（われ）	正気を取り戻す。

No.	ことわざ	意味	答え
□1	青菜に□	力なくしおれている。	塩（しお）
□2	□身につかず	悪事で稼いだ金はすぐになくなる。	悪銭（あくせん）
□3	□で砂をかける	恩のある人を裏切るばかりか、去り際に迷惑をかける。	後足（あとあし）
□4	□もえくぼ	ほれていると欠点までも美点に見えるものだ。	あばた
□5	磯の□の片思い	自分が慕っているだけで、相手にはその気がない恋。	鮑（あわび）
□6	一寸先は□	少し先のことも全く予知できない。	闇（やみ）
□7	一寸の虫にも□の魂	どんなにつまらない者も、それなりの思慮や根性を持っている。	五分（ごぶ）
□8	命あっての□	何事も命があってできることで、死んでは何にもならない。	物種（ものだね）
□9	□の頭も信心から	つまらない物でも、信心する人にはありがたく思われる。	鰯（いわし）
□10	言わぬが□	口に出さないほうが奥ゆかしくて差し障りもない。	花（はな）
□11	□あれば水心	相手の出方次第で、こちらの応じ方が決まる。	魚心（うおごころ）
□12	雨後の□	よく似た物事が次々に現れたり起こったりする。	筍（たけのこ）
□13	□の真似をする烏	自分の能力をよく考えず、他人を真似して失敗する。	鵜（う）
□14	江戸の敵を□で討つ	意外な場所や筋違いなことで、恨みの仕返しをする。	長崎（ながさき）
□15	絵に描いた□	実際には役に立たないもの。	餅（もち）
□16	海老で□を釣る	わずかな元手や労力で多くの利益を得る。	鯛（たい）
□17	傍目□	第三者のほうが、当事者よりもよく情勢がわかる。	八目（はちもく）
□18	□評定	いつまでも決まらない相談。	小田原（おだわら）
□19	□に短し襷に長し	物事が中途半端で、結局は役に立たない。	帯（おび）
□20	溺れる者は□をも掴む	困難な状況に陥ったときは、頼りにならない物にもすがりつく。	藁（わら）

□ **21** （　　）を断(た)つ
もつれた物事を見事に処理する。
［快刀乱麻(かいとうらんま)］

□ **22** 火中(かちゅう)の（　　）を拾(ひろ)う
自分の利益にならないのに他人のために危険を冒す。
［栗(くり)］

□ **23** 壁(かべ)に耳(みみ)あり（　　）に目(め)あり
秘密はとかく漏れやすい。
［障子(しょうじ)］

□ **24** 亀(かめ)の甲(こう)より年(とし)の（　　）
年長者の経験はおろそかにできない。
［功(こう)］

□ **25** 借(か)りてきた（　　）
普段とは違って、大変おとなしくしている様子。
［猫(ねこ)］

□ **26** （　　）も山(やま)の賑(にぎ)わい
つまらないものでも、ないよりはましだ。
［枯(か)れ木(き)］

□ **27** 可愛(かわい)さ余(あま)って憎(にく)さ（　　）
愛情が強かっただけ、憎む心も強くなる。
［百倍(ひゃくばい)］

□ **28** 勘定合(かんじょうあ)って（　　）足(た)らず
理論と実際が一致しない。
［銭(ぜに)］

□ **29** 狐(きつね)に（　　）
意外なことが起こり事情がわからず、ぼんやりする。
［つままれる］

□ **30** 木(き)に（　　）を接(つ)ぐ
物事のつながりが不自然である。
［竹(たけ)］

□ **31** （　　）から飛(と)び降(お)りる
思い切って大きな決断を下す。
［清水(きよみず)の舞台(ぶたい)］

□ **32** 木(き)を見(み)て（　　）を見(み)ず
小さいことに心を奪われて、全体を見通さない。
［森(もり)］

□ **33** （　　）を散(ち)らす
大勢の者が散り散りに逃げる。
［蜘蛛(くも)の子(こ)］

□ **34** （　　）の功名(こうみょう)
過失や災難と思われたことが意外によい結果となる。
［怪我(けが)］

□ **35** （　　）にも筆(ふで)の誤(あやま)り
その道に長じた人でも、時には失敗することがある。
［弘法(こうぼう)］

□ **36** 紺屋(こうや)の（　　）
他人のことで忙しく、自分のことまで手が回らない。
［白袴(しろばかま)］

□ **37** 地獄(じごく)で（　　）に会(あ)ったよう
危難や苦しみのときに、思いがけない助けにあったうれしさ。
［仏(ほとけ)］

□ **38** 釈迦(しゃか)に（　　）
知り尽くしている人にそのことを教える愚かさ。
［説法(せっぽう)］

□ **39** 蛇(じゃ)の（　　）は蛇(へび)
同類のすることは、その方面の者にはすぐわかる。
［道(みち)］

□ **40** （　　）の隅(すみ)を楊枝(ようじ)でほじくる
つまらない事柄にまで口出しをする。
［重箱(じゅうばこ)］

□41 □の手から水が漏れる
どんなに上手な人でも、時には失敗することがある。
［上手］

□42 住めば□
どんなところでも、住み慣れれば居心地よく思われてくる。
［都］

□43 栴檀は□より芳し
大成する人は幼いころからすぐれたところがある。
［双葉］

□44 □多くして船山に上る
指図する者が多くて統一がとれず、物事がうまく進まない。
［船頭］

□45 袖振り合うも□の縁
道で人と袖が触れ合う程度のことも、前世からの因縁によるものだ。
［多生］

□46 □の火事
自分には関係がなく、何の苦痛もない物事。
［対岸］

□47 □の花
憧れるだけで、自分には程遠いもの。
［高嶺］

□48 畳の上の□
理屈や方法を知っているだけで実際の役に立たない。
［水練］

□49 立つ鳥□を濁さず
去り際はきれいにしておくべきだ。
［跡］

□50 □に水
よどみなくすらすらと話す。
［立て板］

□51 □も好き好き
人の好みはさまざまである。
［蓼食う虫］

□52 棚から□
思いがけない幸運を得る。
［牡丹餅］

□53 他人の飯を□
世間にもまれて実社会の経験を積む。
［食う］

□54 提灯に□
物事の釣り合いがとれない。
［釣り鐘］

□55 月夜に□
不必要なこと。
［提灯］

□56 角を矯めて□を殺す
小さな欠点を直そうとして、全体を駄目にする。
［牛］

□57 □は打たれる
目立つ言動をする者は、人から妨げられやすい。
［出る杭］

□58 天に向かって□を吐く
他人に危害を加えようとして、かえって自分に災いを招く。
［唾］

□59 豆腐に□
少しも手ごたえがなく、効き目がない。
［鎹］

□60 十日の□、六日の菖蒲
時機に遅れて役に立たない。
［菊］

□ 61 毒を食らわば〔　〕まで
一度悪に手を染めたからには最後まで悪に徹しよう。
〔皿〕

□ 62 隣の花は〔　〕
何でも他人のものはよく見える。
〔赤い〕

□ 63 虎の〔　〕を踏む
きわめて危険なことをする。
〔尾〕

□ 64 泥棒を捕らえて〔　〕を綯う
準備を怠って、事が起こってから慌てて用意する。
〔縄〕

□ 65 飛んで火に入る〔　〕
自分から進んで災いの中に飛び込む。
〔夏の虫〕

□ 66 鳶に〔　〕をさらわれる
大事なものを横から奪われる。
〔油揚げ〕

□ 67 無い〔　〕は振れない
実際にないものはどうしようもない。
〔袖〕

□ 68 〔　〕には巻かれよ
勢力や権力がある者には、逆らわないほうが得だ。
〔長い物〕

□ 69 泣き面に〔　〕
不運や不幸が重なる。
〔蜂〕

□ 70 泣く子と〔　〕には勝てぬ
道理の通じない相手には、黙って従うしかない。
〔地頭〕

□ 71 〔　〕は人のためならず
人に情けをかけておけば、いつか自分のためになる。
〔情け〕

□ 72 怠け者の〔　〕働き
普段怠けている者に限って、世間の人が休む日になると働くものだ。
〔節句〕

□ 73 二階から〔　〕
回りくどくて効果がない。
〔目薬〕

□ 74 二足の〔　〕を履く
二つの職を兼ねる。
〔草鞋〕

□ 75 〔　〕に釘
何の手ごたえもなく、効き目がない。
〔糠〕

□ 76 濡れ手で〔　〕
苦労せずに大きな利益を得る。
〔粟〕

□ 77 猫も〔　〕も
誰も彼も。みんな。
〔杓子〕

□ 78 〔　〕を起こす
収まっていることに余計な手出しをして、問題を引き起こす。
〔寝た子〕

□ 79 寝耳に〔　〕
思いがけない出来事。
〔水〕

□ 80 能ある鷹は〔　〕を隠す
実力のある人はそれをひけらかすようなことはしない。
〔爪〕

□81 □過ぎれば熱さを忘れる
苦しい経験も、過ぎ去ってしまえばその苦しさを忘れる。
［喉元］

□82 乗り掛かった□
いったんかかわった以上、途中で身を引くことはできない。
［船］

□83 掃き溜めに□
つまらない場所に、そこに似合わぬすぐれたものがある。
［鶴］

□84 □で逃げる
その道の専門家も及ばないほどすぐれている。
［裸足］

□85 □をつついたよう
大騒ぎとなって収拾がつかない。
［蜂の巣］

□86 鳩が□を食ったよう
思いがけないことに驚いてきょとんとする。
［豆鉄砲］

□87 花も□もある
外見も実体もともにすぐれている。
［実］

□88 花より□
外観よりも実質を尊ぶ。
［団子］

□89 □から天を覗く
自分の狭い見識をもとに、大きな事柄について勝手に推測する。
［針の穴］

□90 □を貸して母屋を取られる
保護してやった相手に、恩をあだで返される。
［庇］

□91 人を呪わば□
人を陥れようとすれば、自分にも悪いことが起こる。
［穴二つ］

□92 火の無い所に□は立たぬ
うわさが出るからには根拠となる事実があるはずだ。
［煙］

□93 瓢箪から□が出る
冗談半分のことが事実となってしまう。
［駒］

□94 風前の□
危険が迫っていて、消えたり滅びたりする寸前。
［灯火］

□95 笛吹けども□
手を尽くしても、人がこちらの思いどおり動かない。
［踊らず］

□96 坊主憎けりゃ□まで憎い
その人を憎むあまり、その人が関係したものまで憎くなる。
［袈裟］

□97 仏の顔も□
どんなに慈悲深い人でも、無法なことをたびたびされると怒る。
［三度］

□98 □は生えぬ
何もしないのによい結果が得られるわけがない。
［蒔かぬ種］

□99 □にも衣装
つまらない者でも外見を飾れば立派に見える。
［馬子］

□100 待てば□の日和あり
焦らずに待っていれば、そのうちよい機会がやってくる。
［海路］

□101 まな板の［　］
相手の意向や運命に任せるほかに方法がない状態。
［鯉］

□102 丸い卵も切りようで［　］
物事は扱い方によって円満にもなり、角も立つ。
［四角］

□103 身から出た［　］
自分の犯した過ちのせいで不幸な目に遭う。
［錆］

□104 水と［　］
性質が合わず、しっくりと調和しない。
［油］

□105 三つ子の魂［　］まで
幼いころの性質は、年をとっても変わらない。
［百］

□106 昔取った［　］
若いころに身につけたことは後まで使える。
［杵柄］

□107 虫の［　］
弱り果てて、今にも絶えそうな呼吸。
［息］

□108 虫の［　］が悪い
機嫌が悪く、少しのことも気に障る状態にある。
［居所］

□109 目と［　］の先
距離が非常に近い。
［鼻］

□110 元の［　］
いったんよくなったものが、以前のつまらない状態に戻る。
［木阿弥］

□111 ［　］に水
努力や援助が少なくて、何の役にも立たない。
［焼け石］

□112 安物買いの［　］
安価な物を買うと、品質が悪かったりするのでかえって損になる。
［銭失い］

□113 ［　］に雪折れなし
柔らかいものは、堅いものよりかえってよく持ちこたえる。
［柳］

□114 柳の下に何時も［　］は居ない
偶然得た幸運を、再び同じ方法で得ようとするのは甘い。
［泥鰌］

□115 藪をつついて［　］を出す
余計なことをしてかえって災いを受ける。
［蛇］

□116 横板に［　］
つまりながらしゃべる。
［雨垂れ］

□117 寄らば［　］
同じ頼るならば、勢力のある人のほうがよい。
［大樹の陰］

□118 弱り目に［　］
不運の上に不運が重なる。
［祟り目］

□119 ［　］は友を呼ぶ
気のあった者や似通った者は自然に寄り集まる。
［類］

□120 ［　］には福来る
明るくにこにこしている人には、自然と幸福が訪れる。
［笑う門］

□ 1 青は藍より出でて藍より青し
弟子が師よりもすぐれた存在になる。

□ 2 朝に道を聞かば夕べに死すとも可なり
朝に人としての大切な道を聞いて会得できれば、夕方死んでも心残りはない。

□ 3 羹に懲りて膾を吹く
前の失敗に懲りて、必要以上に警戒心を強くする。
▼羹…熱いスープ　▼膾…酢の物

□ 4 過ちては則ち改むるに憚ること勿かれ
過失を犯したら、体裁など構わずすぐ改めるべきだ。

□ 5 言うは易く行うは難し
口で言うのはたやすいが、それを実行するのは難しい。

□ 6 石に漱ぎ流れに枕す
負け惜しみが強い。また、ひどいこじつけ。

□ 7 衣食足りて礼節を知る
人は生活が安定してはじめて、名誉や恥を知るようになる。

□ 8 一葉落ちて天下の秋を知る
わずかなきざしを見て、物事の衰えや大勢を察知する。

□ 9 一将功成って万骨枯る
一人の将軍の戦功の陰には、万人の兵士たちの犠牲がある。

□ 10 一炊の夢
人生の栄華ははかない。

□ 11 井の中の蛙
見聞や見識が狭い。

□ 12 烏合の衆
規律も統制もない人々の集まり。
▼烏…からす

□ 13 燕雀安くんぞ鴻鵠の志を知らんや
つまらぬ人間には大人物の遠大な志はわからない。
▼鴻鵠…大きな鳥

□ 14 屋下に屋を架す
すでにあるものに同じものを重ねるような無駄な行為。

□ 15 尾を塗中に曳く
富貴の地位について束縛されるよりも、貧しくても自由な生活がよい。
▼塗中…泥の中

□ 16 蝸牛角上の争い
つまらない争いごと。
▼蝸牛…かたつむり

□ 17 渇すれど盗泉の水を飲まず
どんなに困窮しても、不正には手を出さない。

□ 18 鼎の軽重を問う
権力者の実力を疑って、代わって天下を取ろうとする。
▼鼎…古代中国の祭器

□ 19 禍福は糾える縄のごとし
人の世の幸・不幸はより合わせた縄のように表裏一体である。

□ 20 画竜点睛
最後の大事な仕上げ。
▼睛…ひとみ

21 眼光紙背に徹す（がんこうしはいにてっす）
書物から著者の深意を鋭くつかみ取る。

22 肝胆相照らす（かんたんあいてらす）
互いに心の中を打ち明けて親しく交わる。

23 邯鄲の夢（かんたんのゆめ）
人の世の栄華ははかない。
▼邯鄲…中国の地名

24 間髪を容れず（かんはつをいれず）
少しの時間も置かない。

25 管鮑の交わり（かんぽうのまじわり）
互いによく理解しあって、利害にとらわれない親密なつき合い。
▼管鮑…人名。管仲と鮑叔

26 木に縁りて魚を求む（きによりてうおをもとむ）
方法を誤ると目的は達せられない。

27 驥尾に付す（きびにふす）
才能のない者でもすぐれた人に従っていたら、立派なことができる。
▼驥…すぐれて足の速い馬

28 杞憂（きゆう）
心配する必要のないことをあれこれと心配する。取り越し苦労。
▼杞…古代中国の国名。ここは杞の国の人の意

29 九牛の一毛（きゅうぎゅうのいちもう）
多数の中のごくわずかな部分。比較できないほどわずか。

30 牛耳を執る（ぎゅうじをとる）
同盟の盟主になる。また、集団を自分が中心となって意のままに動かす。

31 窮すれば通ず（きゅうすればつうず）
どうしようもないところまで来てしまえば、案外何とかなるものである。

32 窮鼠猫を嚙む（きゅうそねこをかむ）
弱い者も窮地に立ったときは、強い者を苦しめることがある。

33 漁父の利（ぎょふのり）
当事者どうしが争っている間に、第三者が何の苦労もなく利益を横取りする。

34 愚公山を移す（ぐこうやまをうつす）
怠ることなく努力すれば、何事も成し遂げることができる。
▼愚公…人名

35 君子は豹変す（くんしはひょうへんす）
君子は過ちを犯しても改める。転じて、人が行動や態度などをがらりと変える。

36 君子は和して同ぜず、小人は同じて和せず（くんしはわしてどうぜず、しょうじんはどうじてわせず）
君子は主体性を持ったまま人と同調するが、小人は同調しても調和はしない。

37 鶏口と為るも牛後と為る無かれ（けいこうとなるもぎゅうごとなるなかれ）
大きな集団の後に従うよりは、小さな集団でも頭になるほうがよい。

38 傾城（けいせい）
絶世の美人。

39 蛍雪の功（けいせつのこう）
苦労して勉学に励んだその結果。

40 逆鱗に触れる（げきりんにふれる）
目上の人をひどく怒らせる。
▼逆鱗…竜のあごの下に逆さに生えているうろこ

□ **41 紅一点**（こういってん）
多くの男性の中の、ただ一人の女性。

□ **42 巧言令色鮮し仁**（こうげんれいしょくすくなしじん）
言葉が巧みで、表情をつくろいへつらう人は、仁が少ないものだ。

□ **43 嚆矢**（こうし）
物事のはじめ。
▼嚆矢…戦いの初めに射たかぶら矢

□ **44 好事魔多し**（こうじまおおし）
よいことや、できすぎていることには、邪魔が入りやすい。

□ **45 後生畏るべし**（こうせいおそるべし）
後進の者は将来への可能性を持っているから、おそれなければならない。

□ **46 呉越同舟**（ごえつどうしゅう）
▼呉越…古代中国の国名。ここは呉の国の人と越の国の人の意
仲の悪い者が同じ場所に居合わせたり、行動を共にしたりする。

□ **47 虎穴に入らずんば虎子を得ず**（こけつにいらずんばこしをえず）
危険を冒さなければ、大きな成功は得られない。

□ **48 五十歩百歩**（ごじっぽひゃっぽ）
どちらもあまり変わりがない。

□ **49 胡蝶の夢**（こちょうのゆめ）
物と自分、あるいは夢と現実とを区別しない超越した境地。

□ **50 塞翁が馬**（さいおうがうま）
人生の幸・不幸は予測しがたい。
▼塞翁…とりでの近くに住む老人

□ **51 先んずれば即ち人を制す**（さきんずればすなわちひとをせいす）
物事は人より先に手をくだせば、形勢を有利にもっていくことができる。

□ **52 三顧の礼**（さんこのれい）
目上の人が礼を尽くして賢者を招く。

□ **53 歯牙にかけず**（しがにかけず）
問題にしない。無視して相手にしない。

□ **54 自家薬籠中の物**（じかやくろうちゅうのもの）
自分の思うままに使える物、または人。
▼薬籠…薬箱

□ **55 鹿を逐う者は山を見ず**（しかをおうものはやまをみず）
一事に熱中すると他のことを考える余裕がなくなる。

□ **56 四面楚歌**（しめんそか）
周囲が敵ばかりで助けがない。
▼楚…古代中国の国名

□ **57 衆寡敵せず**（しゅうかてきせず）
少数のものは多数のものにかなわない。

□ **58 愁眉を開く**（しゅうびをひらく）
心配がなくなって、ほっとした顔つきになる。

□ **59 柔能く剛を制す**（じゅうよくごうをせいす）
柔弱なものが、かえって剛強なものに勝つ。

□ **60 守株**（しゅしゅ）
いたずらに古い習慣を守って、時に応じた物事の処理ができない。

□ 61 **春秋（しゅんじゅう）に富（と）む**
年が若くて、将来の年月が十分にある。

□ 62 **焦眉（しょうび）の急（きゅう）**
危険が差し迫っている。

□ 63 **助長（じょちょう）**
不必要な手助けをしたために、かえって害を与えてしまう。
▼長…引き伸ばす

□ 64 **人間（じんかん）到（いた）る処（ところ）青山（せいざん）有（あ）り**
志を天下に求め、どこで死んでもいいつもりで大いに活躍するべきである。
▼人間…世の中

□ 65 **人口（じんこう）に膾炙（かいしゃ）す**
人々の話題にのぼってもてはやされ、広く知れ渡る。
▼膾炙…なますとあぶり肉。古代中国の常食

□ 66 **人事（じんじ）を尽（つ）くして天命（てんめい）を待（ま）つ**
できる限りの努力をして、結果は運命にまかせる。

□ 67 **心頭（しんとう）を滅却（めっきゃく）すれば火（ひ）も亦（また）涼（すず）し**
どんな苦痛も、心の持ちようで苦痛に感じなくなる。
▼心頭…こころ

□ 68 **水魚（すいぎょ）の交（まじ）わり**
水と魚との切り離せない関係のような、非常に親密なつき合い。

□ 69 **推敲（すいこう）**
詩文の字句や文章を十分に吟味して練り直す。

□ 70 **杜撰（ずさん）**
出典の引用が不正確な書物。転じて、いい加減で誤りが多い。
▼杜…人名。杜黙

□ 71 **青雲（せいうん）の志（こころざし）**
功名を立て、立身出世をしようとする志。

□ 72 **青天（せいてん）の霹靂（へきれき）**
急に起きる変動や大事件。また、突然受けた衝撃。
▼霹靂…激しい雷

□ 73 **前門（ぜんもん）の虎（とら）後門（こうもん）の狼（おおかみ）**
一つの災いを逃れても別の災いに遭う。一難去ってまた一難。

□ 74 **千里眼（せんりがん）**
遠方の出来事や将来のこと、また、隠れているものなどを見通す能力。

□ 75 **千慮（せんりょ）の一失（いっしつ）**
賢者も時には失敗がある。また、十分配慮していても思いがけない失敗はある。

□ 76 **宋襄（そうじょう）の仁（じん）**
無用の情け。つまらない情けをかけてひどい目に遭う。
▼宋襄…人名。古代中国の宋国の襄公

□ 77 **多岐亡羊（たきぼうよう）**
学問が多方面に分かれすぎて真理を得にくい。また、選択肢が多すぎて迷う。

□ 78 **他山（たざん）の石（いし）**
他人のどんな言行も自分を磨く助けになる。

□ 79 **蛇足（だそく）**
つけ加える必要のないもの。無駄なもの。

□ 80 **玉（たま）琢（みが）かざれば器（き）を成（な）さず**
よい素質を持っていても、学問や修養を積まなければ立派な人物にはなれない。

□ **81 知音**（ちいん）
親友。互いに知り尽くした仲。

□ **82 朝三暮四**（ちょうさんぼし）
目先の違いにこだわり、結果が同じであることに気づかない。

□ **83 朝令暮改**（ちょうれいぼかい）
方針などが絶えず変わって定まらない。

□ **84 天網恢恢疎にして漏らさず**（てんもうかいかいそにしてもらさず）
悪事を行えば必ず捕らえられ、天罰をこうむる。
▼恢恢…広大なさま

□ **85 頭角を現す**（とうかくをあらわす）
才能・力量などが、周囲の人よりも一段とすぐれている。
▼頭角…頭のてっぺん

□ **86 同病相憐れむ**（どうびょうあいあわれむ）
同じ境遇に苦しむ者は、互いに苦痛を察し同情する念が強い。

□ **87 桃李言わざれども下自ずから蹊を成す**（とうりものいわざれどもしたおのずからこみちをなす）
徳のある人のもとには、人々が徳を慕って自然に集まってくる。

□ **88 登竜門**（とうりゅうもん）
立身出世のための難しい関門。
▼竜門…黄河上流の急流

□ **89 蟷螂の斧**（とうろうのおの）
弱者が自分の力量もわきまえず、強敵に立ち向かう。
▼蟷螂…かまきり

□ **90 怒髪天を衝く**（どはつてんをつく）
激しい怒りで逆立った髪の毛が冠を突き上げる。激しい怒りの形相になる。

□ **91 虎の威を借る狐**（とらのいをかるきつね）
強い者の威光を借りて威張り散らす。他人の権勢を利用して利益を図る。

□ **92 涙を揮って馬謖を斬る**（なみだをふるってばしょくをきる）
規律を保つためには、たとえ愛する者であっても、違反者は厳しく処分する。
▼馬謖…人名

□ **93 習い性と成る**（ならいせいとなる）
ある行いが習慣になると、それは生来の性格のようになる。
▼習い…習慣　▼性…生まれながらの性質

□ **94 鶏を割くに焉ぞ牛刀を用いん**（にわとりをさくにいずくんぞぎゅうとうをもちいん）
小事を処理するのに、大げさな方法を用いる必要はない。

□ **95 敗軍の将は兵を語らず**（はいぐんのしょうはへいをかたらず）
失敗した者は、そのことについて発言する資格はない。

□ **96 馬脚を露わす**（ばきゃくをあらわす）
隠していた本性や悪事が発覚する。
▼馬脚…芝居で馬の脚をつとめる役者

□ **97 白眼視**（はくがんし）
人を冷たい目で見る。また、軽蔑して冷淡な態度であしらう。

□ **98 白眉**（はくび）
多数あるもののうち、最もすぐれている者や人。

□ **99 破竹の勢い**（はちくのいきおい）
勢いが盛んで抑えがたい。猛烈な勢いで進む。

□ **100 破天荒**（はてんこう）
今まで誰もできなかったことを初めて成し遂げる。
▼天荒…天地が未開の状態

□ 101 **万事休す**（ばんじきゅうす）
もはや施す手段がなく、万策尽きる。 ▼休す…終わる

□ 102 **日暮れて途遠し**（ひくれてみちとおし）
年をとって、もうあまり先がないのに、目的がなかなか達せられない。

□ 103 **人を射んとすれば先ず馬を射よ**（ひとをいんとすればまずうまをいよ）
相手を屈服させるには、その人の頼みとするものから攻めるのがよい。

□ 104 **百聞は一見に如かず**（ひゃくぶんはいっけんにしかず）
何度も繰り返し聞くより、一度実際に見たほうがよくわかる。 ▼百聞…百回人から聞いて知る

□ 105 **百里を行く者は九十を半ばとす**（ひゃくりをゆくものはきゅうじゅうをなかばとす）
何事も終わりのほうが困難であるから、最後まで気を緩めてはいけない。

□ 106 **風樹の嘆**（ふうじゅのたん）
親孝行をしようとしても、そのときにはすでに親は死んでいないことの嘆き。

□ 107 **覆水盆に返らず**（ふくすいぼんにかえらず）
一度してしまったことは取り返しがつかない。 ▼覆水…こぼれた水

□ 108 **舟に刻みて剣を求む**（ふねにきざみてけんをもとむ）
世の中が移り変わることを考えないで、昔からのならわしを固く守る愚かさ。

□ 109 **刎頸の交わり**（ふんけいのまじわり）
たとえ首を斬られても相手を恨みに思わないほどの親密な交際。 ▼刎頸…首を切られる

□ 110 **先ず隗より始めよ**（まずかいよりはじめよ）
遠大な計画は身近なことから始めるべきだ。また、物事は言い出した者から実行すべきだ。 ▼隗…人名。郭隗

□ 111 **満を持す**（まんをじす）
用意を十分にして好機の到来を待つ。また、満ちた状態を保つ。 ▼満…弓を引きしぼったさま

□ 112 **水清ければ魚棲まず**（みずきよければうおすまず）
あまりに清廉潔白すぎると、かえって人に親しまれない。

□ 113 **矛盾**（むじゅん）
前後のつじつまが合わない。 ▼矛盾…ほことたて

□ 114 **孟母三遷**（もうぼさんせん）
子供の教育にはよい環境を選ぶことが特に大切である。 ▼孟…人名。孟子

□ 115 **病膏肓に入る**（やまいこうこうにいる）
病気が重くなり治る見込みがない。物事に熱中して手がつけられないほどだ。 ▼膏肓…内臓の深奥部の名

□ 116 **羊頭を懸けて狗肉を売る**（ようとうをかけてくにくをうる）
見かけが立派でも実質がそれに伴わない。 ▼狗…犬

□ 117 **洛陽の紙価を貴む**（らくようのしかをたかむ）
著書の評判がよくて、売れ行きがよい。 ▼洛陽…中国の地名

□ 118 **李下に冠を整さず**（りかにかんむりをただ さず）
人に少しでも疑われるような行動はすべきではない。 ▼李…すもも

□ 119 **竜頭蛇尾**（りゅうとうだび）
はじめは勢いがよいが、終わりになると振るわない。

□ 120 **良薬は口に苦し**（りょうやくはくちににがし）
よい忠告は素直に受け入れにくいものだが、身のためにはなる。

へ

ほ

す

し

さ

く

漢字熟語索引

●ランクAからランクEで扱った漢字熟語を五十音順に並べました。
●左は掲載ページ、右は問題番号を示しています。

鳥取看護
富山国際
長崎ウエスレヤン
長崎純心
長野保健医療
長浜バイオ
中村学園
名古屋外国語
名古屋学院
名古屋学芸
名古屋経済
名古屋女子
名古屋造形
奈良
南山
新潟医療福祉
新潟経営
新潟国際情報
新潟産業
新潟食料農業
新潟青陵
新潟薬科
二松學舍
日本
日本医療
日本映画
日本女子
日本赤十字豊田看護
日本体育
日本福祉
日本文化
ノートルダム清心女子
函館
羽衣国際
八戸学院
八戸工業
花園
浜松学院
阪南
比治山
姫路
姫路獨協
兵庫
兵庫医療
広島経済
広島工業
広島国際
広島修道
広島女学院
広島文教
びわこ学院
フェリス女学院
福井医療
福井工業
福岡
福島学院
福山
福山平成
富士
藤女子
藤田医科
佛教
文化学園
文教
文京学院
平成国際
法政
北翔
北星学園
北陸
北陸学院
北海学園
北海商科
北海道医療
北海道科学
北海道文教
松本
松山
松山東雲女子
宮城学院女子
宮崎産業経営
武庫川女子
武蔵
武蔵野音楽
武蔵野美術
明海
明治
明治学院
名城
明星
目白
ものつくり
桃山学院
盛岡
安田女子
山梨学院
横浜商科
酪農学園
立教
立正
立命館
龍谷
流通科学
流通経済
ルーテル学院
麗澤
和歌山信愛
和光
早稲田
和洋女子

（全340校）

国公立大学

愛知教育
愛知県立
秋田
岩手
宇都宮
愛媛
大分
大阪
大阪市立
大阪府立
岡山
小樽商科
お茶の水女子
尾道市立
香川
鹿児島
金沢
岐阜
九州
京都
京都教育
京都府立
釧路公立
熊本
熊本県立
群馬県立女子
県立広島
高知
高知工科
神戸
公立鳥取環境
埼玉
佐賀
滋賀
滋賀県立
静岡
静岡県立
静岡文化芸術
島根県立
信州
高崎経済
千葉
筑波
敦賀市立看護
都留文科
東京
東京学芸
東京芸術
東京都立
東北
富山
長崎
長崎県立
名古屋
名古屋市立
奈良教育
奈良女子
新潟
新潟県立
新見公立
一橋
弘前
広島
福井
福井県立
福岡教育
福岡女子
北海道
北海道教育大学釧路校
北海道教育大学札幌校
三重
三重県立看護
宮城教育
宮崎
山形
山口
山梨
琉球
和歌山

（全79校）